LE DERNIER CARRÉ

W0251726

Sous la direction de
Jean-Christophe Buisson et Jean Sévillia

LE DERNIER CARRÉ

Combattants de l'honneur et soldats perdus
De l'Antiquité à nos jours

LE FIGARO MAGAZINE / PERRIN

© Le Figaro Magazine / Perrin, un département de Place des Éditeurs, 2021

92, avenue de France
75013 Paris
Tél. : 01 44 16 08 00

ISBN : 978-2-262-09660-1

Dépôt légal : septembre 2021

Mise en pages : Peter Vogelpoel

Le Code de la propriété intellectuelle interdit les copies ou reproductions destinées à une utilisation collective. Toute représentation ou reproduction intégrale ou partielle faite par quelque procédé que ce soit, sans le consentement de l'Auteur ou de ses ayants cause, est illicite et constitue une contrefaçon sanctionnée par les articles L 335-2 et suivants du Code de la propriété intellectuelle.

Sommaire

Introduction

Lutter jusqu'au bout, se battre jusqu'au dernier carré

par Jean-Christophe Buisson & Jean Sévillia

Waterloo, 18 juin 1815. Les Français s'épuisent à attaquer les 74000 Anglo-Hollandais de Wellington, d'abord sur leur gauche, puis au centre, mais se heurtent aux 266 pièces de l'artillerie adverse. À 1 heure de l'après-midi, Napoléon apprend l'arrivée imminente, par la gauche du dispositif ennemi, des 30000 hommes de Bülow, l'avant-garde prussienne, le forçant à porter son effort au centre, dans un assaut frontal sans résultat. Charge après charge, la cavalerie de Ney se brise sur les lignes anglaises. Puis la masse des Prussiens repousse inexorablement la droite française. Vers 19 heures, ayant réussi à contenir Bülow et Wellington, et constatant l'irruption sur le champ de bataille du corps prussien de Zieten, l'empereur doit engager ses dernières réserves. C'est de nouveau Ney, à pied, l'épée à la main, qui repart à l'assaut à la tête de cinq bataillons de la Garde, mais en vain. Le destin hésite, puis bascule. Lorsque Zieten et Wellington repassent à l'attaque, il ne reste, autour de Napoléon, que trois bataillons de la Garde, dont l'un commandé par Cambronne, qui luttera jusqu'au bout non sans avoir lancé un mot cru qui nourrira la légende après avoir conclu l'épopée. Au crépuscule, les vieux grognards, anciens de toutes les campagnes impériales, retraitent en bon ordre, formés en carré, pendant que l'armée française, saisie de panique, s'enfuit dans une ambiance de chaos.

Mexique, 1863. Alors que le corps expéditionnaire français envoyé par Napoléon III afin de prendre le contrôle du pays assiège Puebla, le régiment étranger a pour mission d'assurer la sécurité des routes. Le 30 avril, à 1 heure du matin, les 62 hommes de la 3e compagnie et leurs trois officiers se dirigent, sous le commandement du capitaine Danjou, à la rencontre d'un convoi parti de Veracruz. À 7 heures du matin, le détachement, accroché par la cavalerie mexicaine, se réfugie dans une auberge du village de Camarón (« Camerone » en français). Sommé de se rendre, le capitaine français fait promettre à ses hommes de se défendre jusqu'à la mort. À 10 heures, l'ennemi attaque. À midi, Danjou est tué. Deux heures plus tard, le sous-lieutenant Vilain tombe à son tour. Les légionnaires ont soif et faim, ils luttent dans la chaleur dégagée par l'incendie du bâtiment auquel les Mexicains ont mis le feu. À 17 heures, seuls restent autour du sous-lieutenant Maudet, qui a pris le commandement, 12 hommes en état de manier un fusil. Quand l'assaut final est donné, il ne reste, autour de l'officier, que 5 légionnaires qui tirent leur dernière cartouche, puis chargent à la baïonnette. Maudet et deux hommes sont tués. Les trois derniers sont épargnés en hommage à leur courage et contre la promesse qu'on leur laissera leurs armes et que les blessés français seront soignés. Au terme de cette journée, les pertes de la 3e compagnie du régiment étranger s'élèvent à 40 tués et 18 blessés. Mais à Camerone, pendant onze heures, trois officiers et 62 fantassins ont résisté à 2000 Mexicains, instituant sans le savoir un mythe fondateur de la Légion étrangère. Le capitaine Danjou, mutilé, portait une main articulée : elle sera retrouvée en 1865.

Saumur, 15 juin 1940. Le colonel Michon, commandant de l'École de cavalerie, reçoit l'ordre d'évacuer la ville et de rejoindre Montauban. Cet ordre est totalement contradictoire avec celui reçu un mois plus tôt et auquel toute l'école s'est préparée : tenir Saumur, défendre les ponts sur la Loire, empêcher l'ennemi de franchir le fleuve. Officiers et élèves aspirants, depuis l'attaque allemande du 10 mai contre la France, la Belgique et les Pays-Bas, ont suivi les événements le cœur serré : l'encerclement des armées françaises engagées en Belgique avec le corps expéditionnaire britannique qui sera évacué à Dunkerque, la dislocation du dispositif français, la capitulation belge le 28 mai, l'échec, le 10 juin, de la tentative de reconstituer une ligne de défense sur la Somme et sur l'Aisne, l'entrée des Allemands à Paris le 14 juin. Mais Michon, ancien de 1914-1918, ne peut envisager que son école fuie sans combattre, ce qui serait contraire à toutes les traditions de la cavalerie, fille et dépositaire des valeurs de la chevalerie défunte. Il obtient de sa hiérarchie de faire partir les chevaux et les archives de l'école, mais les hommes resteront. Le 19 juin, les Allemands paraissent sur la rive nord de la Loire : leur Panzer de tête est aussitôt détruit. Jusqu'au 22 juin, 550 élèves aspirants de cavalerie, assistés par 240 camarades du train, 350 élèves de l'école d'infanterie de Saint-Maixent et plusieurs centaines d'hommes de diverses armes, sous-équipés et pour la plupart inexpérimentés, soit en tout 2500 hommes, bloquent trois divisions allemandes sur la Loire, entre Montsoreau et Gennes, au prix de 250 tués ou blessés. Le 22 juin 1940, l'armistice est signé. Les cadets de Saumur, tout comme les hommes de la ligne Maginot à l'autre bout de la France, se sont battus jusqu'à la dernière extrémité, sauvant l'honneur des armes de la France.

Diên Biên Phu, 5 mai 1954. Dans la nuit, des hommes du 1er BPC sont largués au-dessus de la cuvette. Ils sont les derniers : il n'y aura plus d'autres renforts. Depuis l'attaque vietnamienne du 13 mars, les défenseurs du camp retranché ont combattu à pied, essuyant en alternance le feu roulant de l'artillerie ennemie massée sur les hauteurs et les assauts des *bo doi.* Très vite, le terrain d'aviation ayant été détruit et les blessés ne pouvant être évacués, la situation est devenue désespérée. L'élite de l'armée française – légionnaires et parachutistes, artilleurs et tirailleurs coloniaux – affrontait un ennemi quatre fois supérieur en nombre. Le 1er mai, Giap avait lancé l'assaut final. Il ne reste alors chez les Français, sur un effectif initial de 10000 hommes, que 2500 capables de tenir une arme : même les blessés combattent. Au fil des heures, les positions françaises, qui portent des noms de femmes, tombent l'une après l'autre : Béatrice, Gabrielle, Isabelle, Dominique, Huguette, Éliane… Le 7 mai, à 18 h 30, après 57 jours et 57 nuits de combats ininterrompus, le camp retranché cesse de tirer. Du côté français, 3 000 hommes sont morts et, sur les 12000 prisonniers, seulement 3 000 reviendront vivants de leur captivité dans les camps de la mort du Viêt-minh. Les soldats de Diên Biên Phu sont des vaincus, mais ils ont fait reculer les limites de l'héroïsme.

Waterloo, Camerone, la bataille des ponts de Saumur, Diên Biên Phu : quatre cas emblématiques de ces moments où une guerre est perdue pour l'un des belligérants, mais où une poignée d'hommes luttent jusqu'au bout, même s'ils savent que leur camp a succombé, et peut-être surtout s'ils le savent. Ces quatre exemples sont si connus que le lecteur ne les trouvera pas dans ce volume autrement que par une allusion : priorité a été donnée ici à des épisodes moins célèbres, ou à des perspectives plus larges qu'une seule bataille. En vingt-cinq chapitres signés par vingt-trois historiens et journalistes, cet ouvrage collectif veut montrer comment, de l'Antiquité à nos jours, lors de guerres entre nations ou de conflits civils, il existe toujours un « dernier carré » de combattants. Mais à quels mobiles obéit leur lutte ? L'héroïsme, l'honneur, la foi, le devoir, la fidélité, le sacrifice, la promesse, l'instinct de survie, le fanatisme ? Il existe autant de réponses que de cas, sachant que ces facteurs peuvent se combiner.

En 480 av. J.-C., 300 soldats de Sparte dirigés par le roi Léonidas Ier et 700 hommes de Thespies sous les ordres de Démophilos combattent jusqu'à la mort à l'entrée du défilé des Thermopyles, laissant aux cités grecques le temps d'organiser leur défense face à l'offensive de Xerxès Ier, le roi des Perses. Ce n'est pas pour la gloire ou pour l'honneur que Léonidas et ses hommes s'engagent dans ce combat inégal : ils espèrent vaincre et vivre. Ce n'est pas non plus par goût du sacrifice gratuit que les sicaires et zélotes se retranchent dans la forteresse de Massada, en Judée, lorsque le gouverneur romain Flavius Silva, en 72-73, entreprend de mettre le siège devant cette place forte réputée imprenable. C'est parce que les juifs rebelles à l'occupation romaine pensent réellement que leurs adversaires ne parviendront pas à franchir leurs remparts situés à 300 mètres de hauteur. L'héroïsme, l'impératif de résistance, on les trouve encore chez les « Frères de la forêt », ces Lituaniens qui, après l'annexion forcée des pays Baltes par l'URSS, en 1944, organisent des maquis et se battent pour l'indépendance de leur pays, contre l'occupant russe communiste, jusqu'au début des années 1950, et même plus tard pour certains.

La foi en Dieu est un puissant ressort humain. C'est elle qui poussa le dernier carré de maintes minorités religieuses à résister, jusqu'à l'ultime sacrifice, à la pression de la religion majoritaire. Au Moyen Âge, les cathares du Languedoc et du Midi toulousain pouvaient bien être combattus au moyen de controverses pacifiques ou poursuivis par l'Inquisition ou encore pourchassés lors de la croisade contre les Albigeois, ils restaient persuadés d'être les uniques dépositaires de la vérité du message du Christ, et ne voyaient en l'Église romaine que la « Synagogue de Satan », certitude qui les mena sur le bûcher de Monségur en 1244. Au Grand Siècle, après la révocation de l'édit de Nantes, c'est encore la conviction de continuer l'Église du Christ dans sa pureté, contre les dévoiements des papistes, qui poussa les insurgés protestants des Cévennes à résister pendant deux ans, de 1702 à 1704, à l'offensive des troupes royales. Et c'est leur foi toujours qui incita les paysans du Mexique, de 1926 à 1929, à s'opposer d'abord pacifiquement, puis par les armes, à la politique violemment anticléricale du président Callès – combat qui reprit en 1934-1935 lors d'une seconde guerre des Cristeros, perdue elle aussi.

De la foi à la fidélité, l'étymologie le dit, il n'y a qu'un pas. C'est la fidélité aux Stuarts, dynastie catholique, qui conduisit les jacobites écossais, entre 1689 et 1745, à une série d'insurrections contre la couronne d'Angleterre, d'Écosse et d'Irlande dont avaient hérité Guillaume d'Orange et ses descendants, tous protestants. Mais la cause des Stuarts reçut un coup fatal, en 1746, avec la défaite de « Bonnie Prince Charlie » à la bataille de Culloden. La fidélité aux Bourbons, et à une certaine vision du monde d'avant 1789, entraîna les Vendéens et les Bretons, après les guerres chouannes de 1793-1794, 1795-1796 et 1799-1800, à une quatrième révolte royaliste de l'Ouest, en 1815, lors des Cent-Jours. Cette insurrection antinapoléonienne ne dura que quarante jours, mais elle témoignait de la force tenace du légitimisme populaire dans cette région de la France.

Ce fut encore la fidélité, non à une dynastie, car Napoléon échoua à donner à sa famille une légitimité dépassant sa personne, mais à la figure de cet empereur hors norme, ainsi qu'à sa légende naissante, qui attisa les rêves des derniers grognards qui, longtemps après la chute de l'Empire, espéraient vivre de nouvelles aventures avec lui. C'est enfin la fidélité au pape qui attira à Rome, en provenance de toute l'Europe, les zouaves pontificaux venus défendre la Ville éternelle par les armes, en 1870, contre la volonté annexionniste du royaume d'Italie.

L'instinct de survie peut aussi aiguillonner les ultimes représentants d'une civilisation, d'une culture, d'un peuple. Constantinople est tombée aux mains des Turcs en 1453, mais l'Empire romain d'Orient, dit byzantin, survécut jusqu'en 1463, à Trébizonde, cité dont la reddition signa la fin du monde grec libre. Les Anglais avaient conquis les territoires amérindiens des Grands Lacs en 1760 et les Français abandonné le Canada en 1763, mais certaines tribus indiennes affrontèrent les Britanniques, jusqu'en 1766, dans le souvenir et le (faux) espoir d'un retour des troupes du roi de France. C'est encore l'instinct de survie, conjugué à l'énergie du désespoir, qui poussa les derniers partisans de l'Algérie française, en 1961-1962, à espérer une issue qui leur éviterait d'abandonner, avec les tombes de leurs aïeux, le pays où ils étaient nés. Et au XXIe siècle, en 2000 précisément, vingt-cinq ans après le début de la guerre du Liban, 7500 chrétiens maronites de l'armée du Liban-Sud durent quitter leur pays natal, chassés par leurs propres gouvernants liés au Hezbollah pro-iranien, pour avoir tenté de protéger leur terre des groupes armés palestiniens téléguidés par la Syrie et le Liban.

C'est au nom de l'honneur que Stand Watie, général amérindien engagé dans les rangs confédérés, lors de la guerre de Sécession, se battit jusqu'au bout et ne déposa les armes, en 1865, que deux mois après la reddition du général sudiste Lee. Au nom de l'honneur encore que le général Mejía, un Indien du Mexique, resta aux côtés de l'empereur Maximilien, en 1867, et partagea volontairement le sort de son maître en étant fusillé avec lui. C'est toujours au nom de l'honneur, nous l'avons vu, que se dressèrent face à la Wehrmacht les dernières unités françaises, en juin 1940, au moment où se négociait et se signait l'armistice.

C'est à la fois au nom de l'honneur et par instinct de survie que se battit en 1877 Saigō Takamori, « le dernier samouraï », révolté contre son empereur parce que les codes, traditions et privilèges de sa caste n'avaient plus de place dans le Japon de l'ère Meiji. Le mobile était le même pour les armées blanches chassées de Russie par l'Armée rouge en 1920, et qui tentèrent d'entretenir une armée contre-révolutionnaire russe hors des frontières de la Russie. Ou aussi pour ces étonnants maquis républicains espagnols qui se maintinrent jusqu'au début des années 1950, plus de dix ans après la victoire des nationalistes de Franco. Et encore pour ces maquis anticommunistes oubliés subsistant dans la péninsule indochinoise, bien longtemps après l'entrée des communistes dans Phnom Penh et Saigōn en avril 1975.

Le dernier carré peut enfin regrouper les partisans du refus de tout compromis : ainsi les communards de 1871 qui contestaient l'armistice avec les Allemands avant de dériver dans une fuite en avant révolutionnaire. En sens inverse, les nationalistes irlandais qui, en 1921, acceptèrent la paix avec Londres au prix d'avantages pour l'Irlande furent marginalisés dans leur propre camp, et leur stratégie réformiste provoqua un nouveau conflit entre avocats d'un accord avec les Anglais et partisans de l'indépendance totale et immédiate. Au sein d'un même camp, des différences peuvent également être perceptibles. Si la majorité des officiers allemands qui ont prolongé la guerre jusqu'à la dernière extrémité, en avril-mai 1945, étaient probablement des nazis fanatiques, combien de soldats de la Wehrmacht ont continué le combat parce qu'ils n'avaient pas le choix, parce qu'ils étaient tenus par l'obéissance envers leurs chefs, par la solidarité envers leurs camarades ou la volonté de protéger leurs familles, à l'est, de la vengeance des Soviétiques, tout en espérant sauver leur peau ?

L'actualité récente a démontré que des hommes, au XXIe siècle, savaient encore écrire des pages d'histoire « pour l'honneur ». Lors du conflit opposant, dans le Sud-Caucase, l'armée azerbaïdjanaise, commandée par trois généraux turcs et équipée d'un armement ultramoderne, aux citoyens de l'enclave arménienne du Haut-Karabagh (Artsakh), plusieurs positions ont été tenues par ceux-ci alors que la raison ordonnait qu'elles fussent abandonnées. Parfois armés de simples fusils d'assaut et de mitrailleuses face aux drones et aux tanks ennemis, des jeunes hommes de 20 ans se sont fait tuer « inutilement », préférant « mourir debout plutôt que vivre couchés » – sous-entendu : sur un territoire rendu aux descendants des génocidaires turcs ayant massacré leurs ancêtres. Dans la citadelle médiévale de Chouchi, haut lieu de la résistance arménienne antiottomane et antiperse au XVIIIe siècle, des centaines de soldats, isolés, encerclés, pilonnés par l'artillerie ennemie, ont résisté jusqu'au dernier jour aux assauts des bérets marron azéris et des forces spéciales turques. Il a fallu le cessez-le-feu du 10 novembre 2020 pour qu'ils évacuent, la mort dans l'âme, brisés mais invaincus, la ville surplombant la capitale de leur pays, Stepanakert. Depuis, la cathédrale locale (Ghazanchetsots) est en voie de destruction et une immense mosquée est sur le point d'être construite à proximité…

À l'inverse, le chapitre final de ce livre raconte non un combat perdu, mais une victoire : celle remportée par les milices kurdes qui ont repoussé les djihadistes de l'État islamique, à Kobané, en 2014. Victoire qui marqua le début du déclin militaire du califat islamique. Il est donc prouvé que former le dernier carré n'empêche pas par principe d'être vainqueur. C'est d'ailleurs justement parce que tant qu'il y a de la vie, il y a de l'espoir que se constituent, de siècle en siècle, ces phalanges héroïques qui défient le présent pour écrire l'Histoire. « L'espérance, c'est de faire face », écrivait Georges Bernanos.

1

THERMOPYLES, 480 AV. J.-C.
Pour la liberté des Grecs

par Sébastien LAPAQUE

« On prit la décision de garder le défilé pour fermer au Barbare la route de la Grèce », écrivit Hérodote dans son Enquête, *publiée plusieurs décennies après la plus célèbre des batailles intervenues durant les Guerres médiques. En infériorité numérique criante, 300 Spartiates emmenés par le roi Léonidas I*[er] *s'y étaient sacrifiés pour permettre aux autres combattants grecs de préparer la défense d'Athènes convoitée par les armées de Xerxès I*[er]*. Si la science historique ne corrobore pas exactement le mythe établi par l'historien grec et amplifié avec le temps, y compris à Hollywood, tout indique que la bataille des Thermopyles, fût-elle une défaite, occupe une place décisive dans la victoire finale de la Grèce, berceau de la civilisation européenne, face aux Perses venus d'Asie.*

Les Thermopyles – en grec ancien, « les portes chaudes » – sont un passage situé à l'est de la Grèce centrale, délimité au nord par une baie de la mer Égée, le golfe Maliaque, et au sud par le mont Anopée. Il est assez large aujourd'hui, mais il était resserré dans la Grèce antique. Cette passe naturelle, étroite et encaissée, au sein de laquelle on ne pouvait s'engager qu'en file indienne, était stratégique pour s'introduire en force vers le sud-est du continent et prétendre prendre Thèbes et Athènes après avoir fait route à travers la Thessalie et l'Achaïe. Depuis l'an 490 av. J.-C. et la défaite de Darius Ier à Marathon, les stratèges de l'Empire perse avaient compris qu'il était impossible de s'emparer d'Athènes en débarquant sur la côte est de l'Attique, à environ 40 kilomètres de l'Acropole. Six ans après la mort de Darius Ier, Xerxès Ier, son fils, avait conçu le projet de soumettre la Grèce en combinant une expédition terrestre et une expédition navale qui auraient l'une et l'autre progressé en arc de cercle au-dessus de la mer Égée. Grâce à des renseignements qu'ils tenaient d'Alexandre Ier, roi de Macédoine, les Grecs avaient percé cette stratégie.

Les armées et la flotte du Grand Roi achevaient leur manœuvre d'est en ouest lorsqu'il fut décidé de les arrêter simultanément, à terre sous le commandement du roi Léonidas Ier, et sur mer avec la flotte placée sous les ordres du général spartiate Eurybiade. Soit aux Thermopyles et au cap Artémison, où 271 navires grecs affrontèrent 800 navires perses dans une bataille sans vainqueur ni vaincu.

Les orages d'été décrits par Hérodote dans son récit[1] indiquent que ces rencontres eurent lieu en juillet ou en août 480 av. J.-C., probablement entre le 21 et le 25 août, selon les plus savantes déductions astrologico-météorologiques des historiens modernes[2]. Dans la lumière d'août, voici, selon Hérodote, la liste des Grecs postés à l'est des Thermopyles en attendant l'assaut des Perses, tandis que les 200 trières athéniennes se préparaient

1. *L'Enquête*, texte présenté, traduit et annoté par Andrée Barguet, in *Historiens grecs*, Gallimard, « Bibliothèque de la Pléiade », 1964.

2. « Indices astronomiques et météorologiques », in Apostolos Dascalakis, *Problèmes historiques autour de la bataille des Thermopyles* (voir la bibliographie sélective).

au combat sur mer : 300 soldats de Sparte, 1 000 de Tégée et de Mantinée, 120 d'Orchomène, 1 000 d'Arcadie, 400 de Corinthe, 200 de Phlionte, 80 de Mycènes, soit 3 100 Péloponnésiens. À cette force principale organisée autour de Léonidas Ier, roi agiade de Sparte depuis 489 av. J.-C., s'étaient agglomérés 2 100 combattants venus de Grèce centrale : 700 Thespiens, 400 Thébains et 1 000 Phocidiens. Soit un total de 5 200 Grecs confédérés pour faire face aux armées du Grand Roi. Ce décompte s'accorde imparfaitement à la tradition des 300 combattants pieusement perpétuée à Hollywood[3] et à l'épitaphe reproduite par Hérodote après le récit de la bataille :

Ici, contre trois millions d'hommes ont lutté jadis
Quatre mille hommes venus du Péloponnèse.

Les combattants venus de la péninsule étaient en effet 3 100, appuyés par autant de fantassins grecs du continent : les historiens modernes leur ajoutent encore un bon millier de Locriens d'Éponte dont la région était voisine du défilé. Soit un total de 6 200 soldats, 7 000 au maximum. Parmi eux, 1 000 Lacédémoniens, dont 300 Spartiates, épaulés par 400 Thébains et 700 Thespiens qui se battirent jusqu'à leur dernier souffle, « avec leurs mains nues, avec leurs dents », le dernier jour de la confrontation. C'est la propagande de Sparte qui n'a voulu retenir que les Trois Cents de Léonidas dans ce dernier carré.

En face, les soldats perses étaient entre 70 000 et 300 000 combattants. Le rapport était donc de 1 contre 10 à 1 contre 40. Démarate, roi spartiate déchu, exilé et passé à l'ennemi, avait

3. *The 300 Spartans* (Rudolph Maté, MGM Entertainment, 1962) ; *300* (Zack Snyder, Legendary Pictures, 2006).

cependant prévenu Xerxès : « La Grèce a toujours eu pour compagne la pauvreté, mais une autre la suit : la valeur, fruit de la sagesse et de lois fermes. »

Trois jours de bataille homérique

Dans les premières heures de cette bataille de trois jours, l'infériorité numérique des bataillons grecs importa peu, l'ennemi perse étant incapable d'aligner de front toutes ses troupes. Il faut imaginer 3 000 ou 4 000 hommes se battant de part et d'autre de la ligne de front, l'habileté des compagnons d'armes de Léonidas causant aux Asiatiques des pertes sans nombre. Le combat d'août 480 av. J.-C. dans la plaine maliaque ne s'était pas engagé pour l'honneur. Les Grecs voulaient barrer la route à l'envahisseur perse. Si Thucydide, de vingt ans le cadet d'Hérodote, reprochera à celui-ci de manquer de rigueur dans la recherche de la vérité en concédant aux témoignages un crédit qui ne peut être accordé qu'aux faits, les historiens modernes, en se fondant notamment sur les recherches archéologiques et les découvertes épigraphiques[4], s'entendent désormais pour suivre l'historien antique dans son récit « homérique » de la bataille des Thermopyles. Ce n'est pas tant le propos d'Hérodote qu'ils contredisent que le mythe du sacrifice volontaire sur l'autel de la liberté. Réputé descendre d'Héraclès, Léonidas voulait vaincre et vivre. Mais la solidarité hellénique n'avait pas joué jusqu'au bout et les Lacédémoniens, déjà organisés en ligue

4. Apostolos Dascalakis, *op. cit.* ; François Hartog, *Le Miroir d'Hérodote. Essai sur la représentation de l'autre*, Paris, Gallimard, « Bibliothèque des Histoires », 1980 ; Jacqueline Christien et Yohann Le Tallec, *Léonidas. Histoire et mémoire d'un sacrifice*, Paris, Ellipses, 2013.

militaire et persuadés de devoir bientôt défendre leur liberté depuis la péninsule du Péloponnèse (Corinthe, Argos, Sparte), assiégée par les armées du Grand Roi après le pillage de la Béotie (Thèbes) et de l'Attique (Athènes), avaient envoyé des effectifs militaires insuffisants pour arrêter l'avancée des Perses en Grèce centrale.

Au soir du deuxième jour de la bataille, les Perses, informés qu'un sentier du mont Anopée permettait de « tourner la montagne » par le sud et d'attaquer les Grecs par l'est, entreprirent « vers l'heure où il faut allumer les lampes » une manœuvre d'encerclement qui se révéla fatale aux confédérés. Léonidas comprit immédiatement ce qu'une fuite honteuse vers Thèbes et Athènes aurait de déshonorant : prise en chasse, la fine fleur de son infanterie aurait été massacrée ou enchaînée de façon ignominieuse. Il préféra renvoyer le gros de son armée pour les batailles à venir et faire face avec ses Trois Cents, soutenus par 1 100 combattants de Béotie, restés sur place plus ou moins librement.

Selon Hérodote, les Perses engagèrent la mêlée finale du troisième jour « à l'heure où le marché bat son plein », c'est-à-dire entre 9 heures et 11 heures. Les soldats du Grand Roi étaient sans doute moins motivés que les Grecs : « En arrière des lignes, leurs chefs, armés de fouets, les poussaient en avant. » Les historiens modernes confirment cette démoralisation des troupes qui explique l'échec de Xerxès Ier lors de la seconde guerre médique. En « hommes de cœur », les Grecs périrent librement. « Leurs lances furent bientôt brisées presque toutes, mais avec leurs glaives ils continuèrent de massacrer les Perses. Léonidas tomba en héros dans cette action. » Ses compagnons d'armes se jetèrent avec fureur contre l'ennemi pour ramener sa sanglante dépouille dans leurs rangs. Les morts furent ensevelis où ils étaient couchés, un lion de marbre au sommet d'une butte marquant la sépulture du premier des Spartiates.

La victoire de la civilisation sur la barbarie

Les guerres médiques avaient pris fin depuis trois ou quatre décades, au milieu du Ve siècle av. J.-C., quand Hérodote[5] a chanté les armes et les héros qui retardèrent la progression sur le continent des forces de Xerxès Ier, le Grand Roi perse, et sauvèrent la liberté des Grecs, déjà préparés à évacuer l'Attique et à concentrer leurs unités combattantes dans le Péloponnèse pour une résistance désespérée. Après avoir achevé la rédaction des pages fameuses de son *Enquête* consacrées au sacrifice de Léonidas et de ses 300 compagnons de gloire dans le défilé des Thermopyles, Hérodote alla de ville en ville à travers l'Hellade pour en donner une lecture publique.

Devenues le symbole éclatant de la victoire de la civilisation sur la barbarie, les guerres médiques, qui avaient opposé les cités grecques au monde perse de 490 à 478 av. J.-C., étaient doublement fondatrices pour l'historien. Non seulement elles avaient marqué le début de l'hégémonie athénienne en mer Égée, en mer Noire et dans l'ouest de l'Asie Mineure, mais leur récit avait bercé son enfance à Halicarnasse, en Carie, une région historiquement grecque située entre l'Ionie, la Lycie et la Lydie, au nord de l'île de Rhodes et au sud-ouest de l'actuelle Turquie.

On sait peu de chose sur la naissance, l'éducation et la vie d'Hérodote. Certains ont voulu voir en lui un métis, né d'une mère grecque et d'un père barbare. La lecture de son *Enquête* – en grec ancien *Historíai* – permet de savoir qu'il a beaucoup

---

5. Surnommé « le père de l'histoire » par Cicéron.

voyagé : en Égypte, en Syrie, dans l'Empire perse, à Babylone, en Colchide, sur les rives de la mer Noire, et en Macédoine. Né au confluent de deux mondes comme à la rencontre de deux fleuves, il connaissait l'Orient et l'Occident, les mœurs des Grecs et celles des Barbares, et vivait à Athènes vers 450 av. J.-C., au moment où les citoyens libres de la cité de Périclès inventèrent la démocratie, la tragédie, la comédie, la rhétorique, et transformèrent l'enquête historique en un genre littéraire à part entière. Aristote naîtrait le siècle suivant, mais Hérodote établit, à sa manière, la distinction faite par le Stagirite entre l'histoire, dont la vocation est de dire ce qui a réellement eu lieu, et la poésie, qui a pour objet de discerner ce qui peut se produire. Le vrai pour l'une, le vraisemblable pour l'autre. Au commencement de son texte, il explique qu'il écrit « afin que le temps n'abolisse pas les travaux des hommes et que les grands exploits accomplis soit par les Grecs soit par les Barbares ne tombent pas dans l'oubli ». La mémoire, l'histoire, l'oubli, déjà.

Mythe panhellène

« Le style d'Hérodote est un style aimable, aisé, qui a la douceur du dialecte ionien, le mouvement fluide de ses petites phrases sans architecture d'ensemble, et la grâce un peu bavarde du narrateur qui prend son temps », observe Jacqueline de Romilly[6]. Cette diction simple et facile, naturelle et coulante, ne l'a jamais privé de la capacité à émouvoir ses auditeurs et à toucher leur sensibilité en les invitant à s'identifier au destin tragique des personnages historiques dont il évoque le sort avec lyrisme. À l'instar du tragédien, « l'enquêteur » a le don

6. « Hérodote et Thucydide », in *Historiens grecs*, *op. cit.*

d'associer l'histoire, les caractères, l'expression verbale, la pensée, la mise en scène et le chant. On imagine l'émotion des jeunes Grecs entendant Hérodote détailler à voix haute l'art avec lequel s'étaient battus leurs ancêtres aux Thermopyles, insister sur leur mépris de la mort et raconter leurs assauts courageux contre les lignes perses. « Les Grecs, rangés en bataillons et par cités, venaient à tour de rôle au combat. » Que de précautions, que de discipline, que de périls, que de ressources ! Le public panhellène d'Olympie et d'ailleurs était plus fier encore d'apprendre que les parfaits stratèges grecs avaient su associer la ruse, l'habileté et l'ingéniosité à la suite d'Ulysse, l'homme aux mille tours célébré par Homère en son *Odyssée.*

> Les Lacédémoniens firent preuve d'une valeur mémorable et montrèrent leur science achevée de la guerre, devant des hommes qui n'en avaient aucune ; en particulier ils tournaient le dos à l'ennemi en ébauchant un mouvement de fuite, sans se débander, et, lorsque les Barbares qui les voyaient fuir se jetaient à leur poursuite en désordre avec des cris de triomphe, au moment d'être rejoints ils faisaient face et revenaient en abattant une foule de Perses ; des Spartiates tombaient aussi, mais en petit nombre. Enfin, comme ils n'arrivaient pas à forcer le passage malgré leurs attaques, en masse ou autrement, les Perses se replièrent.

Dans sa *Vie de Thucydide*, Marcellinus, un écrivain grec du Vᵉ siècle ap. J.-C., rapporte que l'auteur de *La Guerre du Péloponnèse*, entendant Hérodote lui lire des passages dramatiques des guerres médiques lorsqu'il était enfant, en fut ému aux larmes. *Se non è vero, è ben trovato* (« Si ce n'est pas vrai, c'est bien trouvé »).

La bataille des Thermopyles appartenait déjà aux mythes et mythologies militaires. Bien que né de l'autre côté de l'Hellespont, Hérodote en dressa le récit avec un profond patriotisme panhellénique. Ses auditeurs devaient le croire : aucun témoin oculaire n'en avait rapporté le déroulement – tel Eschyle racontant, dans sa pièce *Les Perses*, la bataille de Salamine, qui suivit le sacrifice des Spartiates en 480 av. J.-C.

Léonidas, de l'histoire à la légende

On l'a vu : au soir du troisième jour de la mère des batailles, le roi de Sparte était sorti de l'histoire pour entrer dans la légende. Dans son *Itinéraire de Paris à Jérusalem*, Chateaubriand, qui avait laissé son volume d'Hérodote à Paris, raconte qu'il a cherché par confusion le lion indiquant sa sépulture dans les ruines de Sparte en 1806[7]. Enivré par « le souvenir des Thermopyles » et « tous les mensonges de la fable et de l'histoire », René reprit sa route dans l'un des plus rudes et plus sauvages paysages de la Grèce.

Il mélancolisait. Nous sommes libres de le faire après lui. Le sacrifice de Léonidas et des Trois Cents n'eut rien de gratuit. La défaite grecque d'août 480 av. J.-C. doit être inscrite dans une suite de batailles – Marathon, les Thermopyles, Salamine, Platée –, soit une campagne de deux ans (480-479) victorieuse contre les Perses. La retraite de Xerxès aurait pu se produire dès les Thermopyles si les forces engagées par les Lacédémoniens avaient été suffisantes. Elle eut lieu un mois plus tard, après sa défaite navale à Salamine : les Perses, qui avaient perdu 20000 hommes aux Thermopyles, 600 vaisseaux au large de l'Artémision, et épuisé leur approvisionnement, durent renoncer à la conquête du Péloponnèse. Mais à Salamine, l'intelligence

7. Érigé sur le site de la bataille des Thermopyles, ce lion de marbre a disparu durant l'Antiquité. Œuvre du sculpteur grec Vasos Falireas, une statue du roi Léonidas en armes a été érigée en 1955 à sa place supposée, à la suite de fouilles archéologiques menées dans les années 1920.

d'Athènes était également à la manœuvre, en la personne du stratège Thémistocle, théoricien et maître d'œuvre de la puissance maritime de sa cité – cette même Athènes aimée des dieux et du destin qui fut capable, l'année suivante, d'envoyer presque autant de fantassins que Sparte la guerrière à la bataille décisive de Platée.

Quelques décennies plus tard, au plus fort de leur rivalité avec la cité de Périclès qui allait entraîner la guerre du Péloponnèse (431-404 av. J.-C.), les gens de Sparte ont voulu s'attribuer tout le mérite de la victoire sur les Perses. Leurs chroniqueurs ont ainsi rehaussé d'or l'histoire du sacrifice héroïque et du dévouement patriotique des Trois Cents aux Thermopyles. Au lendemain de la bataille, c'est pourtant Simonide de Céos, un poète lyrique familier d'Athènes et de ses concours, qui avait donné la note majeure avec son épitaphe fameuse immortalisant la mémoire de ces héros *kaloi kagathoi*, « beaux et braves » :

Étranger, va dire à Sparte qu'ici
Nous gisons, dociles à ses ordres.

Bibliographie sélective

Barguet Andrée, Roussel Denis, Romilly Jacqueline de, *Historiens grecs*, I : *Hérodote, Thucydide,* Paris, Gallimard, « Bibliothèque de la Pléiade », 1964.

Christien Jacqueline, Le Tallec Yohann, *Léonidas. Histoire et mémoire d'un sacrifice*, Paris, Ellipses, 2013.

Dascalakis Apostolos, *Problèmes historiques autour de la bataille des Thermopyles*, École française d'Athènes. « Travaux et mémoires des anciens membres étrangers de l'École et de divers savants », fasc. XII, Paris, Éditions E. de Boccard, 1962.

Haillet Jean, *La Véritable Histoire de Thémistocle*, Paris, Les Belles Lettres, 2012.

Hartog François, *Le Miroir d'Hérodote. Essai sur la représentation de l'autre*, Paris, Gallimard, « Bibliothèque des Histoires », 1980.

Picard Olivier, *Les Grecs devant la menace perse*, Paris, CDU SEDES, « Histoire », 1995.

Sélincourt Aubrey de, *L'Univers d'Hérodote*, Paris, Gallimard, 1966.

2

Massada, mai 73 ap. J.-C.
Le suicide collectif des zélotes juifs

par Georges Ayache

Dans l'histoire du peuple juif, Massada occupe une place particulière. Il s'agit d'abord d'une défaite militaire, celle des révoltés juifs qui s'étaient soulevés contre les légions romaines de l'empereur Titus. Mais cet événement s'est aussi imposé comme un acte de résistance, illustré par le choix du suicide collectif préféré à celui d'une reddition. Non sans paradoxe, pendant des siècles, Massada a ainsi représenté l'instinct de survie, voire une sorte de lumière dans l'obscurité, pour les Juifs de la Diaspora en proie aux persécutions. Avec la création de l'État d'Israël, Massada est devenue le symbole incontournable de la résilience suprême du peuple juif face à des adversaires ayant juré sa perte. Pourtant, cet épisode tragique transformé en geste héroïque n'a jamais été établi avec certitude.

Rarement site de guerre aura été aussi fascinant et énigmatique que celui de Massada, situé au cœur de la Judée antique – le pays des Juifs. Âpre et hostile à la présence humaine, le paysage minéral qui entoure encore aujourd'hui ce site n'est que succession de saillies, de pics et de promontoires rocheux.

Un éperon calcaire s'en distingue par la raideur abrupte de ses falaises inhospitalières. Il est surplombé par un vaste plateau rocailleux d'une quinzaine d'hectares qui culmine à 400 mètres d'altitude.

En contrebas, sur le versant oriental, on distingue les eaux salées et huileuses de la mer Morte brûlée par le soleil. De l'autre côté, on trouve des étendues ocre de terre poussiéreuse où la seule végétation tient en quelques rares épineux. Il faut parcourir plusieurs kilomètres pour trouver la première oasis, Ein Gedi, ses cascades et ses jardins ombragés. C'est en ce lieu ingrat qu'au IIe siècle avant notre ère les premiers princes hasmonéens[1] établirent une petite garnison, sous l'égide du grand prêtre Jonathan[2]. L'endroit fut nommé Massada, « la forteresse » (de l'hébreu *mitsada*, « bastion »), pour bien souligner son caractère singulier et inexpugnable.

Le palais « mirage » du roi Hérode

Selon Flavius Josèphe[3], Hérode le Grand, roi de Judée, entreprit de grands travaux d'aménagement de la forteresse dès 37 av. J.-C. Compte tenu de la géographie particulière du site, ceux-ci s'étalèrent sur plus de vingt ans.

---

1. Les Hasmonéens sont une dynastie parvenue au pouvoir en Judée au cours de la révolte des Maccabées contre l'Empire séleucide – issu des conquêtes orientales d'Alexandre le Grand – que le prêtre Mattathias déclenche en 168-167 avant notre ère. Ses successeurs régneront avec le titre de « grands prêtres ».

2. Successeur de Judas Maccabée, le fils de Mattathias, Jonathan, est le premier à régner en Judée, entre 152 et 142 avant notre ère, en portant le titre de grand prêtre.

3. Flavius Josèphe est l'historiographe romain du Ier siècle qui reste le seul à avoir évoqué Massada dans sa fameuse *Guerre des Juifs*.

Hérode avait des raisons impérieuses de se faire bâtisseur. La situation régionale était alors dangereusement instable, tant à l'ouest – où la reine d'Égypte Cléopâtre lorgnait la Judée – qu'à l'est – où l'avancée des Parthes d'Asie centrale en était venue à menacer l'Empire romain. Devenir une victime collatérale de cet affrontement annoncé, telle était la crainte d'Hérode. Et la situation interne n'était guère plus brillante. Installé sur le trône de Jérusalem par les Romains, Hérode n'était ni légitime ni populaire auprès de son peuple. Son règne ne s'appuyait plus que sur une répression de plus en plus tyrannique contre le pouvoir politique des prêtres – ceux-ci dirigeaient la Judée depuis le début de l'époque du second Temple[4] en 516 av. J.-C. – et contre des institutions telles que le Sanhédrin[5] susceptibles de menacer son propre pouvoir. Hanté par les complots et les rébellions, Hérode sombra dans la paranoïa et décida de se ménager un refuge où sa sécurité et celle des siens seraient assurées. Quel endroit plus approprié que Massada, site jugé inexpugnable par les spécialistes de l'époque ? Nul besoin de gros travaux de fortification, la nature sauvage et indomptable s'étant déjà chargée de garantir l'inviolabilité du site.

Au fil des années, Hérode transforma la forteresse de conception assez fruste en une véritable citadelle royale. Tout autour du vaste plateau de Massada furent édifiés d'épais remparts de pierres blanches abritant son palais, lequel était flanqué de quatre tours de plus de 20 mètres de haut. Surchargé de fresques, de mosaïques, de peintures pariétales ou encore de

---

4. Le second Temple (516 av. J.-C. – 70 ap. J.-C.) avait remplacé, selon l'Ancien Testament, le premier Temple, appelé Temple de Salomon, qui avait été détruit par les Babyloniens en 586 et avait entraîné l'exil du peuple de Judée.

5. Le Sanhédrin exerce la double fonction d'assemblée législative et de tribunal suprême.

colonnes monolithes, l'intérieur était d'un luxe inouï : salles d'eau privées, piscines d'eau chaude et même thermes à la romaine. C'était un palais agrémenté de végétaux luxuriants grâce à un terreau importé de pâturages plus fertiles et à système d'arrosage ingénieux. Un authentique palais mirage !

Hérode avait tout prévu. En ce lieu désolé, il avait fait bâtir des entrepôts compartimentés afin d'y stocker du grain, de l'huile ou des dattes en quantités suffisantes pour les besoins d'une garnison de 10000 soldats armés jusqu'aux dents. Il avait aussi fait creuser d'énormes citernes à flanc de montagne, reliées entre elles par des canaux et destinées à recueillir l'eau de pluie ou celle acheminée de l'extérieur à dos d'animaux dans de grandes jarres.

Ironiquement, Hérode mourut en l'an 4 avant notre ère, sans jamais avoir occupé son refuge fabuleux. Le site fut oublié et il fallut que la situation de la Judée devienne explosive pour que l'on songe de nouveau à Massada.

Un nid d'aigle pour les révoltés juifs

En 66 ap. J.-C., les Juifs se soulevèrent contre l'Empire romain à la suite d'événements mineurs ayant entraîné l'irruption au sein du Temple du procurateur romain Gessius Florus, ce qui avait mis le feu aux poudres. Le peuple hébreu, alors très divisé religieusement et politiquement, était traversé par des courants contradictoires – pharisaïsme, sadducéisme ou encore essénisme –, dont certains à tendance messianique[6]. Les

---

6. Les pharisiens, les sadducéens, les esséniens et les zélotes représentent des courants religieux et politiques de Juifs fervents apparus lors de la

zélotes[7] formaient le groupe le plus révolté. Ils se caractérisaient par la rigueur de leur observance religieuse et par un nationalisme agressif n'excluant pas le recours à la violence. Parmi eux se trouvaient ceux qu'on appelait les sicaires – de *sica*, « poignard » en latin – et qui étaient redoutés pour leurs méthodes ultra-expéditives. Dressant des embuscades, ils liquidaient leurs ennemis à l'arme blanche et assassinaient sommairement leurs compatriotes convaincus – ou seulement suspectés – de collaboration avec l'occupant romain. Par le truchement des sicaires, les zélotes faisaient régner la terreur et étaient en grande partie responsables de l'insécurité locale.

Peu avant la chute de Jérusalem et la destruction du second Temple en l'an 70, les plus extrémistes de ces révoltés se replièrent sur la forteresse de Massada, devenue avec le temps un poste d'importance mineure. Ils l'avaient conquise par la ruse après en avoir massacré la garnison romaine. Leur chef, Eleazar Ben Yaïr, avait fait reconfigurer de fond en comble le palais d'Hérode pour pouvoir y loger tout son monde, édifier une synagogue et réaménager les bains afin qu'ils soient adaptés aux rites religieux les plus stricts.

Pendant deux ans, les zélotes multiplièrent coups de main et opérations de harcèlement contre les légions romaines patrouillant dans la région. Exaspérées, celles-ci n'eurent bientôt d'autre solution que celle de se retourner contre la source de tous leurs maux : la citadelle de Massada et ses insurgés. Ceux-ci n'en

---

période hasmonéenne vers le milieu du IIe siècle av. J.-C., en réaction à l'hellénisation imposée par les autorités de l'époque.

7. Membres les plus radicaux des courants composant le judaïsme au Ier siècle avant notre ère, les zélotes poussèrent à la grande révolte des Juifs contre les Romains. Selon la Torah, le « zèle » avait vocation de garantir le respect de l'alliance sacrée qui avait été conclue au Sinaï, mais aussi d'accélérer le temps et l'arrivée du Messie.

furent pas inquiets pour autant. Leur nid d'aigle semblait toujours aussi inexpugnable ; les greniers regorgeaient de provisions et les réservoirs étaient pleins à ras bord. Les maîtres des lieux s'étaient emparés, en outre, des armes de l'ancienne garnison romaine. La forteresse avait été conçue pour soutenir un long siège. Qu'avaient donc à craindre ces gens – près de un millier, femmes et enfants compris – qui avaient trouvé refuge dans le réduit fortifié ?

Le siège des Romains

Pour les forces armées de l'empereur Titus, il s'agissait avant tout d'une question d'honneur et de prestige, car Massada n'avait aucun intérêt stratégique à leurs yeux. Les Romains n'étaient nullement habitués à ce qu'on leur résiste de la sorte. Briser la rébellion zélote et partant, réduire à néant le dernier noyau de résistance juive devint pour eux une véritable obsession. Avec ses pentes abruptes et son dénivelé d'environ 300 mètres, Massada constituait toutefois un défi militaire de taille. La forteresse n'était pas un simple camp retranché. Elle exigeait des moyens inusités en logistique comme en génie, ainsi que des tactiques peu conventionnelles.

En 72-73, le gouverneur romain Flavius Silva, à la tête de sa X^{e} légion et de six cohortes auxiliaires, entreprit le siège en règle de cette place forte prétendument imprenable. Un siège de sept longs mois. Au total, près de 8 000 soldats furent mobilisés. Ils s'attelèrent à la construction d'un mur d'encerclement de 3 kilomètres au niveau du sol, jalonné de postes de campement. Surtout, ils édifièrent une rampe gigantesque d'une centaine de mètres de hauteur, adossée à la face ouest du plateau, afin d'installer au sommet une tour mobile supportant un énorme bélier.

L'objectif ? Transpercer les fortifications de la citadelle. Des milliers de tonnes de pierres, de terre battue et de troncs d'arbres furent nécessaires pour réaliser un tel exploit technique. Les Romains avaient même pris la précaution d'employer à cette besogne des prisonniers hébreux, considérant à raison que les défenseurs zélotes n'oseraient pas s'en prendre à eux.

Lorsqu'en mai 73 ils atteignirent les remparts, les Romains tentèrent d'abord d'y mettre le feu, sans résultat. Le fameux bélier entra alors en action, ouvrant bientôt une brèche conséquente. C'était la fin. La topographie des lieux écartait en effet tout espoir de repli ou de fuite. Le rempart devenait un piège mortel. Le temps des zélotes était compté. Or, quand les Romains donnèrent l'assaut final, les soldats ne trouvèrent à Massada que des maisons et entrepôts en train de brûler, outre deux femmes et cinq enfants cachés dans une citerne. Mais où étaient donc passés les combattants ?

La suite de l'histoire fut narrée par Flavius Josèphe. Ayant compris que tout était perdu et suivant les exhortations de leur chef Eleazar Ben Yaïr, les zélotes auraient décidé de se suicider collectivement, préférant une « mort glorieuse » à une « vie d'infamie ». Plutôt que de se rendre, les assiégés auraient tout brûlé avant que les Romains ne franchissent les remparts, puis se seraient immolés. Pour ce faire, ils se seraient répartis par groupes de dix. Au sein de chaque groupe, un zélote aurait été désigné pour tuer tous ses compagnons avant de se donner lui-même la mort.

Mythe ou réalité ? Qu'il soit avéré ou non, le récit du suicide collectif consacrait la fin de la révolte des Juifs contre les Romains.

Entre mythe et complexe

La tragédie de Massada n'éteignit pas pour autant le sentiment national juif. Deux générations plus tard, l'empereur Hadrien s'inquiéta de la résurgence vigoureuse du particularisme juif. En 132, un jeune exalté du nom de Bar Kochba (« Fils de l'étoile ») prit la tête d'une nouvelle révolte. Mieux qu'Eleazar Ben Yaïr autrefois, ce chef charismatique devint l'incarnation de la nouvelle résistance des Juifs. Une résistance qui devait s'avérer vaine, car Hadrien mena personnellement une campagne militaire de trois ans – de 133 à 135 – pour mater la rébellion. Celle-là fut impitoyable et entraîna la mort de plusieurs centaines de milliers de victimes. La région de Jérusalem en ressortit quasiment ruinée et vidée de l'essentiel de sa population.

Au fil des siècles, l'épisode de Massada disparut durablement de la mémoire collective des Juifs de la Diaspora. Mais il refit surface d'une manière inattendue à l'époque contemporaine et prit place parmi les mythes fondateurs de l'État d'Israël. Dans un pays en guerre dès sa naissance, David Ben Gourion et les dirigeants sionistes choisirent de se prévaloir de cette tragédie fondatrice et de l'esprit de résistance qui en émanait[8]. Résistance à une adversité externe – en l'occurrence, le monde arabe qui menaçait l'existence du nouvel État –, mais surtout résistance en réaction à l'idée, répandue à l'époque, selon laquelle des millions de Juifs européens morts de faim ou gazés dans les camps d'extermination nazis auraient été soumis et passifs. La priorité du jeune État d'Israël était alors de donner l'image d'un « Juif nouveau »,

8. Dès 1927, d'ailleurs, Yitzhak Lamdan (1899-1954) avait connu un vif succès avec son poème intitulé « Massada : une histoire épique », qui devait beaucoup influencer la jeunesse sioniste.

volontaire et combatif. Dans la conscience populaire, Massada devint, pour des idéalistes en lutte contre l'oppression, le symbole d'un héroïsme romantique. Le site se mua en un lieu de pèlerinage pour la jeunesse et l'armée. Avant de commencer à servir, les unités de Tsahal prirent l'habitude de gravir le chemin du Serpent jusqu'au sommet de l'ancienne citadelle pour jurer que « Massada ne tombera pas une nouvelle fois ».

Le mythe fondateur de Massada devait inspirer les Juifs d'Israël jusqu'au cœur des années 1960. Cependant, certains historiens ou archéologues, tels Jodi Magness ou Nachman Ben Yehuda, laissèrent à penser que la narration de Flavius Josèphe était sans doute trop parfaite pour être véridique. Massada avait-il été un réel suicide de groupe ou bien une tuerie collective ponctuée par le suicide des rares survivants ?

Selon l'archéologue israélien Hillel Geva, de l'Université hébraïque de Jérusalem, il n'y aurait pas eu de suicide collectif : « Peut-être que certains des rebelles se sont suicidés, mais les combats ont continué après l'entrée des Romains dans la forteresse. » Avait-on héroïsé exagérément un épisode somme toute mineur, tant du point de vue de l'occupant – une simple opération de « nettoyage » – que de celui des Juifs ? Flavius Josèphe, qui était lui-même juif et subventionné par Rome pour écrire son récit, n'avait-il pas enjolivé les faits dans le dessein de magnifier la résistance juive, mais aussi, en écho, la victoire romaine – étant entendu que s'il n'y a aucune gloire à l'emporter sur un ennemi faible, il y a du prestige à vaincre un adversaire héroïque ? Au fond, en faisant du rebelle Eleazar Ben Yaïr et des siens des héros tragiques, au-delà de la vérité historique, les empereurs de la dynastie flavienne de Rome n'auraient visé que leur propre glorification.

Dans cette lignée héroïsante et sacrificielle, le mythe de Massada s'identifiera symboliquement par la suite à une sorte de complexe obsidional de citadelle assiégée, emblématique d'un choix désespéré entre la victoire à tout prix et la disparition du peuple juif de Palestine. Ce sera surtout le cas après 1967, lorsque la victoire triomphale des Israéliens lors de la guerre des Six Jours viendra contredire l'idée jusque-là dominante d'un État hébreu vulnérable et sur la défensive : le résistant devenant conquérant et même, pour certains, « sûr de lui et dominateur[9] ».

Massada resurgit désormais régulièrement comme référence incontournable, tant dans l'imagerie populaire que dans les médias, et pas seulement en Israël. L'épisode de la révolte juive contre les Romains bénéficiera même d'une résonance mondiale grâce à un ouvrage romanesque d'Ernest K. Gann, publié en 1971[10] puis adapté en série télévisée à succès.

Ce n'est pas le moindre des paradoxes qu'une défaite et qu'un « suicide collectif » soient ainsi régulièrement célébrés comme des symboles de résistance et d'unité nationales.

Bibliographie sélective

BEN YEHUDA Nachman, *The Masada Myth : Collective Memory and Mythmaking in Israel*, Madison, University of Wisconsin Press, 1995.

HADAS-LEBEL Mireille, *Flavius Josèphe, le Juif de Rome*, Paris, Fayard, 1989.

—, *Massada, histoire et symbole*, Paris, Albin Michel, 1995.

MAGNESS Jodi, *Masada : From Jewish Revolt to Modern Myth*, Princeton (NJ), Princeton University Press, 2019.

9. Selon les propos restés fameux du général de Gaulle dans sa conférence de presse du 27 novembre 1967.

10. Ernest K. Gann, *Duel à Massada*, Stock, 1971.

3

Montségur, 1244
Le dernier bûcher cathare

par Paulin Césari

Ce ne sont pas que les ultimes hérétiques cathares qui brûlèrent en mars 1244 sur le bûcher dressé dans le castrum de Montségur : c'est aussi le catharisme. Ce mouvement religieux, né sous d'autres noms en Orient, était arrivé en France un siècle plus tôt pour se constituer en véritable contre-Église et prospérer notamment dans le Languedoc et dans le Midi toulousain, au point de finir par représenter une double menace : spirituelle pour le pouvoir du pape, temporelle pour le pouvoir du roi de France. D'où la virulence de la répression qui s'abattit sur ses adeptes, qui furent auréolés, à partir du XIX*e siècle, d'un statut de martyrs de l'obscurantisme médiéval par une école historique faisant fi des enjeux politiques et théologiques du véritable Moyen Âge. Une partie des critiques des cathares fut néanmoins entendue par l'Église de Rome qui s'engagea, au moment où périssaient les derniers « Albigeois », dans une réforme interne dont ses ennemis avaient révélé la nécessité.*

Mercredi 16 mars 1244. Après une année de siège, le castrum de Montségur, l'un des derniers bastions de l'hérésie dite « cathare[1] », ouvre ses portes aux armées d'Hugues des Arcis, sénéchal du roi Louis IX, et à Pierre Amiel, archevêque de Narbonne. Cette conquête ne fut pas chose aisée. Par sa situation géographique et son architecture, le castrum rendait impossible l'utilisation des machines de guerre alors en usage lors des sièges. Perché sur un piton rocheux, uniquement accessible par des sentiers escarpés, Montségur surplombait des pentes trop raides pour que l'ennemi pût faire usage de galeries couvertes, de tours roulantes et autres catapultes. Aucun assaut direct ne pouvant être donné, les affrontements furent, pour la plupart, réduits pendant des mois à des échanges de flèches et de carreaux d'arbalète. Derrière les murailles, la vie continuait, rythmée par les prêches des « parfaits[2] », animée par l'indéniable piété des assiégés. Cela dura jusqu'à Noël 1243, quand un commando guidé de nuit par des locaux, empruntant un sentier abrupt, parvint à s'emparer de la tour du Roc (point le plus bas des défenses du castrum) et massacra ses occupants. Dès lors, les machines de guerre purent être utilisées et la supériorité numérique des assiégeants devint décisive. Et ce ne fut pas l'arrivée au castrum, en janvier, de Bertrand de Capdenac, ingénieur en armes de guerre, qui permit de changer la donne. Les rares lignes de communication qui existaient encore entre le

1. « Cathare » vient d'un mot grec qui signifie « pur ». Il n'est pas employé par les adeptes du mouvement cathare, mais par les défenseurs de l'Église catholique qui l'utilisent comme synonyme d'« hérétique ».

2. Le nom donné aux fidèles accomplis et/ou aux ministres du culte cathare, même si, là encore, l'histoire de ce mot et de son usage reste à faire. On ne sait si les cathares se nommaient ainsi. On sait en revanche que les inquisiteurs les qualifiaient parfois de « parfaits hérétiques ». Autrement dit, d'hérétiques accomplis.

castrum et l'extérieur purent enfin être coupées et, dès février, la famine survint. Les jours de Montségur furent alors comptés, le sort de ses habitants était scellé, la capitulation inévitable.

Selon les termes du traité de reddition signé début mars par Roger de Mirepoix le Jeune, commandant de la garnison du castrum de Montségur, et l'évêque cathare Bertrand Marty, les vainqueurs s'étaient engagés à observer une trêve de quinze jours avant la reddition effective, à amnistier les participants au massacre d'Avignonet[3], à laisser la vie sauve aux habitants laïcs de Montségur et aux hérétiques qui abjureraient leur foi. Ceux qui refuseraient seraient condamnés à mort et brûlés vifs.

La parole donnée fut tenue. Mais sur les quelque 500 âmes qui peuplaient alors Montségur, 200 refusèrent l'abjuration : des femmes et des hommes de conditions diverses ; des membres du clergé cathare, dont les évêques Bertrand Marty et Raimon Agulher ; des mères et des épouses de haute ou basse extraction, abandonnant les leurs, telle Corba de Péreille, mariée à Raimon de Péreille, seigneur du lieu ; des chevaliers comme Guilhem de Lahille et Bernard de Saint-Martin ; des sergents et de simples soldats. En ce jour du 16 mars, ils marchèrent donc au supplice. Le chroniqueur Guillaume de Puy-Laurens rapporte sobrement :

> Tous, ayant refusé de se convertir comme on les y avait invités, ils furent enfermés dans une clôture faite de pals et de pieux, et brûlés, ils passèrent au feu du Tartare[4]. Pour ce qui est du château, il fut rendu au maréchal de Mirepoix, à qui il appartenait avant.

---

3. En mai 1242, une dizaine de chevaliers cathares venus de Montségur assassinèrent deux inquisiteurs et leur suite dans le village d'Avignonet.

4. Les Enfers, dans la mythologie grecque.

« Croisade »

Nul doute qu'une chose ait fini dans les cendres de ce bûcher. Mais laquelle ? Une Église qui se prétendait la seule et unique Église du Christ, équivalente d'une Rome nouvelle. Une hérésie qui aspirait à se constituer en contre-Église visible, inscrite dans un espace et un temps avec son clergé et ses rites, visant à perdurer et croître ici-bas. Un objectif pris très au sérieux par l'Église romaine. À juste titre, car à la fin du XIe et au début du XIIe siècle, l'hérésie dite albigeoise[5] ou cathare était solidement implantée en Languedoc et les tentatives romaines de vaincre l'hérésie par la pastorale, telle la prédication évangélique du futur saint Dominique, avaient échoué. C'est pourquoi, dès mars 1208, le pape Innocent III avait appelé à la croisade contre les Albigeois. Menée par quelques vassaux de Philippe Auguste et l'évêque Amaury, elle avait débuté en 1209 par la prise de Béziers et le massacre de ses habitants, avant de s'achever en partie en 1213 par la conquête de Toulouse, où les troupes de Raymond VI[6] avaient été défaites naguère par Simon de Montfort. Entre-temps, Narbonne s'était rendue et Carcassonne était tombée. Mais, outre que cette victoire militaire et politique avait été provisoire, la lutte contre l'hérésie ne faisait que commencer : c'est une chose de soumettre les corps, c'en est une autre de convertir les âmes. En 1226, Honorius III et Louis VIII avaient donc dû lancer une seconde croisade qui avait vu les armées catholiques et royales triompher sans dommages. Leur

---

5. On ignore pourquoi « albigeois » devint synonyme de « cathare », le mouvement hérétique étant né dans le Languedoc et la cité d'Albi n'étant pas plus « cathare » que Béziers ou Carcassonne.

6. Comte de Toulouse (1156-1222).

victoire avait été consacrée par le traité de Paris, signé par Raymond VII[7] en présence de Blanche de Castille et du jeune Louis IX en 1229. Cependant, fidèle à l'infidélité, le comte de Toulouse ne cessa pas ses menées contre la royauté. La guerre reprit. Encore une fois défait, Raymond VII signa un ultime traité de paix à Loris-en-Gâtinais en 1243, s'engageant entre autres à éradiquer l'hérésie qui régnait sur ses terres.

Ces défaites militaires successives, conjuguées à l'action de l'Église de Rome, avaient porté un coup fatal à l'hérésie, mais il restait Montségur. Depuis 1232, ce castrum avait été en quelque sorte « consacré » par l'évêque cathare Guilhabert de Castres « pour que l'Église puisse y avoir son siège et sa capitale, et pût de là envoyer et défendre ses prédicateurs ». Dernier refuge et bastion de l'hérésie, lieu de résidence du haut clergé cathare, tabernacle de la dissidence spirituelle, Montségur était devenu un symbole. Un symbole à abattre pour ses adversaires. C'était désormais fait.

Après Montségur, l'hérésie cathare ne survécut que dans la clandestinité, déclinant lentement, mais sûrement. Défaite par Rome et la royauté capétienne, réfugiée dans une sorte de « maquis spirituel », elle finit par s'éteindre dans le premier tiers du XIVe siècle, tout comme les bûchers où avaient été jetés, en 1309 et 1310, Jaume et Peire Autier, brillants prédicateurs cathares.

Recréations fantasmées

Se demander qui furent les derniers cathares, dont les brûlés de Montségur furent les représentants les plus illustres, revient à s'interroger sur la religion dont ils furent les dévots

7. Raymond VII, fils de Raymond VI, comte de Toulouse (1197-1249).

et les martyrs. L'affaire n'est pas simple, car depuis le milieu du XIXe siècle se sont imposées nombre de représentations idéologiquement orientées de l'événement, encombrant les imaginaires et faussant les entendements. Mêlant historiographie approximative, création romanesque, instrumentalisation théologico-politique et inspiration poétique, elles ont contribué à l'élaboration de mythes, contes et légendes plus ou moins extravagants au sein desquels Montségur, le catharisme et ses martyrs ont disparu, ensevelis sous leurs recréations fantasmées.

En 1850, Napoléon Peyrat, pasteur protestant, théologien et poète féru d'histoire, écrit une *Histoire des Albigeois*. Il y sanctifie les derniers cathares et fait de Montségur une préfiguration de la Jérusalem céleste :

> Montségur est notre capitale sauvage. Montségur est notre tabernacle aérien. L'arche qui recueillit les débris de l'Aquitaine sur la mer de sang. Il est grand et sain, plein de mystères et de merveilles, par son Christ le verbe dieu ; par son apostol le bien-aimé ; par ses origines les sept églises d'Asie ; par ses adversaires, le Louvre et le Vatican ; par son siège, lutte de géants ; par son bûcher, holocauste colossal ; par son église, l'église des purs ; par son symbole, Dieu est amour. La haine soufflait de Rome, l'amour respirait et rayonnait de Montségur. Voilà pourquoi cette roche auguste et foudroyée est auguste et vénérable et glorieuse dans les siècles.

Ce texte est exemplaire, car on y trouve, ramassés, nombre de biais et de clichés qui firent florès. C'est à partir d'eux que Montségur et le catharisme furent régulièrement appréhendés jusqu'à en devenir archétypaux. « Mystères et merveilles » ? Entendons par là un syncrétisme quintessentiel des sagesses et savoirs, et de la foi qui sauve. L'auteur en donne le contenu : « Montségur fut [...] une Sion essénienne, une Delphes platonicienne [...], une Rome johannite. » Mais également « une arche ». Autrement dit, le berceau d'une humanité à venir, s'accomplissant au sein d'une théodicée dont les étapes nous sont aimablement données :

> C'est de sa cime que prendra son envol ce doux et terrible conjuré qui, sous le nom d'amour, doit agiter tout le Moyen Âge dans les ténèbres et qui, sous le nom d'esprit, marche voilé dans les vents [...], ce cavalier mystérieux monté sur l'ouragan et le tonnerre qui doit, par la révolution religieuse du XVIe et la révolution politique du XVIIIe, régénérer l'Europe et le monde.

Si l'on suit Napoléon Peyrat, les cathares auraient été l'embryon d'une humanité nouvelle guidée par l'esprit, débordante d'amour et de tolérance, éprise de liberté, appelant à l'insoumission et à la révolte contre toute puissance mondaine *a priori* tyrannique, dont l'Église de Rome et la royauté capétienne n'auraient été que des exemples. On voit par là comment cette vision binaire, utilisée notamment par Zoé Oldenburg dans *Le Bûcher de Montségur*, put, dans la seconde moitié du XXe siècle, nourrir nombre d'aspirations révolutionnaires prétendant à l'émancipation. Comme si tous les damnés, dominés et brûlés de la Terre devaient nécessairement hériter du ciel dans lequel ils se donneraient évidemment la main.

Pour dissiper ces brumes hagiographiques mystiquement exprimées, il convient de revenir aux fondamentaux de cette religion dissidente qualifiée d'« hérésie » par l'Église de Rome. D'abord religion des élites urbaines dans le Midi, elle s'étendit à la petite noblesse, puis à la paysannerie, au point de devenir une composante de l'identité de la société languedocienne et de jouer un rôle déterminant dans tous les conflits opposant les puissances du Nord à celle du Sud, en France, aux XIIe et XIIIe siècles. Mais, quels qu'aient pu être les enjeux politiques, économiques et militaires de ces conflits, l'enjeu théologique les dépassait de très loin. C'est pourquoi, à rebours des variations, aléas et temporisations qui furent et sont toujours la marque des affrontements entre puissances mondaines, l'Église de Rome, elle, ne varia jamais. Toujours elle appela à la lutte contre l'hérésie, à la « décapitation de l'hydre », à « couper la tête du dragon ». Très tôt, elle appréhenda les fondements théologiques du catharisme, craignant l'efficacité de sa pastorale, portée par un clergé exemplaire. Elle prit vite la mesure de son désir radical de s'ériger en contre-Église et de ses possibilités réelles d'y parvenir.

Un enjeu théologique majeur pour Rome

En quoi les cathares croyaient-ils ? Aux Évangiles. Ils étaient donc chrétiens. C'est d'ailleurs ainsi qu'ils se nommaient : « bons chrétiens », ou « bons hommes ». Leur théologie nous est en partie connue par *Le Livre des deux principes*[8] (entre 1250 et 1280), le *Liber contra manicheos*[9] (v. 1224), les bibles cathares et les enquêtes et interrogatoires d'hérétiques menés par l'Église de Rome. En son principe premier, le catharisme est une interprétation dualiste, de type manichéen, des Évangiles, notamment de l'Évangile de saint Jean et, dans celui-ci, du verset 3, chapitre 1. Là où les catholiques lisaient et lisent encore : « Par lui tout s'est fait et rien de ce qui s'est fait ne s'est fait sans lui », les

8. *Le Livre des deux principes,* introduction, texte critique, traduction, notes et index par Christine Thouzellier, Éditions du Cerf, 1973. Ce livre est un résumé partiel d'un traité perdu écrit autour de 1235 par Jean de Lugio, théologien cathare originaire de Bergame. Y sont exposés et discutés les fondamentaux de la théologie cathare, notamment la thèse des deux principes, donc de la double création antagoniste.

9. *Liber contra manicheos*, de Durand de Huesca, publié et annoté par Christine Thouzellier, Louvain, 1964.

cathares, eux, lisaient et traduisaient : « Par lui tout s'est fait et sans lui le néant a été fait. » Abyssale et cruciale distinction, car si le néant a été fait et qu'il n'a pas été fait par Dieu, il doit donc exister une autre cause, un autre principe créateur qui en est responsable. Au commencement, il y aurait donc deux principes irréductibles l'un à l'autre : « J'ai l'intention de parler des deux principes en l'honneur du père très saint et je réfuterai l'opinion du principe unique et je commencerai ainsi[10]. » Ces deux principes s'opposent l'un à l'autre : « Au commencement, il existait deux principes, celui du Bien et celui du Mal [...] Du principe du Bien vient tout ce qui est Lumière et Esprit ; du principe du Mal tout ce qui est Matière et Ténèbre[11]. » Le premier est celui de l'Être éternel, Esprit absolument pur, Amour inconditionnel, Lumière de la vérité et Vérité de la Lumière : Dieu. Le second est le père éternel du néant, de tout ce qui n'est pas absolument, de ce qui est par essence contingent et corruptible, illusoire et mensonger, impur et souillé ; il règne sur toute chair et matière ; son nom est Démon. Il domine le monde et tout ce qui peut y naître, croître et mourir. Il emprisonne l'esprit humain, cette étincelle divine, dans un tombeau de chair, le soumettant continûment à la concupiscence afin de l'avilir pour le réduire à... néant. « Dieu n'a fait que les esprits... mais tous les corps, c'est le diable qui les a faits[12]. »

De ce fondement découlent plusieurs conséquences. Si le monde et la chair sont le Mal, l'incarnation du verbe n'a jamais pu se produire. Le Christ ne pouvait être qu'un esprit pur : « Ce fut un ange qui jamais vraiment ne mangea, ne but, ne souffrit,

---

10. *Le Livre des deux principes*, *op. cit.*

11. *Profession de foi d'un cathare florentin*, in Fernand Niel, *Albigeois et cathares*, PUF, 1976.

12. *Le Registre d'inquisition de Jacques Fournier*, traduit et annoté par Jean Duvernoy, Éditions Tchou, « Bibliothèque des Introuvables », 2004.

ne mourut, ne fut enseveli[13]... » La croix perd ainsi toute signification. De même, l'eucharistie devient une aberration, puisque, le Christ n'ayant ni chair ni sang, la transsubstantiation ne peut s'effectuer. Le libre arbitre, quant à lui, ne peut être qu'une chimère, car il supposerait que Dieu l'ayant donné à l'homme, il serait responsable de l'existence du Mal dans le monde. Pour ce qui est des ordres et des puissances temporels, qu'ils soient politiques, religieux ou autres, il ne saurait être question de s'y soumettre, puisqu'ils ne sont que l'expression organisée de la domination du Mal. On ne saurait rendre quoi que ce soit à « César », puisque « César » est l'un des multiples noms du diable. La doctrine du salut permettant à l'homme d'accomplir sa fin dernière réside alors en une libération progressive de l'esprit enterré vif dans la chair. Opérée par « le consolament[14] », elle doit littéralement permettre à l'âme humaine de communier avec, par et dans l'Esprit saint. Cette libération suppose et entraîne une rupture radicale avec le monde et implique, pour le « parfait », une ascèse radicale qui s'exprimera dans un sacro-saint respect des Évangiles. Une lecture littérale et orientée de « Mon royaume n'est pas de ce monde[15] » sert ici encore de guide à l'hérésie. Que cet ascétisme radical ait intégré le refus de la procréation va alors de soi, car procréer, c'est permettre au Mal de croître encore ici-bas. Que cette ascèse n'ait donc

13. Rainier Sacconi in *Summa de catharis,* cité par Anne Brenon, *Le Vrai Visage du catharisme*, Loubatières, 1988.

14. Seul sacrement de l'Église cathare, il est donné par un évêque et doit permettre au croyant de se libérer du Mal grâce à la venue en lui de l'Esprit saint.

15. Jean 18, 36-37. Là où les catholiques comprennent que le royaume du Christ ne provient pas de ce monde, ce qui n'exclut nullement une relation avec lui, les cathares, eux, comprennent qu'une rupture radicale et éternelle existe entre les deux royaumes

été réservée qu'aux « parfaits » et non aux simples croyants, certes. Mais cela n'obère en rien le fait que pour les cathares, tout commerce avec le monde fut intrinsèquement commerce avec le péché, conformément à la doctrine des deux principes.

Prophètes d'une religion destinée à éclairer l'humanité

Disposant d'une théologie, d'une sotériologie, d'une eschatologie et d'une ecclésiologie qui lui étaient propres, l'hérésie fut donc qualifiée de « contre-religion » à part entière. Dans cette logique, elle se prétendait l'unique dépositaire de la vérité du message christique et ne voyait en l'Église romaine que « la synagogue de Satan ». Elle put donc paraître tout à la fois fidèle à l'ancien, au christianisme originel, et promesse de renouveau, puisqu'elle prétendait en détenir et en révéler la vérité jusqu'à elle pervertie. C'est pourquoi ses derniers martyrs se percevaient, tels les apôtres, comme les premiers témoins et prophètes d'une religion à venir destinée à éclairer l'humanité. Et ce d'autant plus que leur mort et la disparition de leur Église confortaient leur thèse selon laquelle, ici-bas, le Mal gagne toujours.

Mais, de fait, ce renouveau prétendu était tout relatif. Car le catharisme en ses principes fut une sorte de syncrétisme. Une lecture des Évangiles biaisée par un héritage philosophique et religieux qui commence avec Platon[16] et finit avec Manès[17], en passant par Marcion de Sinope[18] et autres hérétiques pseudo-

16. « Tu sais, en réalité, nous sommes morts. Je l'ai déjà entendu dire par des hommes qui s'y connaissent : ils soutiennent qu'à présent nous sommes morts, que notre corps est un tombeau » (in *Gorgias*).

17. Ou Mani, théologien perse du IIIe siècle à l'origine du manichéisme.

18. Théologien chrétien du IIe siècle condamné pour hérésie. Il fut l'un des premiers à procéder à une lecture radicalement dualiste des Évangiles.

gnostiques ayant œuvré entre le Ier et le IIIe siècle. Manichéen par son dualisme radical, pseudo-gnostique par sa condamnation du monde et de la chair s'opposant à la libération de l'esprit, docétiste[19] par sa christologie, le catharisme fut immédiatement perçu par l'Église de Rome comme une régression théologico-philosophique, une résurgence dépoussiérée de l'Antique, dont les fois et les pensées reculaient devant l'impensable énoncé par Jean : « Et le Verbe s'est fait chair. » Paradoxalement, ce fut donc Rome qui, en défendant l'incarnation, se fit la gardienne de la nouveauté révolutionnaire des Évangiles. Un tel enjeu explique pourquoi la guerre que Rome mena contre l'hérésie cathare fut d'abord et avant tout une guerre théologique et non une variable d'ajustement de conflits politiques et mondains.

Ce qui s'achève pour un temps – mais pour un temps seulement – avec les derniers cathares, c'est la tentation de la pureté absolutisée, théorisée par et dans un dualisme radical générant des oppositions principielles à jamais irréductibles. Paradoxalement, on comprend comment cette aspiration radicalisée, qu'Anne Brenon souhaitait justement qualifier d'« hérésie du Bien », put renaître sous des formes diverses – politiques, religieuses ou autres[20]. S'adossant en s'opposant à autant d'hérésies du Mal, elle produisit et produit encore partitions et affrontements sans nombre entre camps du Bien et camps du Mal (y

---

19. Hérésie chrétienne du IIe siècle qui niait la réalité de l'Incarnation.

20. La filiation partielle entre albigeois et réformés fut souvent revendiquée à juste titre par ces derniers. En 1648, Charles Drelincourt, pasteur et théologien, écrit, dans ses *Dialogues familiers sur les principales objections des ministères de ce temps* : « Il n'est pas de besoin que j'insiste davantage à prouver que la doctrine évangélique de laquelle nous faisons profession par la grâce & miséricorde de Dieu, est semblable à celle des anciens Albigeois. »

compris au XXIe siècle), tous inspirés et aspirés par le désir d'une lutte finale qui n'est que l'autre nom de l'Armageddon.

Mais le catharisme a en partie survécu sous une autre forme, en un autre lieu. Un lieu paradoxal, puisqu'il s'agit de l'Église de Rome. Contemporaine de l'hérésie, la réforme grégorienne initiée par Rome dans le dernier tiers du XIe siècle voulut combler certaines lacunes, corriger certaines faiblesses et erreurs de l'Église catholique que l'hérésie dénonçait justement. Par sa proscription du mariage des prêtres, par sa condamnation de la simonie, par sa prohibition des investitures laïques, cette réforme elle aussi prétendit remettre à leur juste place le monde, ses œuvres et ses pompes. En créant les ordres mendiants (les carmes en 1206, les franciscains en 1209, les dominicains en 1215), Rome rompit avec le faste des bénédictins et l'isolement des cisterciens, et imposa un retour à la prédication évangélique des premiers temps du christianisme. Parallèlement, la théologie se penchait sur la valeur du créé. Le *Cantique des créatures* de saint François (v. 1224) célébrait la beauté de la création, le surgissement de l'invisible dans le visible, la présence de Dieu dans le monde. Cela contribua à renouer le lien entre verbe, chair et matière que les hérétiques voulaient rompre.

Il serait certes excessif de dire que les derniers cathares brûlés à Montségur ou ailleurs furent les premiers grégoriens ou les inspirateurs cachés et inavouables de cette réforme que l'Église catholique mena contre elle-même. Trop d'abîmes théologiques les séparent. Mais sur bien des points, Rome sut se nourrir de leur contestation et entendre leur voix qui ne se perdit ni dans le désert ni dans la fumée des bûchers. Elle montra ainsi, une fois encore, comment et pourquoi l'hérésie qui lui était consubstantielle lui était indispensable.

Bibliographie sélective

Biget Jean-Louis, *Hérésie et inquisition dans le midi de la France*, Éditions A. et J. Picard, 2007.
Brenon Anne, *Le Vrai Visage du catharisme*, Loubatières, 1988.
—, *Les Cathares*, Albin Michel, 2007.
Niel Fernand, *Albigeois et Cathares*, PUF, 1976.
Oldenburg Zoé, *Le Bûcher de Montségur*, Gallimard, 1959.
Peyrat Napoléon, *Histoire des Albigeois*, Librairie internationale, 1870.
Puy-Laurens Guillaume de, *Histoire de la guerre des Albigeois*, J.-L. Brière, libraire, 1824
Registre d'inquisition de Jacques Fournier (Le), traduit et annoté par Jean Duvernoy, Tchou, « Bibliothèque des Introuvables », 2004.
Roquebert Michel, *L'Épopée cathare*, Perrin, 2007.
Théry Julien, « L'hérésie des bons hommes », *Heresis,* n° 36-37, 2002.
Thouzellier Christine, *Un traité cathare inédit du début du* XIIIe *siècle, d'après le* Liber contra Manicheos *de Durand de Huesca*, Nauwelaerts, 1961.

4

Trébizonde, 1463
Les ultimes feux de l'Empire byzantin

par Joseph Macé-Scaron

L'Empire romain d'Orient n'est pas mort à Constantinople le 29 mai 1453, mais dix ans plus tard, sur les bords méridionaux de la mer Noire, quand David II Comnène est exécuté au sabre sur ordre du sultan Mehmet II qui avait conquis Trébizonde deux ans plus tôt. C'est dans ce port marchand, longtemps allié, mais rival de la Ville des villes depuis au moins deux siècles, que s'étaient réfugiés les Grecs qui avaient échappé aux massacres des armées ottomanes lors de la prise de leur capitale historique et religieuse sur les rives du Bosphore. Ils avaient rejoint la cour d'une cité autrefois resplendissante qui, longtemps, avait su résister, par la guerre ou la diplomatie, aux appétits de ses puissants voisins – perse, latin ou ottoman. C'est ici que s'éteignit l'ultime flamme de l'Empire byzantin.

Lorsque l'empire de Trébizonde est fondé fin avril 1204 par deux jeunes princes byzantins, ce lambeau de terre grecque qui court le long de la mer Noire dans la région du Pont a déjà tout du poste sacrifié. Le même mois de la même année, les armées latines de la quatrième croisade ont, pour la seconde fois, mis à sac Constantinople et s'en partagent les dépouilles. L'Anatolie, où dominent les Turcs seldjoukides de Roum, est devenue majoritairement musulmane à la suite de la défaite de Manzikert, au nord du lac de Van, en août 1071, qui a entraîné l'effondrement de l'Orient byzantin.

Pourtant, cet État, qui se veut et se pense comme la continuité de l'Empire romain d'Orient, va non seulement résister, mais se développer, prospérer, avant de tomber plus de deux cent cinquante ans plus tard sous les coups de boutoir de Mehmet II « Fatih », le Conquérant, septième sultan d'un Empire ottoman qui s'étend sur deux continents et que la prise de Constantinople en 1453 n'a pas rassasié.

L'histoire de Trébizonde commence par une de ces nombreuses dépositions de basileus qui rythment la vie politique sur les rives du Bosphore et qui font de Byzance une monarchie tempérée par le régicide. Pour avoir engagé un combat sanglant et radical contre la corruption généralisée, Andronic Ier Comnène est parvenu à liguer contre lui la majorité des grandes familles. Moins de deux ans après son accession au trône, il est fragilisé par ses nombreux revers militaires face aux Normands de Sicile et finit par être renversé, puis massacré par la foule à l'issue d'une révolte spontanée qui porte au pouvoir une nouvelle dynastie, les Anges. Bien que lointains parents d'Andronic, ces derniers pourchassent et exécutent les Comnènes, à l'exception de deux petits-fils de l'empereur déchu, David et Alexis, qui fuient au nord-est, vers le Pont d'où est originaire leur famille qui y dispose encore d'une clientèle fidèle.

Les deux frères trouvent refuge à la cour de leur parente, la légendaire reine Tamar Ire, qui règne sur une Géorgie à l'époque au faîte de sa puissance. Le pays est converti au christianisme depuis le début du VIe siècle et se rêve comme protecteur des chrétiens orientaux. C'est avec l'appui militaire de celle qui fut surnommée « la femme roi » qu'ils marchent depuis le Caucase vers Trébizonde et s'emparent, par un coup de main audacieux, du port, puis de la forteresse.

Stratège, David ne veut pas déposer les armes. Au contraire. Il ambitionne d'étendre les frontières du nouvel État toujours plus vers l'ouest, poussant jusqu'à Sinope avec le secret espoir de reprendre Constantinople et de ceindre la couronne impériale. Un combat vain : sur son chemin se trouvent les Turcs, les États latins d'Orient (principautés, comtés ou royaumes fondés par des seigneurs catholiques d'Occident durant les Croisades) et l'empire de Nicée – autre vestige de l'Empire byzantin –, tous bien décidés à ne pas laisser cette nouvelle puissance s'étendre.

Entouré par ses frontières naturelles que sont les hautes chaînes pontiques, le territoire de l'État se limitera désormais à l'ancien thème byzantin de Chaldée[1], à l'exception, pendant un temps, d'une partie de la Crimée. Apparemment, le danger pour Trébizonde ne peut venir que de la mer. La passe de Zigana, qui demeure la voie terrestre le plus logique, culmine à plus de 2 000 mètres et est couverte de neige cinq mois par an. Cette situation qui apparente le pays à une forteresse a aussi des avantages, puisque les plaines côtières bénéficient d'une pluviosité inhabituelle en Anatolie, permettant d'abondantes récoltes qui mettent à l'abri de toute famine en cas de siège.

1. Toute la côte sud-est de la mer Noire, délimitée au sud par la Cappadoce et l'Arménie inférieure, à l'est par le royaume de Lazique (actuelle Géorgie), à l'ouest par la partie occidentale du Pont.

Un empire à taille humaine

Le terme « empire » est-il ici usurpé ? Du point de vue de la géographie, la superficie n'apparente pas Trébizonde aux grands ensembles que sont les empires ; mais du point de vue de l'histoire, la dynastie des Comnènes qui a redonné pendant un siècle son lustre à Byzance[2] estime être la seule à avoir le droit de chausser les brodequins pourpres et de brandir l'étendard à aigle bicéphale[3]. Puisque toutes les grandes familles byzantines prétendent être apparentées à cette dynastie, les fondateurs de l'empire de Trébizonde prendront le titre de « Grand Comnène » pour se différencier de ceux qu'ils considèrent comme des usurpateurs.

Dans l'univers byzantin, tout est symbole et marqué par l'omniprésence de l'intervention divine. Aussi les empereurs de Trébizonde s'empressent-ils d'ériger un édifice religieux pour remercier la Vierge de son intervention. Ils font donc bâtir, entre 1238 et 1263, son église Ayia Sophia (Sainte-Sophie), une réplique en pierre d'Anatolie de la cathédrale constantinopolitaine. Avec une différence notable : l'édifice sera décoré d'une frise reprenant l'épisode de l'expulsion d'Adam du paradis, représentation à peine déguisée de l'expulsion des Comnènes de la Ville des villes. La vie monastique est au cœur de l'orthodoxie. Si l'église à Trébizonde demeure rattachée au patriarcat de Constantinople, il faut construire un monastère digne de l'empire. Ce sera Suméla. Une légende locale dit qu'au IVe siècle,

---

2. Alexis Ier, Jean II, Manuel Ier, Alexis II et Andronic Ier Comnène ont régné à Byzance entre 1081 et 1185.

3. L'emblème de l'Empire byzantin, repris par les Paléologues et les Comnènes, est un aigle à deux têtes, symbole des composantes occidentale et orientale du territoire.

deux ermites ont découvert dans une caverne de cette montagne une icône de la Vierge. Le grand général Bélisaire[4] va y édifier un monastère. Mais ce sont les Comnènes qui vont faire de cet endroit irréel, accroché au flanc d'une falaise parmi des forêts de pins, un haut lieu de la spiritualité orthodoxe, au point de lui valoir le nom de « mont Athos pontique ». Après tout, le fondateur de la Sainte Montagne, Athanase l'Athonite, n'était-il pas natif de Trébizonde ?

Intervention divine, donc. Ce ne peut pas être un hasard, jugent les historiens contemporains, si Trébizonde est un port avec une intense activité commerciale comme Constantinople. Ce n'est pas non plus un hasard si ce creuset accueille de nombreux peuples qui se croisent sur les marchés et dans les rues comme sur les rives du Bosphore. Il y a des Grecs, bien sûr, mais aussi des Lazes, des Arméniens, des Génois, des Géorgiens, des Perses, des Alains, des Turcs, des Mongols… Ces peuples « barbares », au sens grec du terme, vont être initiés aux subtilités du protocole, de l'étiquette et de l'administration de l'Empire romain d'Orient, qui ne compte pas moins de sept catégories de fonctionnaires. En effet, les titres qui entourent les empereurs byzantins réapparaissent. Voici que s'avancent le sébastocrator, le protovestiaire, les hétairiarques, les panhypersébastes, le logariaste et autres *anthrôpoi kaloi* (« hommes de bien »), qui ne sont pas forcément tous des *basilikoi anthropoi* (« hommes de l'empereur »).

Durant les premières décennies de son existence, l'empire de Trébizonde repousse avec un certain succès les assauts des Turcs seldjoukides. Ces derniers subissent une cuisante défaite à Sinope qu'ils avaient reprise, et tentent d'assiéger, en 1224, la

4. Grand officier romain qui, sous le règne de Justinien, étend par ses conquêtes le territoire de l'Empire romain d'Orient, notamment aux dépens des Perses.

capitale byzantine, réputée pour ses remparts imprenables. La dernière attaque se déroule sous une pluie torrentielle et tourne à la confusion de l'envahisseur – grâce à l'action de saint Eugène, croient les défenseurs, qui en feront le patron de leur ville.

Turbulences

Ce n'est qu'à partir de 1250 que l'empire va entrer dans une zone de turbulences, et ce pour deux raisons. La première est l'apparition depuis quelques années d'un nouvel acteur dans cette aire de jeu : les Mongols, déjà maîtres de la Perse, d'une grande partie de l'Irak et du Caucase. Après avoir vassalisé la Géorgie, pris et pillé Erzeroum qui leur ouvre la porte de l'Anatolie, ils s'attaquent au sultanat de Roum, qui est à son apogée. Le 26 juin 1243, ce dernier aligne 80000 hommes appuyés par des mercenaires francs face aux 30000 envahisseurs. La déroute est totale et l'État seldjoukide, à la veille de sa dislocation, appelle à l'aide l'empire de Trébizonde… qui, fort diplomatiquement, choisit de se déclarer vassal des khans mongols et trouve plus judicieux de leur payer un tribut. C'est que l'empire est riche. Près du port, on trouve toutes les épices, tous les tissus, toutes les marchandises, des trésors d'orfèvrerie qui excitent la convoitise des Génois et des Vénitiens et la fascination des autres. Ainsi de Jean de Joinville, chroniqueur de Saint Louis, quand il raconte une entrevue entre le roi de France et l'envoyé du « sire de Trébizonde » chargé de joyaux. L'envoyé byzantin est venu, à Saïda, en Palestine, demander la main d'une princesse franque pour prendre à revers les nouveaux maîtres de l'Asie Mineure. En effet, la prise de Bagdad par les Mongols a modifié les flux commerciaux provenant de l'Extrême-Orient, qui longent désormais les ports de la mer Noire avant de gagner la mer Égée, puis la Méditerranée.

Reste que cette « paix mongole » a provoqué des réactions en chaîne. En disparaissant, le sultanat de Roum a laissé la place à une multitude de petites principautés turques : c'est l'époque des « beylicats ». Parmi ces derniers, une seigneurie située dans le nord-ouest de l'Anatolie n'attire l'attention de personne : l'État des Ottomans. Cette tribu, qui est la dernière à être venue des steppes, a conservé la vigueur guerrière que les Seldjoukides, amollis par le luxe, avaient perdue depuis longtemps. Ils vont conquérir les autres principautés une par une avant d'assouvir leur soif de conquête sur le sol européen.

La seconde raison qui a fait entrer Trébizonde dans cette zone de turbulences est le fait que, à la même époque, l'Empire latin s'est effondré comme un château de cartes. Les Grecs commandés par le général nicéen Alexis Strategopoulos investissent Constantinople par surprise, le 25 juillet 1261, et entrent dans le palais des Blachernes abandonné par son principal occupant qui s'est enfui de la ville dans une barque. Le nouvel empereur byzantin, Michel VIII Paléologue, a beau être un usurpateur, il a chassé les Latins et s'est fait couronner à Sainte-Sophie en se présentant comme le descendant de toutes les dynasties impériales. Il a relevé les églises et les monastères et restauré les icônes. De plus, il a repris la Thrace, la Macédoine et la ville de Thessalonique. Mais sa politique a fini par vider les caisses de son royaume. Aussi regarde-t-il avec envie ses cousins orientaux dont le palais, entouré d'hôtels particuliers aux jardins luxuriants, étonne ses visiteurs par sa munificence alors que lui-même éprouve tant de difficultés à relever des remparts en ruines. Michel VIII va tout faire pour que la Trébizonde des Comnènes reconnaisse la protection – tout illusoire – de la Constantinople des Paléologues. Ceux-ci appellent ceux-là « les rois des Lazes » et leur interdisent l'usage du drapeau bicéphale. Les Comnènes louvoient, concèdent quelques alliances matrimoniales et, enfin rentrés dans leur avant-poste, continuent de se prétendre les descendants de Constantin le Grand.

Mais l'empire de Trébizonde se trouve désormais sous une double vassalité : celle des Mongols et celle de Byzance. De même, il joue avec plus ou moins de succès de la rivalité séculaire entre Gênes et Venise. Peu d'États dans le monde auront autant poussé l'art de la diplomatie, des jeux d'alliance et de la politique matrimoniale. Très vite en Asie, mais aussi en Europe ou en Terre sainte, s'installe la légende de la stupéfiante beauté de princesses qui seront mariées à tous les souverains avec lesquels l'empire peut espérer des alliances, qu'ils soient chrétiens ou musulmans, grecs, latins, turcs ou mongols…

La fin de l'âge d'or

C'est à cette époque que Trébizonde connaît son âge d'or, trente ans de prospérité absolue, sous le règne d'Alexis II. Jeune, il affirme son indépendance et décide de secouer la tutelle de Constantinople, qui souhaite lui imposer le mariage avec la fille d'un érudit et haut dignitaire byzantin. Il choisit la fille d'un seigneur d'une enclave montagneuse de la Géorgie, ce qui lui vaut une grande popularité. À 19 ans, il repousse une armée de Turcomans et la pourchasse jusque dans les montagnes arméniennes. Mis en demeure par les Génois d'accepter les conditions commerciales qu'ils ont arrachées à Constantinople, le jeune empereur entre en conflit avec eux et parvient à les faire plier. On a vu que le danger pour Trébizonde pouvait venir de la mer. Pour protéger de la piraterie les habitants des côtes, il fait édifier le long de celles-ci des murailles sur le modèle de celles qui protègent la ville. Dans son face-à-face avec les Latins et dans la crainte d'une nouvelle croisade, Constantinople a engagé un dialogue avec l'autorité papale dans le dessein de mettre un terme au schisme[5]. Dans une longue lettre, le pape Jean XXIII demande à l'empereur de s'engager en faveur de l'union entre les deux Églises. Alexis II ne répondra jamais à cette missive.

À sa mort, Trébizonde entre dans une période de troubles dynastiques et de guerres civiles où le frère assassine ses frères, l'épouse empoisonne son mari, le cousin étrangle sa cousine et le père enferme son fils dans un monastère. Malgré tout, cette forteresse qu'est Trébizonde résiste aux attaques et le commerce continue. D'autant que l'Empire ottoman vient de connaître un brutal coup d'arrêt à son expansion avec une nouvelle irruption turco-mongole, cette fois sous les ordres du grand Tamerlan. Le sultan Bajazet a été battu près d'Ankara, le 20 juillet 1402, et a fini enchaîné dans les geôles du conquérant. Il s'ensuit un sanglant interrègne dans son sultanat, qui permet à Trébizonde de retrouver un parfum de puissance.

Deux ans après cette bataille, la cour grecque reçoit la visite de l'ambassadeur du roi Henri III de Castille, qui doit rencontrer Tamerlan à Samarcande et qui dépeint ainsi les souverains byzantins :

> L'empereur et son fils revêtaient des robes impériales. Ils portaient sur leur tête de grands chapeaux surmontés de cordes d'or, sur lesquelles se trouvaient des plumes de grue ; les chapeaux étaient liés avec des peaux de martre…

Son récit, repris par ses contemporains, laisse l'image d'une ville forte et magnifique.

---

5. En 1054, à la suite de querelles théologiques, les patriarcats de l'Église chrétienne d'Occident (Rome) et de celle d'Orient (Constantinople) se séparent. Le sac de Constantinople par les armées franques en 1204 transforme la rupture en véritable schisme entre catholiques et orthodoxes.

Irrémédiable déclin

La marche funèbre de l'empire commence avec l'accession au trône de Jean IV, fils de l'empereur Alexis IV, qui, selon la tradition, l'a nommé coempereur avant son adolescence. Ce qui n'empêche nullement Jean Mégas Comnène de se sentir menacé. Sur la nature et la réalité de ces menaces, les historiens divergent et paraissent mêler les époques. Toujours est-il que le jeune prince se réfugie en Géorgie, où il trouve une épouse avant d'embarquer pour le port de Caffa, en Crimée, devenue une colonie génoise. Ce port, qui peut accueillir plus de deux cents navires, entretient une intense activité commerciale avec Trébizonde qui y envoie du vin, de l'huile, du sel, des noisettes.

Jean IV va tenter de renouer avec la politique d'équilibriste de ses prédécesseurs dont il n'a pas le talent. Il se brouille gravement avec les Génois, ce qui va provoquer de lourds dommages à l'économie de l'empire. Plus grave, à l'est, apparaît la première dynastie indépendante à régner sur l'Iran, les Séfévides, issus du soufisme chiite. Un de ses chefs, chassés d'Ardabil puis d'autres contrées d'Anatolie, se dirige vers l'empire de Trébizonde pour le piller. Jean IV se montre impuissant à assurer une défense efficace face aux forces perses.

Cette faiblesse va encourager l'Empire ottoman à attaquer lui aussi son voisin affaibli. En 1442, le sultan Mourad II a reconstitué la puissance turque et reformé son armée régulière dont l'épine dorsale est constituée par les janissaires[6]. Il a annexé la Serbie, la Thessalie, l'Épire, et massacré la population de Thessalonique. Il lance un premier raid pour

6. Élite de l'infanterie de l'armée turque, composée souvent d'anciens esclaves chrétiens convertis à l'islam.

saccager la ville des Comnènes, puis se replie. Le 29 mai 1453, son fils, Mehmet II, entre, à 21 ans, dans la Ville des villes, Constantinople, et récite la prière musulmane dans la basilique Sainte-Sophie. Les 7 000 défenseurs, composés essentiellement de citoyens en âge de se battre, ont été submergés par les 100 000 attaquants appuyés par 120 navires. Trois jours de pillage. Des milliers de civils exécutés et les jeunes nobles byzantins, du moins les plus beaux, incorporés de force dans le harem du sultan. Alors que Sainte-Sophie va se couvrir de minarets comme une couronne d'épines, Mehmet II pourrait estimer qu'il vient d'accéder à son ambition d'instaurer un empire universel. Mais il reste l'orgueilleuse Trébizonde qui, à force d'échapper depuis plus de deux siècles aux attaques de ses ennemis, a fini par se croire immortelle.

Et il est vrai que dans un premier temps, la nouvelle suscite sur place des pleurs, des prières pour les habitants massacrés, mais pas d'effroi. Comme si les murailles pouvaient arrêter la puissance ottomane conduite par un souverain qui se rêve en nouvel Alexandre. Cette assurance va vite être mise à mal avec l'arrivée des premiers réfugiés grecs de Constantinople évoquant les scènes de décapitation, de viols et les profanations des églises.

Les Ottomans divergent fondamentalement des autres Turcs ou des autres peuples convertis à l'islam qui occupaient la région et s'accommodaient d'une enclave grecque et chrétienne qu'ils considéraient moins comme un État que comme un comptoir. Si, en son for intérieur, Mehmet II se voit l'égal des grands conquérants de l'Antiquité, il se définit officiellement comme « le seigneur des combattants de la foi », « le champion de la guerre sainte ». C'est parce que, précisément, l'empire de Trébizonde se veut symboliquement l'héritier de l'Empire romain d'Orient qu'il doit être détruit.

Une ville abandonnée

Encore une fois, les souverains de la cité grecque vont relever les remparts, mais l'argent manque, car la nouvelle puissance turque a asphyxié tout commerce possible et les Génois ont saisi le peu qu'il restait à prendre.

Huit années d'un combat désespéré pour survivre. Pour Trébizonde, l'agonie sera longue. Dans un premier temps, les basileus espèrent le secours des Latins qui a fait défaut à Constantinople. Cela pourrait être possible, car les Vénitiens ont fini par comprendre, depuis la chute de Thessalonique, que le vainqueur ne connaît que le rapport de force. Mais ils ont tourné leur attention vers la terre ferme et n'ont pour obsession que de contrecarrer les visées expansionnistes du duché de Milan[7].

Reste la papauté, et donc *la* question de l'union de l'Église d'Orient et de l'Église d'Occident. Au concile de Florence (1437-1439), qui avait réuni les deux parties, Basilius Bessarion s'était distingué. Issu d'une modeste famille de Trébizonde, ordonné prêtre, il avait reçu l'enseignement de Georges Gémiste, dit Pléthon, un des plus grands penseurs byzantins de son temps[8]. Après avoir tenté, en vain, de convaincre ses compatriotes du bien-fondé de l'union, il revient à Rome à la demande d'Eugène IV qui le nomme cardinal et lui offre une pension.

En se faisant le défenseur de Trébizonde et en plaidant pour une intervention occidentale seule capable de sauver l'empire,

---

7. L'ancien *condottiere* Francesco Sforza, duc de Milan depuis 1450, est devenu en quelques années l'homme le plus puissant d'Italie. Il s'apprête à annexer Gênes au duché, et la Sérénissime, qui a signé un traité de paix avec lui, se méfie de l'ambitieux maître du nord de la péninsule.

8. Il était aussi considéré comme un des plus sulfureux, pour avoir célébré Platon.

Bessarion, qui fait figure de *papabile*, agit non pas en homme d'Église, mais en humaniste. Il a su créer autour de lui une véritable Académie et est parvenu à sauver plusieurs centaines de manuscrits avant la prise de Constantinople. Mais ce qui manque, ce sont les savants grecs, trop nombreux à avoir choisi l'exil[9]. Sauver Trébizonde est, à ses yeux, bien plus que perpétuer le souvenir de l'Empire romain d'Orient : c'est assurer la pérennité d'un certain mode de pensée, de rapport aux textes, de goût des débats et des joutes intellectuelles. C'est aussi ce qui effraie[10].

Poussé par Bessarion, le nouveau pape Pie II organise un concile à Mantoue et lance un appel aux souverains chrétiens afin qu'ils cessent leurs luttes fratricides. Mais ces derniers ont tourné la page, peu soucieux de secourir ces Hellènes perdus aux marches de l'Asie[11]. Reste cette fameuse politique matrimoniale. Dans le passé, Trébizonde avait marié une princesse byzantine au chef des Turcomans du Mouton blanc, une fédération tribale installée autour de Diyarbakir. Jean IV a offert sa fille, Théodora, dépeinte par les voyageurs qui l'ont rencontrée comme « une des plus belles femmes de son temps », « la princesse des princesses », au chef de la Horde, Uzun Hasan, en échange de l'appui inconditionnel de son armée, de son argent et de sa personne.

---

9. De nombreux professeurs d'université ou de copistes comme Demetrios Trivolis ou Jean Rhossos sont partis pour Venise, avant de rejoindre Padoue, Bâle ou Paris, apportant un souffle non négligeable à la Renaissance italienne.

10. L'historien roumain Nicolae Iorga, dans son *Histoire de la vie byzantine*, écrit : « La théologie, la fureur polémique, la philosophie viennent donc de Trébizonde. On sent le souffle de la Renaissance. » Ce qui, à ses yeux, n'est pas un compliment…

11. Pour consoler Bessarion après la chute de Trébizonde, Pie II le nomma patriarche latin de Constantinople.

En 1456, les troupes ottomanes sous les ordres de Hizir Pasha lancent des attaques contre Trébizonde. Selon l'historien grec Laonicos Chalcondyle, qui a décrit la chute du monde byzantin et l'avènement de l'Empire turc, ces raids qui visent à rendre inhabitable la campagne autour de la cité grecque finissent par gagner le marché de Trébizonde. Près de 2000 Grecs sont capturés. Le basileus accepte de payer un tribut annuel de 2000 pièces d'or en échange des captifs. Il envoie son frère, David, qui fait figure de coempereur, ratifier, deux ans après, l'accord avec Mehmet II. Mais, indisposé par la fierté de David, le sultan décide que le tribut sera porté à 3000 pièces d'or. Une somme colossale pour l'époque, et encore plus pour un État moribond.

David se tourne alors vers Uzun Hasan et lui propose de se déclarer son vassal pour se délivrer de l'allégeance ottomane. Ce dernier accepte et envoie des ambassadeurs à Mehmet II afin de lui signifier désormais que l'empire de Trébizonde passe sous sa protection ; il en profite pour réclamer au nouveau maître de Constantinople qu'il reprenne le paiement du tribut que les Turcs avaient payé après leur défaite face à Tamerlan. « Allez en paix, leur aurait répondu le sultan, et l'année prochaine je vous apporterai en personne ces sommes et bien d'autres choses encore. »

Seule face à l'Empire ottoman

À la mort de l'empereur, son frère, David II tente de mettre en œuvre la dernière alliance regroupant les Turcomans, les seigneuries turques encore indépendantes d'Asie Mineure telles que l'émirat de Sinope, les principautés de Géorgie et d'Arménie. Au lieu d'inquiéter Mehmet II, la ligue qui n'existait que sur le papier parvient à le convaincre de l'urgence d'en finir avec l'empire de Trébizonde. Il prend séparément chacun des alliés pour les menacer des pires représailles. Ces derniers étaient fondés à le croire après les exactions des troupes ottomanes dans les territoires conquis. Au printemps 1461, la ville des Comnènes se retrouve seule face à l'Empire ottoman. Les observateurs notent les grandes manœuvres des troupes turques. Une partie de l'armée d'Europe traverse les Dardanelles et se joint à l'armée d'Asie sans que Mehmet II ait laissé entendre ses intentions : « Soyez certain que si je savais qu'un seul poil de ma barbe connaissait mon secret, je l'arracherais et l'enverrais aux flammes. »

À la tête de son armée, Mehmet II se dirige vers Ankara afin de rendre hommage aux tombes de ses ancêtres. Il écrit à l'émir de Sinope, Kemaleddin Ismaïl Bey, pour qu'il lui envoie son jeune fils Hasan. Ce dernier est déjà à Ankara quand les troupes turques arrivent dans la ville. « Dis à ton père que je veux Sinope, lui aurait-il dit selon l'historien byzantin Doukas, et s'il rend la ville librement, je le récompenserai volontiers avec la province de Philippopolis, en Thrace. Mais s'il refuse, qu'il soit sûr que j'accourrai… »

Le port de Sinope est un appui précieux pour prendre Trébizonde. Ismaïl Bey ayant naturellement accepté, il n'y a plus aucun doute sur l'objectif ultime de l'armée du sultan, qui envoie une partie de ses troupes prendre la forteresse de Koyluhisar, propriété d'Uzun Hasan, et une autre partie effectuer des manœuvres à la frontière de la Géorgie afin de s'assurer que ses souverains ne tenteront pas de porter secours à Trébizonde.

Dans son récit biographique *Mémoires d'un janissaire*, Constantin Mihailović d'Ostrovica souligne combien fut éprouvante pour les troupes turques la longue route qui mène de Sinope à la dernière cité grecque :

> Et nous avons marché en force et avec beaucoup d'efforts jusqu'à Trébizonde – pas seulement l'armée, mais l'empereur [c'est-à-dire le sultan Mehmed] lui-même : premièrement, à cause de la distance ; deuxièmement, à cause du harcèlement du peuple ; troisièmement, à cause de la faim ; quatrièmement, à cause des hautes et grandes montagnes, et des endroits humides et marécageux. Sans oublier les pluies drues qui tombaient tous les jours de sorte que la route montait partout aussi haut que le ventre de nos chevaux.

Il n'y a pas que les éléments naturels pour ralentir l'avance de l'immense armée. Comme le dit le janissaire, la population locale se livre à d'incessantes escarmouches. Le grand vizir Mahmud Pacha Angelović est victime d'une tentative d'assassinat par un Tatar sans doute mandaté par Uzun Hasan. La propre mère de ce dernier, Sara Hatin, est envoyée sur le chemin en ambassade avec de précieux présents afin de demander la paix et de plaider la survie de l'empire de Trébizonde. Le grand médiéviste Steven Runciman reprend l'échange entre Sara et Mehmet II : « Pourquoi te fatiguer, mon fils, pour rien de mieux que Trébizonde ? lui demande-t-elle. Il répondit que l'épée de l'Islam était dans sa main, et qu'il aurait honte de ne pas se fatiguer pour sa foi. »

De son côté, la flotte turque qui croise au large de Trébizonde décide d'intervenir. Quelques centaines de marins débarquent et mettent le feu aux faubourgs de la ville sans parvenir à percer des murs pourtant en piètre état. Ils commencent à désespérer quand ils apprennent que les premières unités de l'armée sous les ordres du grand vizir viennent de franchir le col de Zigana. Descendant vers la plaine côtière, ils établissent bientôt leur campement sur la colline Minthrion, à 3 kilomètres au sud-est du cœur de la capitale byzantine.

Les sources manquent pour évoquer le siège. Nous savons que l'armée de Mehmet II est considérable face aux maigres forces de son adversaire. Qu'on en juge : 140 000 hommes, parmi lesquels 80 000 fantassins et 40 000 cavaliers, appuyés par 200 galères et 10 navires. À l'époque, la ville doit compter un peu plus de 10 000 habitants, éprouvés par la peste des années précédentes.

La cause est vite entendue. Les murs de Trébizonde sont massifs, mais David II a été informé qu'aucun secours ne viendra. Son proche conseiller, le philosophe Georges Amiroutzès, lui conseille la reddition en ne cessant de relater les atrocités commises envers la population civile après la prise de Constantinople. Dans son ultimatum, le grand vizir assure que Mehmet II fera preuve de clémence envers les habitants. Le basileus finit par accepter. Et le 15 août 1461, le sultan entre en grande pompe dans la dernière capitale de l'Empire romain d'Orient. Steven Runciman écrit : « C'était la fin du monde grec libre. »

L'empereur déchu et les siens sont exilés à Andrinople, mais, aux yeux, de Mehmet II, il constitue toujours une menace. Le sultan le fait venir avec sa famille à Constantinople. Là, prenant prétexte d'une lettre envoyée par sa nièce, Théodora de Trébizonde, mariée à Uzun Hasan, le sultan accuse David II de comploter contre lui et le fait emprisonner. Mais on n'emprisonne pas un symbole. C'est pourquoi le souverain des Ottomans promet au basileus la vie sauve s'il accepte de se convertir à l'islam. Le dernier empereur refuse. Il est exécuté au sabre, le 1er novembre 1463, à 4 heures du matin, ainsi que ses trois fils et son neveu. Leurs restes sont éparpillés en dehors des murs de la ville. Selon l'historien grec Théodore Spandounès, l'impératrice Hélène Cantacuzène va enfreindre l'ordre du sultan de laisser leurs corps sans sépulture et creusera les tombes de ses mains. Avant de retomber dans la poussière de l'Histoire, Trébizonde renouait ainsi avec le plus grand mythe de l'hellénisme, celui d'Antigone.

Si avec les siècles la mer Noire devient un lac turc, de nombreux Grecs se trouvent encore dans l'ancien empire. On estime leur nombre à 600 000 en 1919, avant que ne débute le génocide des Grecs pontiques[12].

En 2002, l'écrivain et historien turc Omer Hasan publie à Istanbul *La Culture du Pont*, révélant l'existence de dizaines de milliers de locuteurs grecs toujours présents dans les villages autour de Trébizonde (devenue Trabzon). Son livre provoque un énorme scandale. Il est accusé de vouloir ressusciter l'Empire byzantin en faisant la promotion du christianisme et de l'hellénisme. Traîné devant les tribunaux, il sera acquitté.

En août 2013, David II de Trébizonde est canonisé par le patriarche de Constantinople à la demande de l'Église grecque. C'est une des lois du dernier carré. Ce qui a été défendu une fois demeure éternellement.

12. Les Grecs de la rive sud de la mer Noire (l'ancien Pont-Euxin) sont déportés par les autorités turques entre 1919 et 1923, quand ils ne sont pas massacrés. En 1924, à l'issue du traité de Lausanne, les derniers survivants de la région sont expulsés vers la Grèce ou convertis de force à l'islam : ils n'étaient plus que 50 000.

Bibliographie sélective

Bréhier Louis, *Vie et mort de Byzance*, Albin Michel, 1969.

—, *La Civilisation byzantine,* Albin Michel, 1969 (rééd.).

Chenet Jean-Claude, *L'Empire de Trébizonde*, Clio, 2021.

Iorga Nicolae, *Histoire de la vie byzantine*, t. 3, édité par l'auteur, 1934.

Janssens Émile, *Trébizonde en Colchide*, Bruxelles, Travaux de la faculté de philosophie et de lettres, t. 40, Presses universitaires de Bruxelles, 1969.

Karpov Sergei, *L'impero di Trebisonda, Venezia, Genova e Roma, 1204-1461*, Roma, Rapporti politici, diplomatici e commerciali, 1986.

—, « L'Empire de Trébizonde », in *Le Monde byzantin*, t. III : *L'Empire grec et ses voisins,* XIIIe-XVe *siècle*, PUF, « L'Histoire et ses problèmes », 2011.

Kursanskis Michel, « L'Empire de Trébizonde et les Turcs au XIIIe siècle », in *Revue des études byzantines*, t. 46, p. 109-124, 1988.

Laiou Angeliki, Morrisson Cécile (dir.), *Le Monde byzantin*, t. III : *L'Empire grec et ses voisins,* XIIIe-XVe *siècle*, PUF, « L'Histoire et ses problèmes », 2011.

Miller William, *Trebizond, the Last Greek Empire*, Londres, Society for Promoting Christian Knowledge, 1926.

Nicol Donald M., *Les Derniers Siècles de Byzance, 1261-1453*, Paris, Les Belles Lettres, 2005.

Panarète Michel, « Chronique de Trébizonde », in *Histoire du Bas Empire*, vol. XX, Paris, Firmin Didot, 1836.

5

Cévennes, 1702-1704
La guerre des camisards

par Agnès Walch

Réprimés depuis la révocation de l'édit de Nantes par Louis XIV en 1685, les protestants français des Cévennes passent de la résistance passive à la lutte armée contre le pouvoir royal durant l'été 1702. Baptisés camisards, étendant leur combat jusqu'aux plaines du Languedoc, ces rebelles sont dirigés par un jeune homme au visage d'enfant, Jean Cavalier, qui finit par accepter les propositions de paix de Paris quand ses compagnons doivent subir les représailles toujours plus terribles de l'armée de Louis XIV et des troupes irrégulières catholiques, les Cadets de la Croix. Tous ne le suivent pas et certains s'engagent bientôt dans un combat jusqu'au-boutiste dont l'issue, l'été 1704, se révélera tragique.

En novembre 1685, Louis XIV révoque l'édit de Nantes. Deux cent mille protestants, soit un quart des réformés, quittent immédiatement le royaume ; les autres entrent dans une clandestinité plus ou moins active. En réalité, ni les encouragements à l'abjuration par le truchement de la caisse des conversions – qui paye ceux qui se convertissent – ni les persécutions n'ébranlent leur foi. À plusieurs reprises, on tente d'alerter le roi sur l'échec d'une politique qui accroît de jour en jour le nombre des résistants et des martyrs. Mais le Roi-Soleil ne peut se déjuger. Il se contente de délivrer des instructions secrètes aux évêques et aux intendants prescrivant de ne pas faire couler le sang, alors qu'une répression particulièrement cruelle s'abat sur le Languedoc, orchestrée par l'intendant Basville et le commandant militaire, le comte de Broglie, son beau-frère.

De nombreuses familles restées protestantes se rassemblent, en l'absence des pasteurs, dans leurs maisons ou dans des endroits reculés. Les hommes les plus instruits lisent la Bible, chantent les psaumes, improvisent des prédications, animent des cultes qu'ils appellent des « assemblées du Désert », en référence aux Hébreux qui, sous la conduite de Moïse, passèrent quarante années dans le Sinaï. Convaincus de revivre les épreuves infligées jadis au peuple élu, ils vivent depuis la révocation dans une anxiété croissante et une désespérance sans aucun autre horizon que les montagnes voisines. Leur territoire s'étend des bords du Tarn au Rhône et de l'Hérault à la Méditerranée, avec comme épicentre la chaîne des Cévennes qui s'agrippe au Massif central et déverse l'eau de ses torrents vers la plaine de Camargue. Ses montagnes et ses vallons, couverts de châtaigniers et d'une végétation touffue, sont difficiles à traverser pour qui n'en est pas familier et offrent mille cachettes, tout comme le chapelet de grottes qui s'enfoncent dans le sol calcaire. C'est dans ce pays peu accessible et propice au refuge que le mouvement des prédicants se transforme, au milieu de l'année 1702, en lutte armée.

Des prophètes en armes

Un jour, Dieu visite de son Esprit de prophétie un pauvre peigneur de laine nommé Abraham Mazel alors qu'il a environ

22 ans. Celui-ci voit en songe des bœufs noirs qui broutent de l'herbe grasse et entend qu'il lui faut les chasser. Peu après, il est informé que ce jardin représente l'Église et que les bœufs sont les prêtres. Il ne s'étonne pas de recevoir cette vision. Autour de lui, de nombreux jeunes hommes et même des femmes prophétisent, annonçant l'apocalypse et, au bout du chemin, la délivrance. Inspirés par un souffle qui les dépasse, ils suscitent l'admiration de leurs communautés, prêtes à les suivre aveuglément. La vision d'Abraham se précise un peu plus tard quand il comprend qu'il lui faudra délivrer quatre jeunes hommes arrêtés – tandis qu'ils tentaient de se rendre à Genève – et enfermés au Pont-de-Monvert dans la cave du presbytère. Il s'emploie à recruter des volontaires pour son coup de main.

Le curé du lieu, l'abbé du Chaila, s'est bâti une réputation d'homme féroce qui participe aux arrestations et aux interrogatoires musclés. Le soir du 24 juillet 1702, avec un autre prophète nommé Pierre Séguier, Abraham Mazel transperce l'abbé de cinquante-deux coups de couteau, soit autant que de protestants qu'il a fait exécuter. Au matin, une soixantaine d'insurgés se répandent à travers les hautes Cévennes pour se venger sur les catholiques. Ils tuent les curés qu'ils trouvent dans leurs presbytères, brûlent les églises au son des psaumes. Pierre Séguier, surnommé Esprit Séguier tant il est capable de soulever l'enthousiasme par ses visions inspirées, est un homme fruste, rugueux, d'âge mûr. Il est rapidement rattrapé par les troupes royales. Capturé dès le 12 août, il est supplicié le lendemain sur la place du marché de Pont-de-Montvert. Les autorités pensent avoir arrêté le mouvement de sédition naissant. Ce n'est, au contraire, que son commencement.

Les Enfants de Dieu

L'esprit de révolte enflamme alors toutes les Cévennes et, comme les langues de feu descendues sur les apôtres, coule jusqu'à la plaine languedocienne. Un apprenti boulanger, Jean Cavalier, né à Ribaute au sud d'Alès, réfugié à Genève, décide de revenir au pays. Son pouvoir de persuasion est aussi grand qu'il est petit de taille, presque frêle, avec de longs cheveux blonds qui lui couvrent les épaules ; il a l'air à peine sorti de l'enfance. D'où lui vient qu'il sait si bien commander ? Des sommets de la montagne, il opère des raids dans les plaines, dévastant les villages catholiques, brûlant les églises, tuant les prêtres, affrontant crânement les troupes royales. Son second, Abdias Maurel, dit Catinat, est à la tête d'un embryon de cavalerie, montée sur les chevaux de sa Camargue natale. D'abord désignées sous le terme de « fanatiques » ou d'« osards » (ceux qui osent), ses troupes reçoivent le nom de « camisards » en raison de leur technique militaire. Une camisarde est une attaque de nuit de soldats irréguliers, sans uniforme, en chemise – *camisa* en occitan. Les troupes royales ne les trouvent que lorsqu'ils veulent bien se montrer et acceptent le combat. Autrement, ils se cachent, se fondent dans le paysage, agissent de nuit. Ils aiment ruser, dépouiller les cadavres de leurs fusils et de leurs uniformes pour mieux s'introduire dans les places catholiques. Rien ne leur fait peur : ni la perspective des galères, ni les exécutions sommaires, ni les supplices qui les attendent lorsqu'ils sont livrés à la justice pour rébellion. Bras armés de tout un peuple, moins de un millier, portés par leurs visions, ces Enfants de Dieu, comme ils se nomment entre eux, bénéficient de nombreuses complicités. Ils disparaissent dans la vaste châtaigneraie que les autorités projettent régulièrement de raser. Elle leur fournit à la fois leur maigre nourriture et leurs cachettes. Durant une année, ils se déplacent selon leur inspiration, jouent avec la vie et la mort, appliquent la loi du talion, se reposent en priant.

L'intendant Basville est consterné : par la révolte tout d'abord, par la crainte ensuite d'une guerre civile, car des troupes irrégulières catholiques, les Cadets de la Croix, commencent à répliquer aux exactions commises par les protestants. L'intendant connaît bien la région pour y être en poste depuis dix-sept ans. À la Cour, il passe pour un homme implacable, alors qu'il cherche à défendre les intérêts du roi sans exercer de brutalité gratuite pour éviter l'escalade de la violence. L'année suivante, un nouveau commandant militaire, le maréchal de Montrevel, arrive dans la province. Sa cruauté exacerbe celle des camisards, au point que le roi le rappelle au bout de quelques mois. Il a encore le temps, dans les environs de Nages, de tendre un traquenard à Jean Cavalier. Le résistant héroïque, avec ses troupes diminuées, se replie vers Euzet, au sud-est d'Alès, et se cache dans les bois, car les cavernes qui servent de magasins de vivres et de munitions ainsi que d'hôpital ont été découvertes et les blessés exterminés.

Jean Cavalier erre d'Euzet à Navacelles. Il affirme qu'il continue le combat, mais encourage ses soldats à abandonner. Le commandant qui succède à Montrevel, le maréchal de Villars, auréolé de nombreuses victoires, se présente en pacificateur. Il se sert de nouveaux convertis pour l'approcher. Jean Cavalier, poussé par l'Esprit, accepte des pourparlers et un armistice, puis il rédige une lettre de soumission au roi dans laquelle il l'implore d'octroyer la liberté religieuse. Le 17 mai 1704, les deux hommes se rencontrent pendant plus de deux heures dans le jardin des Récollets de Nîmes. Un courant de sympathie passe entre eux, au point que le maréchal, attendri par son visage si doux et frappé par son bon sens, lui promet un brevet de colonel. Il invite les troupes cévenoles à camper non loin, aux frais du roi, dans le village de Calvisson, les laissant célébrer leur culte sur les ruines du temple. La liberté religieuse serait-elle enfin permise ? Qu'un rebelle qui n'a guère plus de 20 ans et qui en paraît 16, avec une mine d'enfant et d'écolier, traite comme de couronne à couronne avec le roi par l'entremise d'un maréchal de France lui monte-t-il à la tête ? N'est-il pas en train de trahir la cause par ambition personnelle et par vanité ? Les Nîmois sont persuadés que le roi a accepté la liberté de religion. En réalité, Louis XIV hésite entre permettre aux huguenots volontaires de sortir du royaume ou intégrer ces valeureux combattants à son armée. En attendant, Jean Cavalier, isolé parmi les siens et las de combattre, ne parvient plus à se faire obéir. « Eh bien, vous aurez bientôt les dragons sur le dos », leur déclare-t-il, attristé, en guise d'adieu, lançant un hypothétique : « Qui m'aime me suive ! » Il n'est suivi de personne. En juillet, il se rend à Versailles pour plaider la cause cévenole. En vain, puisque ses compagnons refusent de déposer les armes. Il se résout en désespoir de cause à quitter le royaume. C'est seul qu'il parvient à Lausanne le dernier jour du mois d'août et se précipite au temple pour remercier Dieu de l'avoir maintenu en vie. Il offre ses services au duc de Savoie et finit ses jours, trente ans plus tard, à Jersey, avec le titre de lieutenant-gouverneur.

Rolland ou le combat jusqu'au bout

Son camarade Pierre Laporte, dit Rolland, continue le combat. « Il ne faut pas attendre de paix si l'on n'accorde pas la liberté de conscience », répète-t-il. Natif de Mialet, ce peigneur de laine de belle allure allie modestie et incorruptibilité. À la tête de troupes moins nombreuses que celles de Jean Cavalier, il a réussi lui aussi de beaux coups durant les deux années écoulées. En septembre 1703, après bien des tergiversations, Villars donne ordre de brûler les maisons des huguenots dans une cinquantaine de villages et de déplacer les habitants dans des lieux de cantonnement où ils devront rester une année avant de pouvoir se réinstaller dans leurs maisons éventrées. Le « grand brûlement des Cévennes » a pour but d'effrayer la population civile complice. En représailles, Rolland incendie un cortège impressionnant de villages catholiques ainsi que le monastère de Tornac.

Après la reddition de Jean Cavalier, le maréchal de France envoie un notable, ancien protestant, le baron d'Aigaliers, continuer les négociations avec Rolland qui n'en veut pas. Fatigué et accablé, d'Aigaliers avoue son échec devant ce peuple séditieux, farouche, prêchant et prophétisant. « Vous ne vous battez pas seulement pour la religion, mais pour des montagnes et des arbres », lance-t-il à Rolland qui préfère mourir plutôt que quitter son sol natal. La guérilla lasse les bourgeois qui prennent de haut ces gueux exaltés et incontrôlables. Il faut en finir avec le rebelle. Le maréchal fait surveiller le château de Castelnau, où se trouvent l'épouse de Rolland et celle de son lieutenant Maillet. Le soir du 11 août 1704, alors qu'ils leur rendent visite, tous deux sont surpris. Acculé dans le bois, Rolland se retourne et fait face aux dragons. Ceux-ci le mettent en joue et le tuent. Ses compagnons meurent sur l'échafaud, avec fermeté, face aux prêtres qui les pressent d'abjurer, et en silence alors que le bourreau leur rompt les os. Le spectacle glace d'horreur les catholiques. « La manière dont ces gens-là meurent est bien plus propre à établir leur religion dans des têtes déjà gâtées qu'à les détruire », prévient le maréchal de Villars. La guerre des camisards est pourtant officiellement terminée.

Les derniers prophètes

Le militaire s'en retourne en triomphateur à Versailles. Lui succède le duc de Berwick, le fils naturel de Jacques II d'Angleterre, ex-souverain déchu, qui fait régner le chaud et le froid sur la dernière poignée de rebelles. Ceux qui n'ont pas été pris ou ne sont pas partis vers Genève, tel Élie Marion, sont accablés, démoralisés, désespérés. L'automne est pluvieux, l'hiver rude. La neige recouvre les Cévennes. Les pauvres meurent de faim, se terrent dans des cavernes comme des bêtes. Reste Abraham Mazel, le premier d'entre eux, qui survit tant bien que mal avec quelques autres. Abraham est découvert, arrêté à la mi-janvier 1705 et jugé à Montpellier. Il doit la vie sauve à l'intervention du curé de Saint-Martin-de-Corconac qu'il a autrefois épargné. Il est emprisonné à vie dans la tour de Constance à Aigues-Mortes. Mais la flamme qui l'anime brûle toujours. Le 24 juillet 1705, il parvient à s'évader de manière spectaculaire avec seize autres détenus après avoir passé six mois à creuser la muraille. Il retrouve à Genève son ami Élie Marion. Né en Lozère dans une famille aisée, Élie Marion est l'un des rares camisards lettrés. Il a renoncé à son pays pour Londres où il a animé le mouvement des French Prophets avant de se lancer sur les routes d'Europe pour y faire connaître le prophétisme, cette piété fondée sur l'éloquence torrentielle de quelques-uns qui délivrent messages de l'Esprit et avertissements de Dieu. Il meurt en allant vers Rome en 1713.

Abraham Mazel n'a qu'une idée fixe : revenir dans le royaume de France pour triompher des catholiques. En 1709, il reparaît en Ardèche à la tête du régiment camisard. Les troupes royales le traquent et le poussent jusqu'aux Cévennes. En chemin, il assiste à une assemblée où le prédicateur est une femme et le lecteur un enfant, Antoine Court, qui se souviendra toute sa vie de l'apparition du prophète hirsute et ensanglanté. Avec ses compagnons, le maçon Pierre Claris et le jeune Pierre Corteiz, il prépare un nouveau soulèvement armé, espérant des renforts de l'étranger. Le 14 octobre 1710, à la suite de la trahison d'un bourgeois d'Uzès, Abraham est abattu alors qu'il tentait de s'enfuir par le toit du Mas de Couteau qui lui sert de quartier général. Ainsi disparaît le premier camisard qui est aussi le dernier. Son frère d'armes, Pierre Claris, condamné à être rompu, est, lui, l'ultime prophète supplicié.

Parmi les camisards, beaucoup s'occupent des troupeaux et survivent grâce à l'élevage des moutons. Voilà pourquoi ils se montrent si attachés à ce territoire âpre qui les fait vivre, même misérablement. Ils le connaissent comme leur poche et en sont, d'une certaine manière, les véritables seigneurs. Le facturier de laine Jacques Bonbonnous, qui a laissé des mémoires sur sa vie clandestine depuis l'année 1703, lorsqu'il part de chez lui après la mort de sa femme pour suivre Pierre Claris, raconte qu'il est déterminé à rester ferme dans sa foi. Il se souvient notamment qu'un jour de 1705, s'attristant de la mort de tous les prédicateurs, il affirme à ses camarades que Dieu pourvoira à tout et qu'il se sent suffisamment de courage pour résister, seul, contre tous. Cette réponse, faite avec beaucoup de fermeté et de zèle, donne l'occasion à Pierre Claris, qui sort un abécédaire de sa poche, de les encourager à étudier : « Nous serons encore tous des ministres ou maîtres d'école. » Bonbonnous apprend donc à lire à l'âge de 36 ans. Il devient pasteur, tout comme Pierre Corteiz qui est ordonné à Zurich.

En août 1715, alors que le Roi-Soleil agonise, se tient à Monoblet une modeste assemblée où le jeune Antoine Court décide de restaurer l'Église protestante dans son ancienne discipline. Consacré pasteur par Corteiz, il s'attache à refonder le protestantisme français sur la tradition, rejetant le prophétisme et la violence. Sa monumentale *Histoire des troubles des Cévennes ou de la guerre des camisards*, faite de témoignages et de mémoires assemblés, constitue une source précieuse pour connaître les derniers camisards. Comme souvent en histoire, ces vaincus deviendront vainqueurs, puisqu'ils incarneront pour la postérité l'esprit de liberté et de résistance à l'absolutisme.

Bibliographie sélective

Cabanel Patrick, *Histoire des protestants en France.* XVIe-XXIe *siècle*, Paris, Fayard, 2012.

— (dir.), *Itinéraires protestants en Languedoc*, 2 tomes, Les Presses du Languedoc, 2000.

Carbonnier-Burkard Marianne, *Comprendre la révolte des camisards*, Nîmes, Éditions Ouest-France, 2008.

Chabrol Jean-Paul, *La Guerre des camisards en 40 questions*, Nîmes, Éditions Alcide, 2019.

Chabrol Jean-Paul, Mauduy Jacques, *Atlas des Camisards, 1521-1789. Les huguenots, une résistance obstinée*, Nîmes, Éditions Alcide, 2013.

Crété Liliane, *Les Camisards*, Paris, Perrin, 1992.

Joutard Philippe, *Les Camisards*, Paris, Gallimard, 1976.

6

ÉCOSSE, 1745-1746
La fin du rêve jacobite

par Christophe PARRY

Le 23 décembre 1688, Jacques II Stuart, roi d'Angleterre, d'Écosse et d'Irlande, était emporté par la « Glorieuse Révolution d'Angleterre ». Proche de Louis XIV, catholique à la tête d'un pays protestant, celui qui était aussi Jacques VII d'Écosse s'était aliéné le peuple et le Parlement anglais. Sept personnalités importantes du monde politique, « les Sept Immortels » – les comtes de Devonshire, de Shrewsbury et de Danby, le vicomte Lumley, Edward Russell, Henry Sidney et l'évêque de Londres Henry Compton –, firent appel au Stathouder Guillaume d'Orange, ennemi juré du Roi-Soleil, pour le chasser et prendre sa place. Guillaume, pourtant neveu et gendre du roi, débarqua en Angleterre à la tête d'une armée, forçant Jacques II à fuir en France. Le 13 février 1689, Guillaume III fut proclamé roi d'Angleterre. Le souverain Stuart, toutefois, prit soin de ne pas abdiquer et nombre de ses sujets lui maintinrent leur fidélité : ils devinrent des « jacobites » – du latin jacobus, *la forme latine du prénom Jacques. Leur cause prit fin avec la défaite du petit-fils de Jacques II, Charles Édouard Stuart, « Bonnie Prince Charlie », à la bataille de Culloden, en 1746.*

> Le 16 avril, une bataille décisive s'est tenue sur la lande de Drummosie, au sud de Culloden [...]. L'armée du roi, sous le commandement du duc de Cumberland, remporta une glorieuse et complète victoire. [...] La bataille fut extrêmement sanglante, aucun quartier ne fut fait des deux côtés.

Dans son édition d'avril 1746[1], le *Scots Magazine* proposa à ses lecteurs un compte rendu de la bataille dont tous les Écossais avaient attendu l'issue fiévreusement. Des lettres complétaient le tableau, dont celle-ci, d'un des rares survivants jacobites :

> La bataille commença et les projectiles s'abattaient sur nous comme la grêle. L'artillerie crachait le feu et disloquait nos lignes, mais nous avons chargé et – mon Dieu ! – comme nous avons été taillés en pièces... [...] Les morts jonchaient le sol partout et les cris des blessés résonnaient dans nos oreilles. Quand j'ai vu que la bataille était perdue, j'ai pensé qu'il était mieux de rentrer à la maison.

Cette ultime bataille de Culloden, dans les Highlands, marqua la victoire définitive des troupes du souverain britannique George II et l'extermination de la dernière rébellion jacobite qui avait démarré un an auparavant. Elle consacra aussi la fin d'un véritable art de vivre écossais. Comment en était-on arrivé là ?

---

1. Date selon le calendrier julien alors en vigueur en Angleterre, en Irlande et en Écosse : la Grande-Bretagne n'adopta le calendrier grégorien qu'en 1752 (nous utilisons ici les dates dans le calendrier des pays concernés).

La carte Stuart, une bonne pioche ?

Des rébellions pour replacer Jacques II et son descendant Jacques III sur le trône avaient déjà eu lieu depuis 1688, en particulier en 1715 et 1719, mais elles s'achevèrent par des débâcles. Elles livrèrent cependant une leçon : aucun espoir n'était permis sans aide extérieure, troupes, armes et argent. La situation internationale, seule, conditionnait donc l'avenir de la dynastie Stuart : la France et l'Espagne catholiques la soutenaient en temps de guerre contre l'Angleterre, lorsqu'une diversion au nord était nécessaire, mais ne lui manifestaient qu'un intérêt relatif en temps de paix. Or, l'Angleterre ne connut pas de crise importante entre 1720 et 1740 (la mort de George Ier, premier souverain britannique de la branche des Hanovre[2], le 11 juin 1727, ne suscita même aucun trouble et son fils George II lui succéda naturellement). La majorité des Anglais n'avaient déjà plus qu'un souvenir vague des Stuarts : la « Glorieuse Révolution » datait de plus d'un demi-siècle… Mais cette année 1740, la mort de l'empereur Charles VI plongea l'Europe dans la guerre de Succession d'Autriche. Louis XV entra en conflit avec la Grande-Bretagne par alliés allemands interposés et la carte Stuart redevint un atout majeur dans son jeu. Dès 1739, des discussions eurent lieu discrètement à Rome (où Jacques III, dit le « Vieux Prétendant », était en exil) entre diplomates français et représentants jacobites plus ou moins officieux. Tous cherchaient des assurances : pour les jacobites, une expédition en Angleterre devait être fortement

2. En vertu de la loi de Succession votée en Angleterre en 1701, à la mort de la reine Anne Stuart – qui n'avait pas eu d'enfant –, la couronne échut en 1714 au prince-électeur de Hanovre, le protestant Georg-Ludwig, qui devint Georges Ier.

soutenue financièrement et militairement ; pour les Français, il était indispensable de savoir précisément de quelles forces « loyalistes » on disposerait sur place. Les négociations traînèrent. Indécis, Louis XV préféra tout d'abord privilégier le théâtre continental. Mais la défaite du maréchal de Noailles le 27 juin 1743 lors de la bataille de Dettingen, en Bavière, contre les forces conduites par George II et son fils le duc de Cumberland, redonna du crédit à l'option Stuart. Le « Vieux Prétendant » fut sollicité pour partir une nouvelle fois à l'assaut d'Albion à la tête d'une expédition prévue au printemps 1744 et placée sous le commandement d'un brillant général, Maurice de Saxe. Il déclina cette proposition et confia la régence de ses royaumes putatifs d'Angleterre, d'Écosse et d'Irlande à son fils Charles Édouard (né en décembre 1720), à qui il laissa le soin de mener la révolte. Celui-ci parvint incognito à Paris fin janvier 1744. L'expédition consistait en un débarquement de 12 000 hommes en Angleterre et de 3 000 autres en Écosse, menés par un vétéran des rébellions de 1715 et 1719, le comte de Marishal. Mais le « vent protestant » sévit : une tempête dans la Manche dispersa la flotte française qui dut se replier à Brest ; deux autres endommagèrent la flotte de transport qui était encore à l'ancre devant Dunkerque. L'expédition fut annulée.

Charles Édouard Stuart était furieux. Le jeune homme impétueux, qui avait investi tous ses espoirs dans cette entreprise, en vint même à insulter le comte de Saxe et les Français en leur entier, qui abandonnaient lâchement la cause de son père. Il en conçut de la haine, qu'il conserva sa vie durant à l'encontre de Louis XV. Mais la situation internationale lui redonna bientôt espoir : le 11 mai 1745, l'armée française défia à Fontenoy les troupes coalisées (anglaises, hollandaises, hanovriennes et autrichiennes) commandées par le duc de Cumberland. Une victoire au retentissement considérable, qui contraignit le souverain britannique à conserver des troupes sur le continent et donc à en priver l'Angleterre et l'Écosse. Il était temps d'agir, et puisque les Français ne fournissaient ni troupes ni armes, le prince se débrouillerait seul, avec toutefois le discret assentiment de Versailles. Plusieurs de ses relations, en particulier le banquier d'origine écossaise Aenas MacDonald et l'armateur négrier irlandais Antoine Walsh, issus de la diaspora jacobite, s'entremirent efficacement et parvinrent à faire armer un vaisseau de 64 canons, l'*Élisabeth*, qui emporterait 1 500 mousquets, 1 800 épées, 20 pièces d'artillerie, des munitions et de l'argent, ainsi qu'une frégate, la *Du Teillay* (parfois appelée *Douteille* par les Écossais, prononciation oblige…), sur laquelle prendraient place Charles Édouard et ses sept principaux compagnons.

Clin d'œil de l'histoire : si les « Sept Immortels » sont restés dans la mémoire britannique pour avoir appelé Guillaume III en 1688, ces hommes – William Murray, marquis de Tullibardine, John O'Sullivan, Thomas Sheridan, John MacDonald, Francis Strickland, Georges Kelly et Aenas MacDonald –, qui accompagnèrent le « Jeune Prétendant » dans cette dernière expédition jacobite en 1745, sont demeurés quant à eux dans la mémoire écossaise comme les « Sept Hommes de Moidart », du nom du lieu où ils prirent pied en Écosse[3]…

Le vol du Prétendant

Le 12 juillet 1745, les deux bâtiments quittèrent Belle-Île. Cinq jours plus tard, ils furent engagés par un vaisseau de 64 canons de la Royal Navy, le *HMS Lion*. L'*Élisabeth* lutta désespérément,

3. Au début du XIXe siècle, sept arbres ont été plantés en leur mémoire à Kinlochmoidart : trois y demeurent encore.

mais, trop endommagé, dut rompre le combat et regagner Brest. Le *Du Teillay* parvint quant à lui à accoster sur l'île d'Eriskay, dans les Hébrides extérieures, le 23 juillet (calendrier local). Charles Édouard foula enfin la terre d'Écosse, sur laquelle le premier roi de la dynastie Stuart – son ancêtre Robert II – avait commencé à régner dès 1371. Mais l'accueil du chef du clan local fut plus que réservé : non seulement il ne tomba pas sous le charme du grand et beau jeune homme au teint clair, à l'abondante chevelure châtain, aux yeux noisette – que son demi-cousin le duc de Liria qualifiait de « prince idéal, une merveille de beauté, de dextérité, de grâce et d'une adresse presque incroyable » –, mais il lui conseilla de repartir pour la France afin d'y quérir des troupes et de l'or, sans quoi rien ne serait possible. Charles rembarqua et rejoignit deux jours plus tard le Loch nan Uanh à Moidart, sur la côte ouest des Highlands. C'étaient là les terres des Clanarald – une branche catholique du clan MacDonald. Ici, la surprise le céda bientôt à l'enthousiasme : ces MacDonald furent les premiers ralliés.

Charles parvint ensuite à convaincre l'un des chefs les plus populaires des Highlands, Donald Cameron of Lochiel. Sa bénédiction entraîna l'adhésion de nombreux autres partisans et rendez-vous fut pris le 19 août 1745 à Glenfinnan, sur le Loch Shiel, à l'ouest de Fort William, pour rassembler les troupes et lancer formellement la rébellion. Le marquis de Tullibardine leva l'étendard du roi – un carré de soie blanche, bordé de rouge et de bleu – et Charles Édouard lut la proclamation – en anglais, que nombre de *highlanders* comprenaient imparfaitement – par laquelle son père lui confiait la régence de ses royaumes. Il nomma par ailleurs O'Sullivan adjudant général, chargé de former les troupes aux règles d'une armée classique. Le charismatique « Bonnie Prince Charlie », surnom affectueux qui lui serait désormais attaché, avait brûlé ses vaisseaux – le roi George II venait d'ailleurs de mettre sa tête à prix pour la somme colossale de 30 000 livres.

En réalité, les hostilités avaient déjà démarré : les insurgés venaient de capturer un détachement de soldats gouvernementaux envoyés renforcer la garnison de Fort William (un des trois forts de la ceinture défensive du Great Glen[4]). Le moral des troupes était donc au beau fixe, mais les effectifs étaient minces – un millier d'hommes environ –, et le prince savait que tout reposait sur sa force de persuasion et sa capacité à apparaître aux yeux de ces *highlanders*, mus par une fidélité clanique, comme un véritable prince écossais (raison pour laquelle il commença à se vêtir comme eux et à apprendre le gaélique).

Ce même 19 août, le général Cope, commandant en chef des forces régulières en Écosse, quitta Édimbourg avec ses 1 500 hommes lourdement chargés pour gagner, au nord, les forteresses du Great Glen. Une course-poursuite fut engagée : les jacobites, dont les troupes grossissaient sans cesse jusqu'à devenir plus importantes que celles des loyalistes, marchèrent depuis Glenfinnan vers l'est pour rallier avant Cope la passe de Corrieyairack – voie de passage vers Fort Augustus –, où elles voulaient lui tendre une embuscade. Le 25 août, cependant, le général eut vent des desseins jacobites. Le 26, il tint un conseil de guerre à Dalwinnie et reconnut qu'il n'était pas en mesure d'affronter les rebelles. Plutôt que d'ordonner une retraite humiliante, il choisit de faire mine de tomber dans le piège et fit bifurquer au dernier moment ses troupes vers Inverness, au nord-est. Elles y parvinrent, sauves, mais épuisées, le 29 août.

4. Fort William au sud, Fort Augustus au centre et Fort George au nord, près d'Inverness, parsèment cette ligne de faille géologique qui sépare les Highlands écossais en deux parties : d'un côté les monts Grampians au sud-est, de l'autre les Highlands au nord-ouest.

Les jacobites, dupés, profitèrent cependant de l'occasion pour se précipiter vers le sud. Le 1er septembre, ils prirent Blair ; le 4 septembre, la cité de Perth. Charles Édouard y fit une entrée triomphale, tout de tartan vêtu sur son cheval blanc. Ses troupes étaient victorieuses et ne cessaient de croître (pour atteindre environ 2400 hommes). Elles commençaient par ailleurs à s'organiser. Arborant une rose blanche pour emblème (sur les drapeaux comme sur les bérets), elles furent scindées en régiments et compagnies et placées sous le commandement d'officiers. Manquait un généralissime : ce fut lord Georges Murray, qui venait de rejoindre le prince à Perth et de se rallier. Sans doute le plus brillant militaire du camp jacobite, ce protestant hautain d'une cinquantaine d'années s'engageait par remords légitimistes plus que pour le « Jeune Prétendant » qu'il tenait en piètre estime.

Victoire en trompe l'œil

Le 11 septembre, les troupes jacobites quittaient Perth pour se rendre à Édimbourg, alors que celles de Cope gagnaient Aberdeen, d'où elles devaient embarquer pour rejoindre la capitale par la mer. Une nouvelle course démarra donc, remportée par Charles Édouard qui pénétra dans la ville le 17 septembre, le jour même où les troupes loyalistes débarquaient à Dunbar, 50 kilomètres plus à l'est. Les habitants d'Édimbourg furent séduits par ce jeune prince, mais celui-ci n'eut guère le temps d'en profiter : ses *highlanders* goûtant peu la guerre de siège, il fallait vite aller au-devant des troupes hanovriennes. La confrontation eut lieu à Prestonpans, dans la nuit du 20 au 21 septembre. Les jacobites – 2300 hommes, dont 36 cavaliers – parvinrent à surprendre les troupes de Cope – environ 2100 hommes, dont 650 dragons à cheval. La victoire fut totale, acquise en à peine vingt minutes :

150 tués et au moins 1 000 prisonniers du côté hanovrien (et la perte de la propre cassette de Cope, qui contenait près de 4 000 livres !) ; 35 tués et 75 blessés du côté jacobite.

Que faire désormais ? Charles Édouard était partisan de poursuivre les débris de l'armée ennemie et de porter la guerre en Angleterre afin d'y réveiller la fidélité jacobite et de faire son entrée à Londres, mais son état-major était divisé et sa propre armée éparpillée : certains *highlanders* avaient regagné leurs montagnes pour mettre leur butin à l'abri, d'autres s'étaient dispersés aux alentours, d'autres encore avaient déserté. Prestonpans était un triomphe, mais la situation restait difficile sans soutien extérieur et les rebelles ne voyaient toujours rien venir de France. Charles Édouard tâcha alors de rallier des volontaires et d'obtenir enfin de l'aide de Versailles. En octobre, trois vaisseaux français apportèrent bel et bien des armes, mais pas de soldats. Or, en octobre également, de nombreuses troupes britanniques (et le duc de Cumberland) étaient rappelées des Flandres pendant que le général anglais Wade massait des forces à Newcastle. Au terme d'un conseil de guerre tendu, le choix se porta non sur la recherche de l'affrontement décisif avec les troupes de Wade, comme le souhaitait le prince, mais sur le lancement d'une incursion en Angleterre par l'ouest – un raid, en somme : au cas où les ralliements anglais et les secours français tant promis viendraient à faire défaut (Louis XV, désormais favorable à l'expédition, avait envoyé des armes et un « ambassadeur », le marquis d'Éguilles), les jacobites pourraient se replier en Écosse. C'était un compromis fragile : les *highlanders*, éloignés de leurs montagnes depuis trop longtemps, souhaitaient surtout rentrer chez eux.

Le 9 novembre, les deux colonnes rebelles dirigées par le prince et lord Murray pour l'une, par Tullibarine et le duc de Perth pour l'autre – en tout 5 000 hommes et 500 cavaliers –, prirent la cité de Carlisle, qui se rendit sans combattre. Puis elles parvinrent à Lancaster le 25, à Manchester le 29 et enfin à Derby, à environ 200 kilomètres de Londres, où, le 5 décembre, se tint un conseil de guerre particulièrement dramatique. Car il fallut alors se rendre à l'évidence : non seulement la population anglaise se montrait hostile, non seulement le prince dut avouer qu'il ne fallait pas attendre ici de renforts français (un corps expéditionnaire avait pourtant accosté à Montrose le 26 novembre), mais en outre Cumberland était aux trousses des rebelles avec une armée *a priori* invincible – près de 8000 soldats et 2200 cavaliers aguerris qui se trouvaient à deux jours de marche. Résolution fut prise de retourner en Écosse – un drame pour Charles Édouard qui en pleura de rage, insulta ses conseillers et sombra dans l'abattement le plus profond.

Le lendemain, 6 décembre 1745, l'armée jacobite entama son Anabase, pressée par les troupes du général Wade et du duc de Cumberland. Le 20 décembre, sous des trombes d'eau et des températures glaciales, elle retrouva l'Écosse. Rien ne fut plus facile pour autant. Des conflits larvés avaient en effet éclaté dans les Highlands, qui réclamaient le retour des chefs de clans et de leurs hommes, et surtout Édimbourg était repassée sous contrôle hanovrien. Les jacobites entreprirent alors le siège de la ville comme du château de Stirling, ce qui provoqua la sortie d'Édimbourg des troupes du général Hawley, récemment nommé commandant en chef des forces hanovriennes en Écosse. Lord Murray décida de se porter à leur rencontre pour les surprendre : la bataille eut lieu à Falkirk le 17 janvier 1746. Particulièrement désordonnée, tenue sous une pluie battante et dans la boue, elle coûta 70 tués et entre 200 et 300 disparus aux loyalistes ; 50 tués et 70 blessés aux rebelles, qui conservèrent le terrain et remportèrent donc la victoire – la toute dernière victoire jacobite.

Une victoire au goût amer, car non seulement Londres fit dès lors de l'extermination de la rébellion une priorité – Hawley fut relevé de son commandement au profit de l'expérimenté Cumberland –, mais les jacobites durent en outre lever le siège de Stirling et entamer dans le désordre une retraite hivernale particulièrement éprouvante. L'armée fut divisée en deux parties qui devaient se retrouver à Inverness : l'une en passant par les montagnes, commandée par le prince, l'autre par le littoral, sous les ordres de lord Murray. Cumberland, de son côté, avait atteint Édimbourg le 30 janvier, qu'il quitta dès le lendemain pour partir à la chasse aux rebelles. Il gagna bientôt Perth, puis Aberdeen, où il installa son quartier général le 27 février. Quelques coups d'éclat jacobites, comme la prise de Fort Augustus le 5 mars, ne firent que retarder l'échéance et la bataille décisive, que Charles Édouard accepta de mener pour l'honneur plutôt que d'ordonner la dispersion de ses dernières troupes dans les montagnes.

Culloden : quarante minutes pour bâtir une légende

L'hiver achevé, les troupes de Cumberland quittèrent Aberdeen pour Inverness le 8 avril 1746 en empruntant la route du littoral, de manière à maintenir le contact avec les bâtiments de la Royal Navy qui assuraient le ravitaillement. Elles passèrent la rivière Spey le 12 – ce que les 2 000 hommes du duc de Perth et de lord Drummond, pris au dépourvu, ne purent empêcher – et, le 14, atteignirent Nairn, à environ 27 kilomètres d'Inverness. Le prince reçut comme un coup de tonnerre l'annonce du passage de la Spey et sonna la mobilisation : ordres furent donnés à tous les hommes disponibles qui s'étaient égaillés dans les montagnes de regagner leurs unités au plus vite et de se préparer à la bataille – une bataille à mort, pour laquelle il était demandé à tous les *highlanders* d'être en kilt. Le choix du terrain donna lieu à une nouvelle passe d'armes entre lord Murray et O'Sullivan. Le premier penchait pour un site accidenté, qui rendrait la cavalerie et l'artillerie hanovriennes inopérantes tout en offrant des possibilités de repli ; le second pour un terrain plat, une lande imposante et donc idéale pour les charges des *highlanders*, sise au sud de Culloden entre le Moray Firth, au nord, et une petite rivière, le Nairn, au sud. Adepte de l'offensive, le prince trancha en faveur de ce dernier site et y ordonna la formation des lignes. Les hommes n'ayant rien mangé depuis la veille, il leur fit distribuer des biscuits – en vérité un biscuit par personne, tant les ressources étaient épuisées. La troupe resta ainsi sur le terrain, l'arme au pied, en attendant l'ennemi. Mais celui-ci se fit attendre, pour une raison simple : le 15 avril était le jour du vingt-cinquième anniversaire du duc de Cumberland, et il fêtait l'événement avec ses hommes. Lord Murray proposa alors un plan audacieux : mener une attaque de nuit contre le campement hanovrien – l'armée du duc, vraisemblablement alcoolisée, serait prise par surprise et anéantie. Mais cette marche sur Nairn, improvisée tardivement, tourna à la débâcle : faire parcourir plus de 25 kilomètres à plusieurs milliers d'hommes affamés et épuisés se révéla impossible avant l'aube, et l'ordre tomba à 2 heures du matin de rebrousser chemin. Le prince, furieux, passa une fois encore sa colère sur lord Murray, mais n'eut que peu de temps pour ressasser les événements : à 6 heures du matin, ce 16 avril 1746, l'ennemi était en vue.

Quelles étaient les forces en présence ? D'un côté, près de 3 800 hommes en première ligne, comme une parfaite illustration des clans jacobites : MacDonells de Glengarry et cinq petits régiments du clan MacDonald (Clanranald, Keppoch, Chisolm, Maclachlan, Monaltrie) à gauche, Mackintosh et Frasers au centre, Stewart of Appin, Lochiel et Camerons, Atholl à droite. Environ 700 autres en réserve, en seconde ligne : Perth, Glenbucket, Kilmarnock, Stuart, Ogilvy, Gordon, le Royal

Écossais[5]. Derrière eux, 150 cavaliers ainsi qu'une douzaine de pièces d'artillerie disséminées. Une armée à bout de forces, notamment à cause de l'inutile marche nocturne de la veille, et divisée – le clan MacDonald, à qui revenait traditionnellement la place d'honneur, à droite de la première ligne, boudait carrément depuis qu'il avait été placé à gauche en raison des sempiternelles dissensions entre O'Sullivan et lord Murray.

De l'autre, selon des sources officielles hanovriennes, 6410 hommes d'infanterie et 787 cavaliers (placés essentiellement sur la gauche) répartis sur trois lignes ; une puissante artillerie.

La bataille commença à 13 heures, sous une pluie battante, par un bref échange d'artillerie, sans gain notable pour les jacobites, qui perdirent en revanche près de 100 hommes dans la riposte hanovrienne. Les *highlanders* attaquèrent alors la gauche de l'ennemi avec fureur et une grande célérité, mais de façon désordonnée, et plusieurs centaines furent fauchés par la mitraille. Les lignes hanovriennes furent cependant rompues, mais, moins de cinq minutes après, la cavalerie encercla la droite jacobite et la broya complètement. Puis la gauche des troupes rebelles céda sous la mitraille – les premiers combats au corps à corps avaient tourné à l'avantage des rugueux *highlanders*, mais les renforts menés par le général Wolfe et l'ordonnancement impeccable du feu roulant eurent raison de leur fougue. Malgré les ordres de leurs chefs, nombre d'entre eux, une fois parvenus à distance des tirs ennemis, s'arrêtaient, vidaient leur pistolet et chargeaient avec leur *claymore* – l'épée traditionnelle écossaise. Mais ralentis, immobilisés dans la boue, ils étaient abattus avant de pouvoir approcher les lignes hanovriennes. En un quart

5. Unique régiment régulier français engagé auprès des troupes de « Bonnie Prince Charlie », le Royal Écossais, qui ne fut pas considéré comme une troupe rebelle, obtint de capituler « avec les honneurs de la guerre ».

d'heure environ, les redoutables capacités manœuvrières des troupes du duc de Cumberland causèrent près de un millier de morts et de blessés dans les rangs jacobites. Peu avant 13 h 30, le prince quitta le champ de bataille. Quelques combats pour couvrir la retraite se tinrent encore, où se distingua notamment le Royal Écossais, mais l'armée de Bonnie Prince Charlie était bel et bien anéantie, et avec elle les ultimes espoirs de restauration des Stuarts : il avait suffi de quarante minutes.

« Chasse au prince »

Les Hanovriens déplorèrent environ 50 tués et 250 blessés. Près de 2 000 jacobites furent tués, blessés ou faits prisonniers ; nombre furent exécutés sommairement, d'autres traqués après la bataille et massacrés, de même que tous les *highlanders* soupçonnés d'être des partisans de la cause vaincue. Des villages entiers furent brûlés, les récoltes ravagées et les populations violentées. La répression fut si terrible qu'elle valut à Cumberland le surnom de « boucher ». Sa cruauté contribua à faire entrer dans la légende cette bataille de Culloden qui est aujourd'hui encore source de nombreux mythes. Le principal d'entre eux veut qu'elle ait été un affrontement entre des Écossais valeureux unis autour d'une même cause et des Anglais, ce qui fut loin d'être le cas. Les motivations jacobites, en effet, étaient complexes : obligations claniques, choix politiques ou religieux, sentiments pro- ou anti-Union[6], conflits familiaux, entre autres. D'ailleurs, les faibles effectifs rassemblés à Culloden montrent

6. L'union de l'Angleterre et de l'Écosse fut votée en 1707 et le nom de « Grande-Bretagne » remplaça celui des deux royaumes, dont le drapeau était désormais l'« Union Jack ».

que l'adhésion au projet de restauration Stuart était loin d'être universelle dans les Highlands. Nombre de clans restèrent par ailleurs fidèles au gouvernement hanovrien, à commencer par celui des Campbell, ennemi intime de celui des MacDonald. Ce 16 avril 1746, l'armée du duc de Cumberland comptait en outre dans ses rangs des régiments écossais – eux aussi portaient le kilt et usèrent de leurs armes traditionnelles. Enfin, des troupes écossaises des Lowlands furent également responsables de nombreuses atrocités après la bataille.

Culloden demeure également dans les mémoires pour ses suites immédiates. D'une part, la « chasse au prince », l'épisode le plus romanesque de la rébellion. Charles Édouard Stuart fut en effet traqué à travers les Highlands – « chassé comme une bête féroce », dira Voltaire avec admiration –, contraint de dormir à la dure, de se nourrir de poissons ou de céréales et de se déguiser pour enfin gagner l'île de Skye, en septembre, où l'attendait un bâtiment français judicieusement nommé l'*Heureux*, qui le conduisit en Bretagne (il vécut en France jusqu'en 1748, puis vagabonda à travers toute l'Europe, retrouvant finalement Rome où il mourut le 31 janvier 1788). D'autre part, en raison des lois qui furent promulguées juste après et qui visaient ouvertement à effacer toute la culture écossaise : le port du kilt fut interdit, de même que le tartan et la cornemuse (une loi de 1715 interdisait déjà aux *highlanders* de porter des armes). Les chefs de clans furent privés de leurs droits immémoriaux de justice et de recours au service militaire ; certains furent dépossédés de leurs terres. Le système clanique, en somme, était aboli, ce qui fit pleinement entrer les derniers jacobites dans la légende. Il faudra attendre 1822 et la visite du roi George IV à Édimbourg, visite organisée sous les auspices du romancier Walter Scott, pour que les traditions écossaises soient de nouveau élevées sur le pavois : Scott et le roi avaient revêtu un kilt pour l'occasion.

Bibliographie sélective

DUCHEIN Michel, *Les Derniers Stuarts*, Fayard, 2006.

MCCEARNEY James, *Charles Édouard Stuart. Un prince des ténèbres*, Éditons du Rocher, 2008.

MCKERRACHER Mairead, *The Jacobite Dictionary*, Glasgow, Neil Wilson Publishing, 2007.

RIDING Jacqueline, *Jacobites. A New History of the '45 Rebellion*, Londres, Bloomsbury, 2017.

SZECHI Daniel, *The Jacobites. Britain and Europe, 1688-1788*, Manchester University Press, 2019.

7

Canada, 1763-1766
Les derniers Indiens du roi de France

par Mathieu Bock-Côté

Signé le 10 février 1763, le traité de Paris mit fin à la guerre de Sept Ans, qui fut la première guerre mondiale entre pays occidentaux. La France y abandonna notamment à l'Angleterre l'Acadie, le Canada et la rive droite du Mississippi, tandis que l'Espagne héritait de la Louisiane à l'ouest du Mississippi. Mais certaines nations amérindiennes qui avaient combattu avec les Français contre les Britanniques, lors de ce que les Québécois nomment « la guerre de Conquête de 1759-1760 », ne voyaient pas d'un bon œil la domination des « Tuniques rouges » sur leur territoire. Dans la région des Grands Lacs, le pays des Illinois et la vallée de l'Ohio, ces tribus déterrèrent de nouveau la hache de guerre contre les Anglais, en avril 1763, dans la nostalgie de la protection d'« Onontio », mot indien désignant le gouverneur de la Nouvelle-France. Ce n'est qu'en 1766, avec la défaite de Pontiac, le plus célèbre de leurs chefs, que s'achèvera l'épopée des derniers Indiens du roi de France.

Le 28 novembre 1760, les Hurons, les Outaouais, les Poutéouatamis, les Ouiatanons et les Ojibwas[1] de Détroit informèrent le sieur de Bellestre, dont la garnison se faisait relever par un détachement britannique à la suite de la capitulation de Montréal, que la reddition des Français ne les concernait pas, et qu'ils ne reconnaîtraient jamais le roi d'Angleterre comme leur père. Trois ans plus tard, Pontiac, un chef de guerre outaouais de Détroit, donnerait figure à cette résistance en se soulevant contre les « Tuniques rouges » britanniques et en ralliant à sa cause non seulement les membres de sa tribu, mais aussi les Poutéouatamis, les Hurons, les Ojibwas, les Miamis, les Tsonnontouans, les Shawnees et les Delawares des Pays d'en Haut. Au centre de son village, l'Indien Pontiac avait planté un drapeau blanc à fleur de lys.

Peut-on encore raconter cette histoire en ces termes ? Dans la mémoire collective contemporaine, l'expansion européenne en Amérique a changé de visage en l'espace d'un demi-siècle, comme si à travers elle se dévoilait le regard que portent sur elles-mêmes les sociétés occidentales. Longtemps présentée comme une épopée héroïque ayant permis à la civilisation européenne de s'étendre au Nouveau Monde et de faire naître des pays appelés à mettre leurs pas dans ceux de la modernité, culminant dans la conquête d'un Ouest perçu comme l'Extrême-Occident, cette expansion européenne s'est muée en aventure coupable qu'il faudrait renier jusque dans ses fondements, comme en témoigne le sort réservé à Christophe Colomb. Autrefois découvreur admirable de l'Amérique, il

1. Ces peuples amérindiens vivaient tous dans la région des Grands Lacs, que l'on appelait, du temps de la Nouvelle-France, le « Pays d'en Haut » : le lac Michigan, qui se trouve aujourd'hui sur le territoire des États-Unis, et le lac Supérieur, le lac Huron, le lac Erié et le lac Ontario, qui se situent à la frontière du Canada et des États-Unis.

apparaît aujourd'hui comme la figure inaugurale d'un génocide, dont on déboulonne partout la statue. Aux États-Unis, la commémoration de la mémoire de Christophe Colomb est associée au racisme par l'industrie du *diversity training*.

L'idée même d'une découverte de l'Amérique est désormais jugée absurde et témoignerait d'une conception eurocentrique de l'univers : apparemment, il n'est plus permis aux sociétés occidentales de voir le monde à partir de leur propre point de vue, et les pionniers qui ont construit des sociétés neuves sont désormais ravalés au rang de pillards, voire de soudards. C'est en se décentrant de leur héritage historique et du « grand » récit par lequel elles se racontaient leurs origines que ces sociétés s'universaliseraient enfin, en assumant pleinement la diversité qui devrait leur servir de socle identitaire et même ontologique. Et c'est en renouant avec la vérité existentielle des peuples amérindiens, qu'on appelle désormais « les peuples premiers », qu'elles pourraient peut-être surmonter leur crime originel. Ainsi l'homme blanc pourrait-il enfin se repentir, faire pénitence, confesser ses fautes au tribunal de l'Histoire, en consentant à une grande revanche des dominés d'hier, au nom de la justice raciale. Le jeune Occidental qui, aujourd'hui, espère connaître son histoire se fera enseigner ce récit pénitentiel, et aura tout intérêt à le répéter.

Le rapport particulier de la France aux Amérindiens

Mais cette histoire de l'expansion européenne, qu'elle soit glorifiée ou maudite, demeure étrangère à la réalité complexe de la colonisation des Amériques, et plus particulièrement de l'Amérique du Nord, que l'on ne saurait d'aucune manière réduire à une entreprise prédatrice. Tous les empires européens n'ont pas entretenu un rapport identique avec les peuples du Nouveau Monde, et cela n'est pas sans lien avec leurs univers religieux respectifs. Alors que les Anglais arrivent en Amérique pour créer un monde nouveau, à partir de rien, et ne savent trop que faire des populations autochtones avec lesquelles ils entretiennent au mieux un rapport pragmatique, les Français y apportent leur esprit à la fois politique et missionnaire, se sentant capables de gérer une diversité de peuples sous une même couronne, et convaincus de leur possible évangélisation – chaque homme, quel qu'il soit, étant appelé à entendre la parole du Christ. On ne sous-estimera pas le rôle des missionnaires, et notamment des jésuites, dans la rencontre des peuples du Nouveau Monde, dont ils apprirent souvent les langues tout en se familiarisant avec leur culture, dans une démarche qui n'est pas sans faire penser à une forme précoce d'ethnologie. Cet arrière-fond religieux a des conséquences politiques : si les Anglais ont pratiqué une politique de refoulement global des Amérindiens, en les condamnant toujours à l'exil, et en les traitant comme des peuples résiduels et vaincus[2], il n'en a pas été de même des Français, qui établirent avec eux de tout autres rapports.

La France, dans ses possessions américaines, noua ce que l'on pourrait appeler une relation intime avec les peuples amérindiens : avec eux, en se projetant en Amérique, elle témoignait d'une certaine idée de la civilisation occidentale, que nous dirions aujourd'hui universaliste, dans la mesure où elle permettait aux différentes cultures de se féconder et d'accoucher d'une

---

2. Cette politique aboutit, à terme, à la création de réserves ethniques où les nations amérindiennes furent muséifiées et appelées à dépérir sur le mode folklorique, comme on le voit encore aujourd'hui aux États-Unis ou au Canada.

société inédite, à l'abri de la souveraineté française. Il faut dire – et ce n'est évidemment pas un détail – que les Français, pour pénétrer le continent et se déployer dans la traite des fourrures, avaient évidemment besoin des Amérindiens, qui étaient au cœur de l'économie de la colonie. En conséquence, ils entendirent moins dominer les Amérindiens que faire alliance avec eux.

L'histoire commence tôt : c'est celle de la Tabagie de Tadoussac, en 1603, où les Français furent invités à s'installer dans la vallée du Saint-Laurent, à condition de prendre part aux guerres qui divisaient alors les peuples qui l'habitaient et qui traverseraient l'histoire de la Nouvelle-France. Car le Nouveau Monde n'avait pas grand-chose avec la vision entretenue aujourd'hui d'un continent bucolique et adamique.

La figure de Champlain est centrale : celui qui fonde Québec en 1608 entend, sur le continent américain, sous le signe de la croix et sous la souveraineté d'Henri IV, le roi de France, associer les Français et les peuples amérindiens – et même les métisser, dirait-on aujourd'hui. Le rêve de Champlain, pour reprendre la formule de David Hackett Fischer, n'était donc pas celui d'une France s'emparant de contrées sauvages sur lesquelles elle se donnait tous les droits, mais plutôt celui d'un protecteur convaincu d'œuvrer pour le bien commun. La France s'installa par conséquent avec un sentiment de légitimité en Amérique, et le gouverneur, représentant du roi, sut vite acquérir un rôle d'arbitre politique des nations amérindiennes, qui se placèrent sous sa protection symbolique – il fut reconnu sous le titre d'*Onontio*. En 1701, il joua d'ailleurs, au moment de la négociation de la Grande Paix de Montréal – qu'il est d'usage de qualifier de chef-d'œuvre de diplomatie –, un rôle de grand conciliateur qui lui valut d'être placé au centre du jeu politique du Nouveau Monde. Ce titre se maintint jusqu'au traité de Paris de 1763 – ce qui suggère que la France, de son implantation jusqu'à ses derniers jours, n'avait pas été ressentie comme une puissance coloniale écrasante.

La grande histoire des voyageurs et coureurs des bois illustre bien cette relation très particulière nouée entre les Français et les Amérindiens. Les Français partant à la conquête des fourrures adoptèrent souvent le mode de vie des peuples du Nouveau Monde, plus adapté à l'environnement que les mœurs européennes. Ils y trouvaient aussi une conception de la vie nouvelle, sous le signe des grands espaces, de la liberté – et, plus particulièrement, de la liberté sexuelle –, qui donnait à plusieurs un désir d'aventure. Cette forme d'épopée se poursuivit tout au long du XIXe siècle, les Canadiens « ensauvagés » et installés partout au cœur du continent américain jouant souvent le rôle de truchements pour ceux qui voulaient explorer l'Amérique et pousser sa découverte jusqu'à son terme – on y verra la trace invisible, mais bien réelle, de l'Empire français d'Amérique, du temps où il s'étendait sur la plus grande partie du continent. On y trouve des personnages singuliers, comme Toussaint Charbonneau, qui sera le guide de l'expédition de Lewis et Clark[3], au cœur de la mythologie états-unienne. C'est ce que l'historien Gilles Havard nomma, dans une saisissante formule, « l'Amérique fantôme ». Cette histoire où deux peuples s'accouplèrent pour en former un seul se prolongea discrètement et finit par s'incarner dans l'Ouest canadien chez « les Métis », dont le soulèvement, à

3. Meriwether Lewis et William Clark furent les chefs de la première expédition américaine qui traversa entièrement les États-Unis, d'est en ouest, jusqu'à la côte pacifique. Une trentaine d'hommes partirent de l'Illinois en mai 1804, et atteignirent l'océan Pacifique en novembre 1805. Leur voyage de retour s'effectua de mars à septembre 1806. Ces explorateurs étaient accompagnés par Toussaint Charbonneau, un trappeur canadien-français, et sa femme, Sacagawea, une interprète shoshone.

la fin du XIXe siècle, porté par Louis Riel et Gabriel Dumont, représenta probablement le dernier sursaut de cette Amérique engloutie. Le rêve d'une république franco-indienne était encore vivant. Ce soulèvement, écrasé par les autorités coloniales britanniques, suscita les plus grandes passions au Québec, où le Premier ministre Honoré Mercier, dans un discours célèbre en 1885, se montra solidaire de la cause des Métis. Il y avait cent trente ans, le souvenir de la grande alliance franco-indienne ne voulait pas mourir…

La French and Indian War *et la révolte de Pontiac*

Il fallait planter ce décor pour comprendre la suite. La manière même de nommer les événements historiques est parlante. Nous le savons, au terme d'un affrontement militaire aussi violent qu'épuisant, en 1763, l'histoire de la Nouvelle-France se termine, et la souveraineté française se dissout en Amérique. Une grande aventure avorte, un résidu historique cherchera à se maintenir, dans l'espoir d'un jour renaître. Comme le note l'historien Denys Delage, ce que les Européens appellent généralement la guerre de Sept Ans, les Québécois la qualifient de guerre de Conquête, alors que les Américains parlent de la *French and Indian War*. Ces trois perspectives sont révélatrices et nous rappellent que chaque peuple, avec raison, envisage l'histoire à partir de sa propre situation existentielle. Dans l'œil de l'ennemi anglais, l'alliance franco-indienne est constitutive de la Nouvelle-France. En cherchant à s'emparer de cette dernière, les « Tuniques rouges » avaient donc deux ennemis dans leur mire.

La France quitte l'Amérique et, dans la vallée du Saint-Laurent, 60 000 Canadiens se sentent abandonnés. Le jeune peuple, épuisé, sans accepter sa soumission, ne compte pas se révolter ; d'autant que la France elle-même a cédé le Canada, et n'a pas l'intention de le regagner, même si, sur les rives du Saint-Laurent, on espérera plus ou moins secrètement pour un temps son retour et on entrera presque immédiatement en résistance tranquille contre le conquérant.

Il n'en est pas de même des tribus indiennes, qui avaient accepté la souveraineté française, mais qui n'entendaient aucunement se soumettre aux Européens en général, et encore moins aux Britanniques, qui sont d'ailleurs jugés cruels et engagés dans une logique de conquête entraînant inévitablement l'avilissement des autochtones. On trouve même, chez les peuples amérindiens, une figure prophétique, Neolin. Devant le basculement des empires européens, celui-ci en appelle à un ressourcement originel et invite ses frères à se libérer de la figure de l'homme blanc, qui doit retourner d'où il est venu. L'Amérindien s'est perdu en se mélangeant aux hommes venus de l'autre côté de la mer, et ils doivent s'arracher à leur emprise pour renouer avec leur vérité originelle. Même si une telle proposition n'est pas nécessairement majoritaire, elle est loin d'être insignifiante et témoigne d'un état d'esprit marqué par l'insatisfaction. Dans les Pays d'en Haut, qui correspondent globalement à la région des Grands Lacs, le transfert de souveraineté n'est pas accepté. Le nouvel empire n'est pas reconnu comme un successeur légitime de l'ancien, et ce d'autant moins que, hier encore, on lui faisait la guerre.

C'est alors qu'émerge la figure de Pontiac, qui incarnera l'ultime résistance véritable des Indiens d'Amérique au nom de la Couronne française. L'homme est à la fois mystérieux et bien connu : l'Histoire a retenu ses exploits, indéniables, mais de ses origines exactes, on sait peu de chose. Sa date de naissance n'est pas établie – les historiens la situent entre 1712 et 1725. Mais on sait de toutes les sources disponibles que cet homme de la région des Grands Lacs, reconnu pour son intégrité, sa droiture et son intelligence, se voulait fidèle au roi de France. Il était ce que l'on appellerait aujourd'hui un chef charismatique, capable de fédérer les peuples amérindiens dans un ultime soulèvement, que l'on peut voir à la fois comme une guerre d'indépendance amérindienne, une entreprise de reconquête française et le baroud d'honneur de l'Amérique franco-indienne.

Pontiac accueille très défavorablement la conquête et la chute de Montréal en 1760. Il perçoit très rapidement que la situation des siens se dégradera sous la souveraineté britannique. Une tradition voulait que, pour entretenir l'alliance entre les Français et les Amérindiens, les premiers offrissent régulièrement des présents aux seconds, en témoignage de leur reconnaissance pour les avoir laissés s'intaller librement en Amérique. Les Anglais voulurent rompre avec cette tradition, en plus de cesser d'approvisionner en poudre et fusils les peuples autrefois alliés aux Français. Sans se tromper, Pontiac et les siens y virent une transformation du rapport politique entre les autochtones et les Européens, les premiers devant en quelque sorte se soumettre explicitement aux seconds, comme on le verra aussi à travers le changement des règles commerciales. Pontiac en appelle alors au soulèvement, surtout sous la forme d'une guérilla commandée par le terrain et le rapport des forces en présence. D'attaques en négociations, de trêves en reprises des hostilités, ce soulèvement dure globalement trois ans, de 1763 à 1766, et se déroule dans des lieux passés à l'Histoire, comme Fort Duquesne, où se trouve l'actuelle ville de Pittsburgh, ou Detroit. Mobilisant de nombreuses tribus, ce mouvement cherche tout à la fois à restaurer les droits des Indiens et ceux de la France, d'autant que circulaient certaines rumeurs selon lesquelles les troupes du roi pourraient revenir en force. Pontiac fédère autour de lui maints peuples qui, sachant la présence des Européens inévitable en Amérique, préfèrent se placer sous le parapluie français plutôt que sous le parapluie britannique. Et s'il réussit à attirer certains Canadiens avec lui, ils ne constituent d'aucune manière l'essentiel de sa troupe : les derniers hommes à prendre les armes pour le roi de France en Amérique sont ceux qui s'étaient librement ralliés à lui, et qui brandiront son étendard dans ce que l'Histoire retiendra comme un ultime baroud d'honneur.

Malgré sa vaillance, son entreprise bat de l'aile et le chef de guerre est progressivement abandonné par les siens, au point, en 1766, de devoir consentir à la défaite, les Anglais acceptant toutefois de le traiter avec les honneurs nécessaires. Ce qui n'ira pas sans susciter la jalousie et la colère de ceux qui l'avaient suivi, et qui verront dans ce « ralliement » une forme de trahison : en 1769, Pontiac est assassiné. L'homme qui incarnait la dernière résistance véritable, sérieuse, des Indiens fidèles au roi, n'est plus, mais son souvenir ne s'éteindra pas. L'Histoire est jouée. Un monde est enterré. L'Amérique sera anglaise et l'alliance inédite entre les Français et les Amérindiens passera à la trappe de l'Histoire – il en reste toutefois une trace au Québec, qui, à l'échelle de l'Amérique du Nord, est le seul État à avoir voulu élaborer une politique de reconnaissance des peuples autochtones. On verra dans la révolte de Pontiac une illustration non seulement de la philosophie du dernier carré, de la garde qui meurt mais ne se rend pas, mais aussi du désir ancestral des hommes de résister à un mouvement qu'ils croient pouvoir arrêter, alors que la marche de l'Histoire est souvent irréversible. Ce qui n'enlève rien à sa grandeur, bien au contraire.

Bibliographie sélective

Bédard Éric, *Le Québec : tournants d'une histoire nationale*, Sillery, Septentrion, 2020.

Chevrette Louis, « Pontiac », *Dictionnaire biographique du Canada*, 1974, http://www.biographi.ca/fr/bio.php?BioId=35719

Delage Denis, « Pontiac, une guerre d'indépendance », in Bertrand Fonck et Laurent Veyssière, *Québec,* Septentrion, 2013.

Dziembowski Edmond, *La Guerre de Sept Ans*, Perrin, 2018.

Havard Gilles, Vidal Cécile, *Histoire de l'Amérique française*, Flammarion, 2003.

Havard Gilles, *L'Amérique fantôme*, Montréal, Flammarion, 2019.

8

Vendée-Bretagne, 1815
La chouannerie des Cent-Jours

par Jean Sévillia

Au printemps 1814, après la défaite de Napoléon lors de la campagne de France, défaite suivie de son abdication et de son départ pour l'île d'Elbe, le roi Louis XVIII, qui vivait en exil depuis 1791, revient à Paris et accède au trône. En mars 1815, Napoléon revient d'exil et chasse le roi qui se réfugie à Gand. En Vendée et dans les pays chouans, on a toujours détesté « l'usurpateur », lequel n'avait lui-même jamais aimé ni compris les royalistes. En mai 1815, la révolte éclate. Cette chouannerie des Cent-Jours, où l'on retrouvera, comme en 1793, un certain La Rochejaquelein, mais aussi d'Autichamp, d'Andigné ou Charette, durera en fait quarante jours. Vaincus, les chouans et Vendéens de 1815 manqueront de plus d'affronter les Prussiens qui occupaient le pays après Waterloo, et seront remis dans le rang par l'administration de Louis XVIII. Paradoxe d'une fidélité désespérée, qui témoignait de la force tenace du royalisme populaire dans l'ouest de la France.

Le 27 décembre 1799, Bonaparte, qui a accédé au pouvoir le mois précédent, reçoit le baron Hyde de Neuville, un agent des Bourbons, et Louis d'Andigné, un chef chouan. Le 15 octobre, les blancs ont repris les armes en Vendée, en Bretagne, en Normandie, dans l'Anjou et le Maine. Mais en comparaison de la grande guerre de Vendée (1793), de la première chouannerie (1794-1795) et de la deuxième chouannerie (1795-1796), cette nouvelle insurrection est limitée. La guerre s'interrompt vite, d'ailleurs, car Bonaparte s'engage, en échange de la soumission des insurgés, à rétablir la liberté religieuse et à suspendre la levée de conscrits. Face à cette ouverture, les chefs royalistes s'interrogent : qui est Bonaparte ? Que veut-il ? Peut-on le ramener à la fidélité au roi ? Lors de l'entrevue du 27 décembre, précisément, alors que la discussion porte sur les conditions d'un traité de paix et que d'Andigné a plusieurs fois prononcé le mot « roi », le Premier consul s'impatiente. « Vous me parlez toujours du roi, vous êtes donc royalistes ? » ironise-t-il, en se lançant dans une violente critique des princes en exil. Entre les royalistes et Bonaparte, le courant n'est pas passé. Le lendemain, le Premier consul expédie 30000 soldats dans l'Ouest, sous les ordres du général Brune.

Trois mois plus tard, le 5 mars 1800, Bonaparte reçoit de nouveau des chefs royalistes. De la Bretagne au Maine, la plupart des chouans ont alors rangé les armes. La délégation qui s'est rendue à Paris comprend un colosse au physique de paysan : Georges Cadoudal. À l'issue de la réunion, le Premier consul dicte un billet au général Brune : « J'ai vu, ce matin, Georges ; il m'a paru un gros Breton dont peut-être il sera possible de tirer parti pour les intérêts mêmes de la patrie. » En traitant Cadoudal avec mépris, Bonaparte, qui veut retourner les meneurs de la chouannerie, a pris le risque de le braquer. Un mois plus tard a lieu un entretien particulier entre les deux hommes au cours duquel le ton monte. À Las Cases, Napoléon confiera plus tard ce souvenir : « Georges était un fanatique; je l'émus sans parvenir à le convaincre; il voulait conserver ses bandes et ses armes. Je lui dis qu'il ne pouvait y avoir un État dans l'État. » De son côté, Cadoudal fera cet aveu à Hyde de Neuville : « Quelle envie j'avais d'étouffer ce petit homme entre mes deux bras ! »

Fondamentalement, Napoléon Bonaparte est un enfant de 1789. Il a voulu terminer la Révolution et fonder un régime certes autoritaire, mais qui ne conserverait que le décor de la monarchie. L'attachement à l'ancienne France et la fidélité envers les descendants de Saint Louis seront toujours étrangers à Napoléon, si bien qu'entre les royalistes et lui, il y aura toujours un fossé. Parfois un fossé de sang. Lors du coup de force du 13 vendémiaire (5 octobre 1795), le jeune général Bonaparte fait tirer sans état d'âme sur les insurgés royalistes massés devant Saint-Roch. Le 18 fructidor an V (4 septembre 1797), lorsque le Directoire appelle l'armée pour barrer la route aux royalistes, la répression est dirigée par le général Augereau, envoyé d'Italie à cette fin par Bonaparte. Au début de l'année 1800, le Premier consul respecte son engagement de laisser libres les meneurs royalistes qui ont fait la paix, mais il se méfie de Frotté, le chef de la chouannerie normande, et le fait arrêter et fusiller le 18 février. Considérant désormais que Bonaparte est le principal obstacle à une restauration, les blancs irréductibles complotent pour l'abattre. Après l'attentat de la rue Saint-Nicaise, où le Premier consul a échappé à la mort (24 décembre 1800), Cadoudal, réfugié en Angleterre, conspire avec le général Pichegru, un républicain devenu royaliste. En février 1804, les deux hommes, projetant d'enlever Bonaparte, se rendent à Paris en secret. Ils bénéficient du soutien tacite de Moreau, autre général républicain qui est en froid avec le Premier consul. Mais Moreau et Pichegru, démasqués, sont arrêtés, de même que Cadoudal. Pichegru sera retrouvé étranglé dans sa cellule, et Moreau condamné à deux ans de prison. Un rapport ayant persuadé, à tort, Bonaparte que le prince attendu par les comploteurs était le duc d'Enghien, le Premier consul fait enlever ce Bourbon qui vit en exil en Allemagne, puis le fait transférer à Paris où, après une parodie de procès, il est condamné à mort et fusillé au château de Vincennes, le 21 mars 1804. Quant à Cadoudal, lui aussi condamné à mort, il est guillotiné, à Paris, le 25 juin 1804, avec onze autres conjurés. Ayant obtenu de monter le premier à l'échafaud afin que ses amis le voient mourir, le « gros Breton » ne cessera de crier, jusque dans la lunette de la guillotine : « Vive le roi, vive le roi, vive le roi… »

La première Restauration déroute les royalistes de l'Ouest

Pendant toute la durée du premier Empire, les royalistes n'ont aucune perspective. Certains, ralliés à Napoléon, entrent au service de l'État afin de servir la France. D'autres attendent que le vent tourne. Les plus inflexibles, surveillés par la police de Fouché, ne peuvent rien entreprendre. L'Ouest ne bouge pratiquement pas. En 1812, cependant, le désastre subi par la Grande Armée en Russie est un mauvais signal pour Napoléon. En 1813, la Russie, la Prusse, la Suède, l'Autriche et l'Angleterre forment la sixième coalition contre la France depuis 1792. Battu à Leipzig en octobre, l'empereur doit évacuer l'Allemagne. En janvier 1814, les alliés franchissent les frontières, mais Napoléon tient tête, lors de l'éblouissante campagne de France, à la ruée ennemie. Le 31 mars, le tsar Alexandre Ier et le roi de Prusse

Frédéric-Guillaume III entrent dans Paris, et c'est Talleyrand qui convainc le tsar, qui vient de vaincre Napoléon, de rétablir les Bourbons, à la fois comme garantie de la paix et comme affirmation du principe de légitimité cher à l'Europe des rois. Le 6 avril 1814, à Fontainebleau, l'empereur des Français abdique et part pour l'île d'Elbe.

Débarqué à Calais le 24 avril 1814, après plus de vingt-deux années d'exil, Louis XVIII publie à Saint-Ouen, le 2 mai, un manifeste dans lequel il déclare vouloir adopter une « Constitution libérale ». Le 3 mai, le roi est à Paris. Dix jours plus tard, il forme son premier cabinet qui mêle des royalistes de toujours avec des hommes qui ont servi la Révolution et Napoléon. Louis XVIII a deux priorités : faire la paix avec les alliés et rédiger la Constitution promise. Loin de revenir à 1789, les Bourbons consacrent l'œuvre administrative et sociale de la Révolution et de l'Empire. Le Code civil, la division du territoire en départements administrés par des préfets, le franc, l'Université ou la Légion d'honneur sont maintenus. Si le drapeau blanc à fleur de lys remplace le drapeau tricolore et si l'ancien cérémonial de Cour est partiellement ressuscité, la Restauration n'est pas le retour à l'Ancien Régime.

Par conséquent, cette première Restauration déroute les blancs de l'Ouest. Eux qui espéraient des postes et des récompenses doivent composer avec le personnel bonapartiste resté en place et accepter la Charte et le Concordat. Le préfet du Maine-et-Loire, nommé par Louis XVIII, est excédé par les royalistes qui réclament des décorations et qui conservent leurs réseaux, « démarches qui peuvent rappeler une ancienne organisation qui ne saurait plus exister, entretenir des rapports entre de prétendus chefs et de prétendus officiers, et maintenir une sorte d'association étrangère à l'autorité ». À cette fin de maintien de l'ordre, le gouvernement royal déploie d'importants effectifs de gendarmes en Vendée, regardant avec méfiance une population portée à l'excès, ce qui suscite l'hostilité des habitants qui considèrent ces gendarmes royaux comme des bleus de 1793.

Le changement de régime, néanmoins, s'effectue dans le calme. Les seules tensions, les caisses de l'État étant vides, tiennent à la situation financière. Les fonctionnaires qui refluent de l'ex-Empire ne retrouvent pas tous un emploi. Quant aux soldats licenciés et aux officiers demi-solde, ils grossissent la masse de mécontents. C'est au prétexte de répondre à leur appel que, moins de un an après son abdication, Napoléon revient de l'île d'Elbe. Le 1er mars 1815, il débarque au golfe Juan. Après être passé par la route des Alpes, le « vol de l'Aigle » se dirige vers Paris, ralliant les hommes envoyés par Louis XVIII, tel Ney, afin de barrer la route à l'empereur. Le 20 mars, au lendemain du départ de Louis XVIII pour Gand, Napoléon est aux Tuileries où il forme un gouvernement. Cependant le haut personnel politique, après un an de régime constitutionnel, attend de lui qu'il exerce le pouvoir selon l'esprit de la Charte. Au mois de mai, les élections à la Chambre donnent la victoire aux libéraux. Devant se démarquer des Bourbons et ne trouvant pas d'appui chez les notables, Napoléon et son gouvernement, mécaniquement, penchent dans le sens révolutionnaire, faisant jouer la corde jacobine, antinobles et antiprêtres.

Les paysans redoutent le retour de la conscription

Le 13 mars, deux semaines après le retour de Napoléon sur le sol français, Louis XVIII, qui était encore à Paris, a chargé le duc Louis VI Henri de Bourbon-Condé, père du duc d'Enghien fusillé en 1804, de prendre la tête des départements de l'Ouest afin d'y défendre le trône. Cette tentative, cependant, s'est soldée par un échec, les paysans refusant de combattre sans certitude de toucher une solde, et le clergé se tenant prudemment sur la réserve. Fin mars, le duc de Bourbon juge finalement que la mission est impossible, et part se réfugier en Espagne.

Pour relancer la guerre civile, il faudra, comme en 1793, la menace de la levée en masse. Les 9 et 10 avril 1815, en effet, des décrets impériaux mobilisent 300000 gardes nationaux, ainsi que les soldats mis en congé par la Restauration. Ce n'est pas la conscription, abolie par la Charte, mais les paysans de l'Ouest l'interprètent ainsi. Avant même d'être revenu à Paris, Napoléon a commencé à préparer la guerre, car les puissances réunies au congrès de Vienne l'ont déclaré hors la loi et sont en train de masser plusieurs centaines de milliers d'hommes pour fondre sur la France. Le plan de l'Empereur est d'attaquer en premier, et de vaincre les forces britanniques et prussiennes rassemblées en Belgique afin d'éviter qu'elles ne fassent leur jonction avec les troupes autrichiennes et russes qui sont en route.

Mais pour les paysans de l'Ouest, l'ennemi, c'est Napoléon, l'usurpateur, le bleu. Si, dans les grandes villes de Rennes et de Nantes, les autorités ont arboré la cocarde tricolore deux jours après le retour de l'empereur aux Tuileries, une sourde agitation parcourt les campagnes dans les départements soumis à la mobilisation des gardes nationaux. Ces départements, significativement, manifestent leur défiance à l'égard du revenant à l'occasion du plébiscite sur l'acte additionnel aux Constitutions de l'Empire. Signé le 22 avril, soumis deux jours plus tard à l'approbation des 7 millions d'électeurs censitaires (pour 30 millions de Français), cet acte s'inspire de la Charte octroyée par Louis XVIII en 1814 : il est prévu que deux assemblées partagent le pouvoir législatif avec l'empereur. L'acte additionnel sera ratifié par 99 % de suffrages pour le « oui », mais avec un taux d'abstention de 80 %. Or, dans la Loire-Inférieure, le Morbihan, le Finistère, la Mayenne, les Côtes-du-Nord, la Vendée, l'Ille-et-Vilaine, le Maine-et-Loire et les Deux-Sèvres, la participation se situe en dessous de la maigre moyenne nationale, avec moins de 5 % des voix. On sent que la région se détache de Napoléon.

Au cours de la seconde moitié du mois d'avril et de la première moitié du mois de mai, des incidents éclatent çà et là. À Campbon, à 50 kilomètres au nord-ouest de Nantes, les paroissiens chahutent le curé lorsqu'il lit en chaire les ordonnances impériales, puis arrachent le drapeau tricolore de la mairie dont le maire est expulsé. À Auray, le drapeau blanc est hissé. À Pouzauges, aux Épesses, en Vendée, des troubles éclatent. Au Loroux-Bottereau, à 20 kilomètres au sud-est de Nantes, soixante habitants armés mettent le village en état de siège.

Lorsque Louis XVIII était parti pour Gand, sa retraite avait été protégée par le général Louis de La Rochejaquelein, commandant des grenadiers royaux. Frère de « Monsieur Henri », le chef vendéen tué en 1794, il s'était réfugié, une fois le roi en sécurité, en Angleterre. De là, il avait préparé, en liaison avec les chefs royalistes de l'Ouest, une insurrection contre Napoléon, à déclencher au moment propice. Début mai, La Rochejaquelein avait prévenu, de Londres, qu'il allait débarquer en Vendée à bord d'un bateau anglais chargé d'armes et de munitions. Dans la nuit du 10 au 11 mai, ce navire accoste près des Sables-d'Olonne.

Le 11 mai, justement, se tient à La Chapelle-Basse-Mer, non loin de Nantes, un conseil de guerre royaliste. Participent à la réunion Pierre de Suzannet et Charles d'Autichamp, deux généraux vendéens qui décident, au regard de l'armement qui vient d'arriver d'Angleterre, de lancer le soulèvement dans la nuit du 14 au 15 mai. Ce sera une nouvelle guerre des blancs contre les bleus. Il est convenu de répartir les forces, comme en 1793, en quatre grandes armées formées selon l'origine géographique. La Rochejaquelein, absent de la réunion, accusera cette mesure de nuire à l'unité d'action. De fait, dans la pratique, la mobilisation s'effectue autour de chaque chef. Suzannet commande l'armée du Marais, soit l'ouest de la Vendée et le sud de la Loire-Inférieure; d'Autichamp, l'armée d'Anjou, au sud-ouest du Maine-et-Loire; Charles Sapinaud, l'armée du Centre, dans l'est de la Vendée; et Auguste de La Rochejaquelein, un plus jeune frère de Louis, l'armée du Haut-Poitou, au nord des Deux-Sèvres. Quant à Louis de La Rochejaquelein, il se proclame commandant en chef, sans qu'il soit prouvé que cette fonction lui a été confiée par le roi, ce qui provoque la susceptibilité de ses pairs.

Du 15 au 18 mai, les rassemblements s'effectuent sur la rive gauche de la Loire, et la semaine suivante sur la rive droite et le Morbihan. Dans ce département, ainsi que dans le Finistère, c'est Louis de Sol de Grisolles qui prend le commandement. Dans les autres, ce sont des bandes qui se forment derrière Henri du Boishamon en Ille-et-Vilaine, derrière Alexandre Courson de La Villevallio dans les Côtes-du-Nord, derrière Toussaint du Breil de Pontbriand à Dinan, derrière Louis d'Andigné dans la Mayenne. Mais le soutien du clergé n'est pas acquis : les évêques, tenus par le Concordat, prônent l'obéissance envers le pouvoir en place, et les prêtres des campagnes, plutôt royalistes, restent prudents. Au total, les insurgés représentent sans doute 50000 hommes. C'est à la fois peu, mais suffisant pour que les préfets, affolés, demandent des renforts.

Il est assez étonnant de constater que les Bourbons, oubliés des Français en 1814, incarnent un principe qui, plus de vingt ans après la chute de la royauté en 1792, parle encore au peuple de l'Ouest. La mobilisation doit beaucoup, aussi, à la personnalité des chefs, dont certains se battent depuis plus de vingt ans. Suzannet, cousin germain des La Rochejaquelein, a pris part à l'expédition de Quiberon en 1795, et a été chef de division sous la direction de Charette. D'Autichamp, ancien compagnon de Stofflet, a été de tous les combats de la Vendée depuis 1793. Sapinaud, un des adjoints de Royrand en 1793, a combattu pendant la virée de Galerne, puis au Mans, en 1793, et résisté aux colonnes infernales en 1794. Auguste de La Rochejaquelein était enfant pendant la Révolution, mais sa bravoure l'a couvert de gloire pendant la campagne de Russie. Louis de Sol de Grisolles a été le compagnon et le successeur de Cadoudal. Louis d'Andigné a chouanné de 1795 à 1800. Quant à Louis de La Rochejaquelein, lui aussi enfant pendant la Révolution, il a été un des initiateurs, en mars 1814, de l'insurrection royaliste de Bordeaux et de l'accueil que cette ville avait réservé, avant même le retour de Louis XVIII en France, au duc d'Angoulême, neveu du roi.

La Vendée s'organise en sanctuaire royaliste

Le 14 mai, les Vendéens prennent les ports de Croix-de-Vie et de Saint-Gilles-sur-Vie, ce qui leur permet de débarquer des cargaisons d'armes supplémentaires. Le 15 mai, Bressuire, dans les Deux-Sèvres, est prise. Les insurgés, toutefois, ne parviendront pas à s'emparer des préfectures. Nantes, Angers et Niort resteront aux mains de l'administration impériale, de même que La Roche-sur-Yon (créée par l'empereur, la cité s'appelle alors Napoléonville). À ce moment-là, le pouvoir n'a que peu de troupes à opposer aux révoltés, les régiments de ligne étant dirigés vers la frontière. La Vendée s'organise peu à peu en sanctuaire royaliste, les impériaux se contentant d'interdire l'accès à la zone rebelle. Mais le 17 mai, Napoléon apprend le soulèvement de l'Ouest. Afin de pacifier la région, il crée l'armée de la Loire. Comportant trois divisions dirigées par les généraux Travot, Estève de Latour et Brayer, cette armée est commandée par le général Lamarque, un vétéran des guerres de la Révolution et de l'Empire qui a combattu en Italie, en Autriche et en Espagne. À part les chasseurs de Vendée, excellente unité à cheval composée de Vendéens ralliés à l'Empire et placée sous les ordres de Travot, le général qui avait capturé François-Athanase de Charette en 1796, cette armée de la Loire est d'assez médiocre qualité car les meilleures troupes sont parties en direction de la Belgique. Lamarque dispose cependant d'officiers aguerris, et il est autorisé à destituer sous-préfets, maires, officiers de la garde nationale, receveurs et autres fonctionnaires.

Le premier choc important a lieu le 18 mai à Saint-Pierre-des-Échaubrognes (Deux-Sèvres), où les 2 000 Vendéens d'Auguste de La Rochejaquelein et de Simon Canuel, un général de la Révolution et de l'Empire rallié aux Bourbons, battent un détachement de 1 200 impériaux. Le lendemain, Travot tente en vain de s'emparer d'un convoi de munitions qui, venant de la côte, traverse le bocage. À court de cartouches, ses hommes se replient sur Angers et Saumur. Après avoir envisagé d'attaquer l'île de Noirmoutier, les 8 000 hommes de Suzannet et de Louis de La Rochejaquelein veulent s'emparer de Napoléonville. Mais Travot en est informé. Le 20 mai, lors d'une attaque de nuit, près d'Aizenay, il disperse les Vendéens au cours d'un combat où Ludovic de Charette, un neveu de François-Athanase, est mortellement blessé. Le 24 mai, Cholet et ses alentours étant dégarnis de troupes impériales, d'Autichamp s'empare de la capitale des Mauges sans tirer un coup de feu. Hors de la Vendée, dans le Morbihan, les Côtes-du-Nord ou la Mayenne, les combats dispersés sont assez nombreux, mais relèvent de l'escarmouche.

Face aux 50000 insurgés royalistes, Lamarque ne dispose que de 6500 hommes. Il n'est pas inquiet, toutefois, car il est persuadé que les Vendéens courent à l'échec, dès lors qu'ils n'ont pas de relais dans le reste de la France. Souhaitant désamorcer cette insurrection qui nie la légitimité de son pouvoir, Napoléon, toutefois, charge Fouché, le 25 mai, de négocier avec les Vendéens. Habilement, le ministre de la Police envoie sur place trois anciens chouans : le comte de Malartic, un ancien condisciple de Bonaparte à l'école de Brienne, et ses amis Louis-Ange Flavigny et Victor de la Béraudière. Jouant comme d'habitude plusieurs jeux à la fois, Fouché leur fait croire qu'il travaille pour Louis XVIII.

Après son échec devant Napoléonville, Louis de La Rochejaquelein est retourné à Saint-Gilles-sur-Vie avec un millier d'hommes, afin de recevoir une nouvelle livraison d'armes. Pas moins de quatorze navires britanniques ont jeté l'ancre, et le chef vendéen surveille le débarquement de leur cargaison. C'est au cours de ces journées qu'il découvre les propositions de Fouché. Ce dernier, en échange d'un armistice, offre l'amnistie pour les combattants, la libération des royalistes emprisonnés, l'engagement de ne pas imposer aux blancs un service militaire hors de leur département, ainsi que des exemptions fiscales. La Rochejaquelein, intransigeant, repousse ces ouvertures. D'autres Vendéens, en revanche, prêtent l'oreille aux offres du duc d'Otrante. Ainsi Suzannet, Sapinaud et d'Autichamp, qui sont inflexiblement royalistes, commencent-ils néanmoins à s'interroger sur le sens d'une insurrection qui fait couler le sang, sans certitude de succès, mais qui pourrait compromettre, en revanche, une autre stratégie, politique celle-là, du roi Louis XVIII, plus pacifique et attentiste car elle repose sur « l'union et l'oubli ».

Un ordre du jour de Louis de La Rochejaquelein ayant fixé les mouvements des divers corps d'armée, les généraux vendéens s'adressent au commandant en chef, dont l'autorité n'a jamais été reconnue par tous, afin de lui signifier leur désaccord. De fureur, La Rochejaquelein destitue Suzannet, Sapinaud et d'Autichamp, et les remplace par trois officiers supérieurs. La désunion des chefs, depuis 1793, s'est manifestée au cours de toutes les guerres vendéennes et chouannes : ce mal n'épargne pas la chouannerie de 1815. Leurs généraux ayant été révoqués, une partie des hommes de Suzannet, Sapinaud et d'Autichamp cessent le combat, tandis que les troupes napoléoniennes, à l'inverse, lancent une offensive. Le 2 juin, par conséquent, La Rochejaquelein fait cesser le débarquement des armes à Saint-Gilles-sur-Vie. Le 4 juin, il apprend qu'une colonne du général Estève marche à sa rencontre. Il décide alors de gagner les marais, terrain où les Vendéens ont l'habitude de combattre. La Rochejaquelein installe son poste de commandement dans la ferme des Mathes, à côté de Saint-Hilaire-de-Riez ; mais les impériaux, plus nombreux, prennent l'avantage. Et au cours de l'affrontement, Louis de La Rochejaquelein est tué. La mort d'un chef au nom si prestigieux porte un coup au moral des insurgés, et ne fait qu'accélérer le mouvement des désertions.

Les 9 et 10 juin, les généraux vendéens, réunis à Rocheservière, élisent à l'unanimité Sapinaud généralissime. Deux jours plus tard, celui-ci tente de reconstituer son armée, pendant qu'une seconde force, commandée par Auguste de La Rochejaquelein, est chargée de prendre Thouars (Deux-Sèvres), objectif qui sera atteint, mais la ville sera aussitôt reprise par les napoléoniens.

Sapinaud, découragé par la situation, démissionne et désigne d'Autichamp comme son successeur. Lamarque, de son côté, sachant que le gros des troupes vendéennes est à Rocheservière, provoque l'affrontement. Le 20 juin, blancs et bleus combattent sur la lande de Grand-Collet, mais c'est une lourde défaite pour les royalistes. Grièvement blessé au cours de la bataille, Suzannet meurt le lendemain. Lamarque profite de son avantage pour faire immédiatement des propositions de paix. Les chefs vendéens en discutent lorsqu'ils apprennent que, le 16 juin, Napoléon a battu les Prussiens de Blücher à Ligny, en Belgique. Quel espoir, alors, pour les gens du roi ? Ils entament des pourparlers avec Lamarque. Ce dernier, le 21 juin, apprend de son côté la défaite de l'Empereur à Waterloo, trois jours plus tôt ; il se garde bien de la révéler dans toute son ampleur aux Vendéens. Auguste de La Rochejaquelein ne veut pas déposer les armes, mais d'Autichamp y est favorable. Il est alors décidé de voter pour trancher le débat. Sur 34 chefs vendéens qui participent à la délibération, 12 se prononcent pour la poursuite de la guerre, 22 pour la paix. Le 26 juin, à Cholet, l'armistice est signé avec Lamarque.

Des chouans prêts à combattre les Prussiens

Entre le 15 mai et le 20 juin 1815, la chouannerie des Cent-Jours a provoqué entre 500 et 700 morts. Le bilan, numériquement, ne peut se comparer à la grande guerre de Vendée de 1793-1794 avec ses 150 000 ou 200 000 victimes. Mais le contexte et la conclusion de cette courte guerre civile diffèrent aussi. Car, paradoxalement, la défaite de Napoléon et sa deuxième abdication, le 22 juin 1815, ne sont qu'une demi-victoire pour les Vendéens. Louis XVIII reviendra sur le trône, le 8 juillet, mais ce retour de la monarchie n'empêchera pas les alliés de poursuivre leur avancée sur le territoire français. À partir du mois de juillet, le pays est occupé : 1,2 million de soldats étrangers – Anglais, Allemands, Russes, Autrichiens, Suisses, Piémontais – cantonnent dans plus de soixante départements. Dans l'Ouest, ce sont les Prussiens. Une rumeur ayant couru selon laquelle les alliés allaient démembrer la France, Sapinaud et Auguste de La Rochejaquelein s'adressent au général Lamarque pour lui signifier qu'ils sont prêts à rallier ses troupes afin de combattre l'occupant. Mais Lamarque, fidèle de Napoléon, est en sursis, dans ces jours confus où les autorités civiles et militaires ne savent pas si elles seront reconduites par le gouvernement de Louis XVIII. Dans le Morbihan, Louis de Sol de Grisolles refuse de laisser pénétrer les Prussiens sur son territoire. À Nantes, des bagarres opposent des chouans ou d'anciens marins impériaux aux soldats prussiens. Un officier prussien est tué en duel par le chevalier du Boberil, un officier de l'armée de Louis d'Andigné. Mais en novembre 1815, les Prussiens évacuent l'ouest de la France.

Il reste des troupes chouannes qui n'ont pas été désarmées. Elles le seront, et non sans protester, mais sur ordre du gouvernement. Des royalistes combattus au nom du roi… Cela se reverra en 1832, lors de l'insurrection de quelques bandes fidèles à la duchesse de Berry, qui rêvait de mettre sur le trône son fils Henri, petit-fils de Charles X, à la place du roi Louis-Philippe. Ultime chouannerie où s'engageront Athanase de Charette, neveu de l'illustre général vendéen, et Joseph de Cadoudal, parent du célèbre chef chouan.

La petite Vendée de 1815 revêt donc plusieurs facettes. Elle est une révolte contre Napoléon. Elle marque aussi, indirectement, une contestation de la politique de la Restauration qui a préservé les acquis révolutionnaires. Elle est encore une insurrection populaire, équivalente en puissance, selon l'historien Aurélien Lignereux, au soulèvement républicain de décembre 1851 contre Louis-Napoléon Bonaparte. Elle est, pour finir, la dernière manifestation armée d'ampleur incontestable d'un légitimisme à la fois nobiliaire et paysan, longtemps ancré dans les départements de l'Ouest. Blancs parmi les blancs, Vendéens et chouans intransigeants auront affronté la Convention, le Directoire, le Consulat, l'Empire, la Restauration et la monarchie de Juillet, fidèles jusqu'au bout à une royauté disparue sans retour en 1789 et mythifiée.

Bibliographie sélective

BERTAUD Jean-Paul, *Les Royalistes et Napoléon*, Flammarion, 2009.

CHIAPPE Jean-Paul, *La Vendée des Cent-Jours. 1815*, Perrin, 1999.

GRAND Roger, *La Chouannerie de 1815. Les Cent-Jours dans l'Ouest*, Perrin, 1942.

LIGNEREUX Aurélien, *Chouans et Vendéens contre l'Empire. 1815. L'autre guerre des Cent-Jours*, Vendémiaire, 2015.

VIAL Charles-Éloi, *Nouvelle histoire des Cent-Jours. Mars-novembre 1815*, Perrin, 2021.

9

Europe-Amériques, 1815-1821
Une diaspora militaire napoléonienne

par Thierry Lentz

Si la carrière guerrière de Napoléon s'est achevée le 18 juin 1815 dans la plaine de Waterloo, il n'en a pas été de même pour des milliers d'officiers et de soldats de ses armées. Nombreux furent ceux qui continuèrent à se battre en France, même jusqu'à l'automne 1815, alors que Louis « deux fois neuf » avait retrouvé son trône et que l'empereur était déjà arrivé à Sainte-Hélène. Une fois cette dernière guerre de l'Empire éteinte, beaucoup reprirent les chemins de l'aventure. En Europe souvent, au sein des mouvements libéraux refusant la « réaction » institutionnalisée par le congrès de Vienne. En Amérique parfois, participant aux combats pour l'indépendance des anciennes colonies espagnoles. Leur mémoire et leur œuvre, souvent ignorées ou oubliées chez nous, restent encore vives dans leurs pays d'accueil.

Dans notre imaginaire, le « dernier carré » des guerres napoléoniennes est celui que formèrent les grenadiers et chasseurs de la Vieille Garde au soir de la bataille de Waterloo, inutile digue qui ne pouvait retenir le flot anglo-prussien balayant tout sur son passage. L'empereur cherchait la mort au milieu d'un bataillon du Ier régiment de chasseurs à pied. Ses généraux le convainquirent de se retirer, pendant que les grognards couvraient la retraite. Ils ne se rendirent pas… et Cambronne opposa une résistance légendaire, avec à la clé la (fausse) réputation d'avoir prononcé un « mot » historique en cinq lettres. Quoi qu'il en soit, la Garde mourut, mais ne se rendit pas. Trois jours plus tard, Napoléon abdiqua, laissant le champ libre au gouvernement provisoire de Fouché qui négocia sans attendre la cessation des hostilités. Après un baroud d'honneur lors de la dernière bataille, à Rocquencourt et au Chesnay (1er juillet 1815), Paris fut occupée et un armistice signé le 3 juillet. Le Bourbon pouvait rentrer dans sa capitale, cette fois « dans les fourgons de l'étranger », ce qui n'avait pas été le cas en 1814. À quelques jours de la Saint-Louis, 15 000 électeurs censitaires lui offrirent en cadeau de bienvenue une chambre « introuvable », car « plus royaliste que le roi ».

Depuis les derniers jours de juin, les armées alliées entraient dans un pays quasiment ouvert, par l'est, le nord et le sud. Plus de un million d'hommes s'installaient dans les départements français. Ils allaient y rester trois ans. L'envahisseur ne prenait pas de gants pour mater un peuple relaps, pas plus qu'il ne tolérait que certaines places refusassent de se rendre. Nombreuses furent pourtant celles qui ne se plièrent que tardivement au nouvel ordre des choses, subissant blocus, bombardements et assauts en règle : Laon le 9 août, Philippeville le 10, Mézières le 11, Rocroi le 17, Auxonne le 26, Givet le 9 septembre, Sedan le 15, Montmédy le 19, La Fère le 5 novembre, soit cinq mois après la seconde Restauration. Outre celui de Vincennes, où s'illustra le général Pierre Daumesnil[1], deux sièges vigoureux et

1. Non content de ne pas rendre la place pendant deux mois, ce général organisa quelques sorties à la tête d'une poignée d'hommes, enlevant plusieurs

meurtriers ressortent de cette liste des retardataires de la défaite, à Huningue et à Longwy.

En face des ponts de Bâle et des gués sur le Rhin, essentiels au passage des troupes coalisées venant de Suisse et du sud de l'Allemagne, la première place était commandée par le général Joseph Barbanègre (1772-1830), ancien des campagnes d'Austerlitz, de Wagram et de Russie. Il disposait de 2700 soldats réguliers et 2200 gardes nationaux serrés à l'abri des fortifications érigées par Vauban à la fin du XVIIe siècle. L'archiduc Jean de Habsbourg-Lorraine, à la tête de 20000 hommes, tenta d'abord de négocier, puis d'impressionner les défenseurs en faisant brûler les villages alentour et, enfin, de corrompre le commandant de la place, à qui il proposa l'énorme somme de 500000, puis de 1,5 million de francs, et même, au nom des agents du roi qui tentaient d'empêcher l'affrontement, le bâton de maréchal de France. Rien n'y fit, et il fallut bien en passer par un bombardement intensif. Celui-ci commença le 22 août 1815 et dura deux jours et demi : 176 canons arrosèrent de boulets incendiaires l'ensemble du périmètre. La ville n'existait plus, la garnison avait fondu sous les coups des canons et ceux de la désertion. Il fallait négocier. Barbanègre le fit sans se presser, hissant d'abord le drapeau royal sur les bastions en espérant attendrir ses adversaires : ils n'allaient tout de même pas poursuivre le pilonnage d'une troupe qui reconnaissait Louis XVIII ! Quelques boulets plus tard et devant le refus de l'archiduc de composer, le général français se résolut à capituler. Mais cette fois, ce fut son état-major qui regimba, tandis que les soldats restés à leurs postes arrachaient consciencieusement ses proclamations et les étendards fleurdelisés. Il fallut une intervention

---

canons prussiens. Au général prussien qui lui proposait 1 million en échange de la capitulation, il répondit : « Mon refus sera la dot de mes enfants. »

de la municipalité pour faire plier ces irréductibles. Même s'il y avait eu peu de victimes civiles – la population avait été mise à l'abri dans des casemates –, les dégâts étaient colossaux et, au fond, la guerre était finie. Barbanègre obtint les honneurs militaires pour sa garnison, réduite à 150 hommes valides. Leurs adversaires leur présentèrent les armes lorsqu'ils quittèrent la place, après deux mois de résistance.

Plus au nord, le général Nicolas Ducos (1756-1823), frère de Roger, ancien directeur et éphémère Troisième consul, montra la même énergie. Il ne disposait à Longwy que de quelques centaines d'hommes, essentiellement des conscrits et des retraités rappelés aux armes. Il se battit avec acharnement à partir du 1er juillet pour résister aux assauts des 18 000 soldats du prince de Hesse-Hombourg. Les bastions avancés furent abandonnés, puis repris par les Français. Leurs adversaires se cassèrent les dents sur les murs de la forteresse – encore Vauban – et ne purent passer la « porte de France », qui ne défendait plus cette fois qu'une petite ville dévastée. Les Hessois employèrent les grands moyens début septembre 1815. Après un bombardement d'enfer, l'assaut général fut lancé contre les 350 derniers défenseurs. Il fut repoussé encore, et si Ducos accepta finalement de se rendre, il précisa que c'était parce qu'il n'avait plus assez de poudre. Alors que Barbanègre conservait une place dans les services d'inspection des armées et, plus tard, aurait droit à un tableau de Detaille pour célébrer son exploit, lui fut mis définitivement à la retraite en octobre suivant.

Ce fut seulement après la signature du traité de paix, le 20 novembre 1815, que l'ensemble des places françaises se rallièrent au pouvoir royal, sans que les alliés aient jamais pénétré dans Verdun, Landau, Thionville, Bitche, Lille, Strasbourg, Metz, Briançon et quelques autres forteresses. La dernière guerre « napoléonienne » avait pris fin.

Officiers et soldats rendus à la vie civile rêvent d'aventure

Après l'entrée des alliés dans la capitale, le maréchal Davout, dernier ministre de la Guerre de Napoléon, avait obtenu le repli de la garnison parisienne et des lambeaux de l'armée de ligne derrière la Loire. Le 16 juillet 1815, à la demande des vainqueurs, le gouvernement provisoire en prononça la dissolution. Officiers et soldats étaient rendus à leur vie civile, souvent sans avoir été payés et, dans le meilleur des cas, avec la perspective d'une provisoire demi-solde. La grande majorité d'entre eux regagnèrent leurs foyers, pleins de nostalgie et d'histoires épiques à conter. Quelques milliers ne purent cependant se résoudre à une vie sans aventure, qui plus est sous la surveillance tatillonne de la police royale. Ils décidèrent de s'égailler hors de France. Beaucoup furent d'autant plus poussés au départ qu'ils devaient subir des mesures de mise à la retraite d'office et même de proscription, camouflées dans la loi pourtant dite « d'amnistie » du 27 décembre 1815… autorisant le ministre de la Guerre à engager des poursuites contre les officiers partisans de « l'usurpateur ». Un phénomène semblable toucha un fort contingent de militaires des anciens départements réunis d'Allemagne, de Belgique et d'Italie, ainsi que de l'ex-duché de Varsovie intégré à la Pologne russe. Ceux-là étaient en butte à la défiance des nouveaux gouvernements ou des monarchies restaurées par le congrès de Vienne. Plus surprenant, des vétérans des armées alliées – anglaise, prussienne, brunswickoise et autres –, eux aussi démobilisés sans le sou, refusèrent l'inaction.

Ces acteurs, petits et grands, des déchirements européens de la Révolution et de l'Empire ne se voyaient pas reprendre qui sa charrue, qui son commerce, qui ses expédients de survie. Les théâtres d'aventure, autrement rémunérateurs, étaient variés, des Balkans aux confins de l'Asie, en passant par la Grèce, l'Italie, l'Espagne, la Pologne et, bien plus loin, l'Amérique du Sud, tandis que les armées régulières des pays alors émergents – États-Unis, Égypte… – manquaient de cadres expérimentés. Traditionnel employeur des officiers français, la Turquie en absorba aussi pour se préparer à d'inévitables guerres avec le prédateur russe, à la défense des détroits et pour s'opposer aux forces centrifuges qui défaisaient l'Empire « malade de l'Europe ». Bien plus que leurs capacités à être les ambassadeurs des idées nouvelles, c'est l'expérience militaire de ces hommes qui fut immédiatement prisée par les armées régulières comme par les mouvements libéraux ou nationalistes.

Une véritable bourse des compétences et des recrutements se mit en place. Dans les grandes villes et ports européens, des sergents recruteurs ouvraient quasiment boutique pour enrôler des volontaires, qui étaient ensuite acheminés vers des points de regroupement. On offrait aux partants des conditions de voyage et de solde attrayantes, avec, si l'on ose dire, un petit « bonus » à ceux qui avaient connu la guerre d'Espagne, sa guérilla et sa contre-guérilla. Parfois, un général français, décidé à tenter l'aventure, constituait lui-même son état-major ou un petit contingent qu'il mettait au service de la cause qu'il embrassait. Quelques groupes de baroudeurs impénitents partirent aussi à l'aveuglette, utilisant des réseaux d'exfiltration carbonaristes, maçonniques ou, plus simplement, amicaux.

Ainsi, dans les années ayant suivi la défaite, des hommes expérimentés quittèrent par milliers leurs pays pour se mettre individuellement ou en groupe au service des révolutions européennes et américaines : grecque, comme l'emblématique colonel Fabvier, célébré encore dans ce pays comme un des grands acteurs de l'indépendance à la tête ou aux côtés d'autres

Européens volontaires ; italienne, comme, parmi des centaines d'autres, les colonels Ansaldi et Regis, cadres des tentatives libérales au Piémont ; napolitaine, puis espagnole et portugaise, à l'instar du général Pepe, vaincu et condamné à mort dans son pays d'origine (Naples), passé aux révoltes de Lisbonne et de Madrid avant de finir sa vie dans les combats du Risorgimento ; polonaise, avec d'anciens généraux « varsoviens » (la Pologne napoléonienne n'avait droit qu'au nom de duché de Varsovie) ou français d'adoption (Grabiński, Chłopicki, Skrzynecki…) et même Alexandre Walewski, fils naturel de Napoléon ; intercontinentale pour certains, comme ce commandant Persat, aperçu aux États-Unis, en Amérique latine, en Espagne et en Grèce… Sur le théâtre européen, de 1815 au tournant des années 1830, tout mouvement libéral ou indépendantiste vit ainsi renaître la fraternité d'armes entre les soldats issus de l'ancienne France et leurs compagnons des ex-satellites de l'Empire napoléonien, en l'espèce oublieux des aspects autoritaires de leur héros devenu, par la grâce de sa légende et les nécessités de l'action, le ciment de la fusion libéro-bonapartiste. Une sorte de « Grande Armée de la liberté », selon l'expression de Walter Bruyères-Ostells, leur principal historien contemporain.

Des officiers français en Amérique latine

Au début de l'année 2021, les commémorations du bicentenaire de la mort de Napoléon débutèrent… au Chili. Après un colloque (6 janvier) et en prélude à une exposition sur les « Illustres » à Santiago (ouverte évidemment le 5 mai)[2], on inau-

2. Prévue pour durer jusqu'en décembre 2021, cette exposition, parrainée par l'ambassade de France, illustre la présence française au Chili des

gura sur le site de la bataille de Chacabuco (12 février 1817) une stèle rappelant l'action du lieutenant-colonel Ambroise Cramer (1792-1839), ancien de la Grande Armée, qui s'illustra ici à la tête d'un bataillon composé de soldats venus d'Europe, de l'actuelle Argentine, de l'actuel Chili et de Saint-Domingue, ces derniers étant pour l'essentiel d'anciens esclaves. L'événement, sur lequel flottait notre drapeau tricolore, au milieu de ceux des États nés des guerres d'indépendance des décennies 1810-1830, nous rappelle que plusieurs pays d'Amérique latine célèbrent régulièrement l'aide apportée aux mouvements libérateurs par des officiers français.

Ces événements complexes, opposant loyalistes espagnols – eux-mêmes divisés entre libéraux et monarchistes – et partisans de l'autonomie ou de l'indépendance – avec ou sans fédération des différentes contrées –, avaient pris leur source dans le désir d'autonomie des colons, dès la fin du XVIIIe siècle. Le mouvement s'était accéléré avec l'entrée en guerre de l'Espagne aux côtés de la France consulaire et le blocus des colonies latino-américaines par la Royal Navy. Après la prise de contrôle de l'Espagne par Napoléon en 1808 (abdications de Charles IV et de Ferdinand VII, accession au trône de Joseph Bonaparte et six années de guerre dans la Péninsule), Madrid en avait quasiment perdu le contrôle. La restauration de Ferdinand VII et l'envoi de quelques troupes n'avaient pas pu inverser la tendance. Inéluctables depuis 1811 au Venezuela et au Paraguay, les indépendances se succédèrent, aboutissant, entre 1816 et 1839, à la naissance de l'Argentine, du Chili, de la Bolivie, de la Colombie, de l'Équateur, du Pérou, du Mexique et de l'Uruguay.

---

origines à nos jours. Un large chapitre est consacré aux anciens officiers de Napoléon.

Ces deux décennies furent marquées, du nord au sud, de campagnes militaires dont les plus célèbres furent celles des généraux José de San Martín (1778-1850)[3], considéré comme le « libérateur » de l'Argentine, du Chili et du Pérou, et Simon Bolivar (1783-1830), l'homme aux « cent batailles », actif au Venezuela, en Colombie, en Nouvelle-Grenade (qui prit en son honneur le nom de Bolivie), au Mexique et au Pérou. L'un et l'autre firent largement appel aux anciens officiers de la Grande Armée.

On n'en compta pas moins de deux cents dans les différentes armées que commanda San Martín. Pendant trois ans, le général Michel Brayer (1769-1840) lui servit ainsi de chef d'état-major. Condamné à mort par contumace à la seconde Restauration, cet ancien de toutes les campagnes du Consulat et de l'Empire était passé en Amérique au début de l'année 1816 et avait été embauché par les indépendantistes argentins. Il commanda même une partie de l'armée partie libérer le Chili et combattit à Chacabuco[4]. Ses relations avec son chef se gâtèrent après l'échec de Talcahuano, en décembre suivant. Sous-employé, il profita de son amnistie en France pour rentrer au pays où il poursuivit sa carrière, notamment à la Chambre des pairs de la monarchie de Juillet. Dans l'état-major « chilien » et l'entourage de San Martín, on note encore la présence de l'ingénieur militaire Joseph Bacler d'Albe (1789-1824), fils du chef du cabinet topographique de Napoléon, et des deux fils de l'amiral Bruix, Eustache (tué au combat en 1817) et Alexis (1790-1825), tous deux cavaliers. Les autres officiers « napoléoniens »

3. Exilé en France par le pouvoir argentin en 1831, ce général est mort à Boulogne-sur-Mer le 17 août 1850.

4. Cette bataille vit la déroute des forces loyalistes, sous les coups de boutoir des troupes de San Martín, pourtant inférieures en nombre.

étaient répartis dans les unités, dans une sorte d'amalgame transcontinental, qui améliorait l'organisation et la formation des volontaires locaux. Parmi ces cadres subalternes, le cas de Georges Beauchef (1787-1840) est emblématique d'un parcours de transfuge et de ce qu'il avait à gagner via son engagement. Officier de hussards, il avait été fait prisonnier pendant la guerre d'Espagne ; après son évasion, il avait gagné les États-Unis où il avait vécu sans accrocs jusqu'en 1816. Embauché par un recruteur argentin, il avait rejoint l'armée des Andes de San Martín et participé à la fin de la libération du Chili, multipliant les actions d'éclat au point de monter dans la hiérarchie. Nommé colonel, il organisa ensuite la marine chilienne, guerroya encore au Pérou et ailleurs jusqu'au début des années 1830. Une telle progression était souvent celle qui attendait les vétérans européens dans les armées de San Martín : cadres médiocres au départ, ils étaient engagés au grade supérieur et en atteignaient de plus hauts encore au bout de quelques campagnes. Ce fut le cas par exemple de Charles Renard et de Félix Deslandes, arrivés sous-lieutenants et passés lieutenants-colonels, de Jean Bulwoski et Dominique Trolé, promus de sous-lieutenants à colonels, et de Benjamin Viel, capitaine à Waterloo et plus tard général dans l'armée chilienne.

Il en fut de même dans les armées de Bolivar. Lui aussi peupla ses états-majors de transfuges des armées napoléoniennes (Ducoudray, Demarquet, le colonel italien Bertolazzi), envoyant les autres encadrer les recrutés locaux ou ses mercenaires anglais, allemands ou italiens. C'est ainsi que le chef de bataillon Claude Girardot commanda une légion… britannique. Le capitaine Charles de Bradsen commanda la cavalerie du général Sucre (le second de Bolivar), qui le nomma colonel. Il fut tué lors d'une charge au combat d'Ituzaingo, en 1827. L'ancien sous-lieutenant Rémy Saulet gravit sous le même commandement tous les échelons jusqu'au grade de colonel. Notons enfin que Louis Pérou Delacroix (1780-1837), ancien élève de l'école de Brienne et général napolitain sous Murat, devenu « Peru de La Croix », organisa la marine colombienne dont il conserva le commandement en chef[5].

Un contingent de la Grande Armée aux États-Unis

Un autre fort contingent d'anciens de la Grande Armée trouva refuge aux États-Unis, parfois en transit vers le sud du continent. La plupart s'installèrent dans la région de Philadelphie. C'est là que vivait Joseph Bonaparte, dans un immense manoir, à Point Breeze. L'ancien roi d'Espagne n'avait guère le goût de l'aventure, même lorsqu'il devint « l'héritier » de l'Empire après la mort de son frère. Surtout, il n'avait obtenu le droit de vivre aux États-Unis qu'en échange de la promesse de se tenir tranquille. Il se savait surveillé aussi bien par les autorités américaines que par les diplomates étrangers. Parmi eux, l'ambassadeur de France, Hyde de Neuville, un ancien des conspirations de Cadoudal, s'inquiétait pour un rien et s'était donné comme mission de le faire expulser. Même prudent, Joseph accueillait généreusement ceux qui avaient besoin de lui. Il embaucha ainsi, dans des fonctions de gardiennage ou de service, plusieurs vétérans dans la misère. On croisait aussi chez lui d'anciens dignitaires, comme le conseiller d'État Réal, le maréchal Grouchy, les généraux Henri et Charles Lallemand, Clauzel et Lefebvre-Desnouettes. Beaucoup avaient des fourmis dans les jambes et nourrissaient quelques chimères desquelles l'ex-roi ne pouvait pas toujours se

5. On lui doit une biographie de Bolivar, très célèbre en Amérique du Sud (*Diaro de Bacaramagna*, 1828).

tenir à l'écart. Ce vivier était notamment courtisé par les envoyés des causes sud-américaines, et beaucoup se laissèrent tenter.

On connut aussi à Point Breeze les projets de libération de Napoléon, auxquels Joseph refusa obstinément de s'associer. Il était convaincu qu'aucun ne réussirait et, qui plus est, savait que son frère n'accepterait pas de s'évader dans des conditions qu'il jugerait indignes de lui. Mais comme l'ex-roi était riche, c'est vers lui qu'on se tournait immanquablement pour financer ces expéditions, parfois farfelues. Il repoussa ainsi le rêve de l'ex-amiral britannique Cochrane – chassé de la Royal Navy pour malversations – de prendre Sainte-Hélène d'assaut avec un vaisseau de 74 canons, et celui du pirate français Dominique Yon, seulement nanti d'un trois-mâts peu armé, mais comptant sur la participation du flibustier Jacques Lafitte. Il ne crut pas non plus le capitaine Raoul, qui disposait de deux bateaux et voulait confier ses troupes de débarquement aux généraux Lallemand et Lefebvre-Desnouettes. Le général Hogendorp, qui se voyait parcourir quelque 3 000 kilomètres entre le Brésil et l'île de l'Atlantique Sud en sous-marin, ne fut pas plus pris au sérieux, tandis que l'ancien fonctionnaire belge Colins de Ham, qui voulait accomplir le même périple en ballon, fut gentiment éconduit. C'est donc en vain que le maire de La Nouvelle-Orléans, Nicolas Girod, fit aménager une maison pour y recevoir Napoléon en personne après sa libération. Une plaque commémorative le signale encore aujourd'hui.

Vrais et faux complots napoléoniens

Plus sérieux semble avoir été le projet de « Confédération napoléonienne » dont les promoteurs voulaient confier la direction à Joseph. L'affaire fut découverte par l'ambassadeur de France à l'été 1817, lorsqu'il entra en possession de papiers destinés à l'ex-roi et signés Joseph Lakanal (1762-1845). Cet ancien prêtre et conventionnel, rationnaire occasionnel de Point Breeze, vivait alors entre la Louisiane et l'Alabama. Il y fréquentait des guérilleros repliés du Mexique, après leur défaite face aux troupes loyalistes espagnoles, ce qui agitait sa fertile imagination. Se leurrant sur sa propre importance dans une future reprise de l'offensive contre les représentants de Ferdinand VII, il noircissait surtout du papier, avec tant d'imprudence que certains documents se retrouvèrent sur le bureau d'Hyde de Neuville. Les oreilles de l'ambassadeur se dressèrent. Il savait que de nombreux officiers de la Grande Armée défilaient dans le salon de Joseph, dont quelques-uns, c'était certain, projetaient de subvertir les colonies espagnoles. On avait, par exemple, signalé le passage d'un émissaire des insurgés du Rio de La Plata venu chercher de l'aide. Il avait été éconduit sur le fond, mais réorienté vers un colonel, Antoine Bellina-Skupiewski, passeur des officiers français vers l'Argentine. Une autre fois, Hyde avait eu vent d'un mémoire du maréchal Grouchy visant à développer la guerre en Amérique latine, principalement au Chili. Cette fois, il était convaincu d'avoir mis la main sur une vaste conspiration devant aboutir ni plus ni moins à placer Joseph sur le trône du Mexique et à proclamer Napoléon empereur d'une confédération formée de ce pays, du Brésil et de l'Argentine. Il ne doutait pas que « Sainte-Hélène » était dans le coup et alerta les autorités étatsuniennes. Sa déception fut grande lorsque, après enquête, le secrétaire d'État John Quincy Adams et le président James Monroe lui firent savoir que, dans cette nébuleuse affaire, on n'irait pas plus loin. Qu'à cela ne tienne : Hyde alerta Paris, qui lui répondit par un second camouflet : qu'on renforce la surveillance sur Joseph Bonaparte, mais sans aller plus avant dans les plaintes au gouvernement de Washington.

Qu'en était-il vraiment de ce projet, dont Napoléon eut vent à Sainte-Hélène, en décembre 1816, avant même sa découverte par Hyde ? En l'état des informations disponibles, il exista surtout sur le papier. Même si Lakanal eut des contacts au sein des sociétés militaires mexicaines, il n'en avait aucun avec les vrais meneurs de la révolution en préparation – laquelle aboutirait à une indépendance favorisant les notables autochtones, au détriment des agitateurs venus d'Europe ou d'Amérique du Nord. Et si Clauzel, Lefebvre-Desnouettes, Henri et Charles Lallemand travaillèrent bien avec lui, ils ne parvinrent pas à réunir les moyens financiers et humains nécessaires[6]. Le gouvernement étatsunien – qui surveillait les meneurs, également infiltrés par des agents anglais et espagnols – arriva à la conclusion que si Henri Lallemand (1777-1823) avait bien eu l'intention de se rendre au Mexique, il ne disposait tout au plus que d'une centaine d'hommes. Il quitta d'ailleurs rapidement la scène politique et épousa une nièce du richissime banquier Stephen Girard, d'origine française, mais devenu totalement américain. Lakanal retourna pour sa part à sa carrière d'enseignant, au sein d'un collège de La Nouvelle-Orléans. Seul Charles Lallemand (1774-1839) poursuivit ses aventures, au Texas cette fois.

En décembre 1817, avec son collègue le général Antoine Rigau (1758-1820), Lallemand y avait porté sur les fonts baptismaux une colonie voulue modèle. Ce projet, indirectement lié à celui de la Confédération et même aux rêves de libération de Napoléon, maintint un temps la paranoïa des diplomates français aux États-Unis à un niveau élevé. Mais l'expérience fut un

6. Cette conspiration semble sans rapport avec la « conspiration française » démasquée par les indépendantistes latino-américains entre 1817 et 1819, qui provoqua le renvoi en Europe de nombre d'anciens de la Grande Armée.

échec absolu, par manque d'argent. Les deux généraux avaient pourtant obtenu de belles sommes, avancées par Stephen Girard et tirées d'une souscription lancée en Europe, avec le concours de Benjamin Constant. Les 90 000 francs récoltés furent remis à Charles Lallemand qui les dilapida en voyages et en dépenses de représentation, pendant que deux cents pionniers peinaient à « imiter les Spartiates », comme disait leur chef, et, plus prosaïquement, à établir une entreprise mi-agricole mi-militaire dans une plaine inhabitée et sous un soleil de plomb, dans un coin si perdu que l'on peine aujourd'hui encore à en retrouver avec certitude l'emplacement. Leurs champs furent à peine défrichés, mais leurs fortins construits et armés de canons. Le retentissement considérable qu'eut cette épopée, à l'époque et depuis, ne saurait masquer qu'elle ne déboucha sur rien d'autre que la dispersion des participants et le gaspillage des fonds.

Une autre colonie, implantée par Charles Lefebvre-Desnouettes (1773-1822) en Alabama, connut le même échec. Dite « de la Vigne et de l'Olivier », elle était paradoxalement dédiée à la culture du coton autour d'un comté rebaptisé « Marengo », avec pour chef-lieu « Aigleville ». Fondée en 1817, la cité sombra et fut abandonnée en 1830. Lefebvre-Desnouettes étant mort dans le naufrage du bateau le ramenant en Europe, les cultivateurs et les officiers s'étaient une nouvelle fois égaillés vers d'autres contrées.

Cette succession d'échecs prouva que la légende impériale était indissociable de son principal auteur. Le « martyr » de Sainte-Hélène nourrit l'épopée et féconda le mythe, là où les tentatives plus ou moins manquées de ses soldats perdus sombrèrent dans l'oubli. Ils n'en témoignent pas moins d'un culte de la gloire et d'une certaine idée de l'héroïsme, indissociables de son histoire.

Bibliographie sélective

BLAUFARB Rafe, *Bonapartists in the Borderlands. French Exiles and Refugees on the Gulf Coast, 1815-1835*, University of Alabama Press, 2006.

BOQUEL Anne, KERN Étienne, *Les Derniers Fidèles*, Flammarion, 2014.

BRUYÈRE-OSTELLS Walter, *La Grande Armée de la liberté*, Tallandier, 2009.

PUIGMAL Patrick, « Indépendance, politique et pouvoir en Argentine et au Chili : attitude des officiers napoléoniens dans les armées de libération (1817-1830) », *Napoleonica. La Revue*, 2009/1, p. 62-79 (sur cairn.info).

10

Oklahoma, 1865
Le combat perdu de Stand Watie, Cherokee sudiste

par Vincent Bernard

Né en 1806, en Géorgie, Degataga – « Celui qui tient ferme » en langue cherokee – est resté dans l'Histoire sous le nom mi-anglais mi-indien de Stand Watie. Journaliste, propriétaire d'esclaves, chef de tribu, il fut le premier général amérindien. Lors de la guerre de Sécession qui ravagea les États-Unis à partir de 1861, il s'engagea dans les rangs sudistes, mais il fut le dernier officier confédéré à déposer les armes, en juin 1865, soit plus de deux mois après la reddition du général Lee à Appomattox. Ce parcours singulier et ambigu, aux antipodes des clichés « western » qui ont si longtemps façonné l'imaginaire occidental, est emblématique des traits d'union comme des lignes de fracture qui sont les racines mêmes de l'Amérique contemporaine.

Au début du XIXe siècle, le territoire cherokee s'étend sur plus de 100 000 kilomètres carrés d'étendues fortement boisées bordées par la rivière Chatahoochee aux contreforts sud de la chaîne des Appalaches, confins des actuels États de Géorgie, Alabama, Caroline du Nord et Tennessee. D'après leurs propres traditions aujourd'hui discutées, les Cherokees vivent là depuis trois mille ans, après la séparation d'avec les Iroquois et leur migration depuis la région des Grands Lacs. Bien qu'ils aient cédé aux Blancs une partie de leurs terres tout au long du XVIIIe siècle, ils jouissent depuis le traité de Holston de 1791 d'une indépendance garantie « sous la protection des États-Unis ». Aucun recensement ne les dénombre ; 30 000 âmes selon les estimations traditionnelles, peut-être plus de 100 000 selon certaines études modernes. Avec les Seminoles de Floride, leurs voisins Creeks (Muskogee), ainsi que les Choctaws (Chactas) et Chickasaws (Chicachas) du Mississippi, ils forment les cinq nations amérindiennes du Sud dites alors « civilisées », parce que christianisées depuis longtemps par les missionnaires, même si leur société demeure largement clanique, matrilinéaire et polygame.

Il était une fois dans l'Est

La tribu cherokee est la plus peuplée, mais aussi la plus métissée, ethniquement et culturellement. Son grand chef élu en 1828 est à la fois Koowisguwi, « Mystérieux petit oiseau blanc », et John Ross, d'ascendance aux trois quarts écossaise. Stand Watie est lui-même le fils d'un notable « pur Cherokee », David Uwatie, et de Suzanne Reese, métisse de père colon. Comme ses frères, il étudie auprès des missionnaires protestants, alors sous le nom d'Isaac Uwatie, et il est parfaitement bilingue. À 23 ans, il édite avec son frère aîné Gallegina (européanisé en Élias Boudinot) le *Cherokee Phoenix*, sous-titré *L'avocat des Indiens*, tout premier journal amérindien et bilingue. La demeure familiale est une prospère plantation autour d'une grande maison de briques, et la main-d'œuvre y est largement composée d'esclaves noirs. Les Cherokees ont toujours pratiqué l'agriculture, et nombre de tribus amérindiennes réduisent volontiers, selon des modalités diverses, leurs prisonniers en esclavage. Mais l'arrivée des colons a profondément modifié la donne, en faisant adopter le système spécifique des plantations de coton, institutionnalisant cette pratique. Environ 1 600 esclaves servent les riches familles cherokees vers 1835 ; ils seront plus de 4 000 en 1860.

Mais cette forte acculturation sudiste ne suffit pas à garantir de bonnes relations de voisinage. La colonisation étatsunienne avide de terres multiplie pressions et artifices juridiques pour tenter de chasser les Amérindiens. En 1830, l'*Indian Removal Act* du président Andrew Jackson autorise le gouvernement à négocier avec les tribus pour les envoyer vers les immenses prairies de l'ouest du fleuve Mississippi. En 1835, s'appuyant sur une souveraineté confirmée par la Cour suprême, la nation cherokee est la dernière à refuser de traiter et de suivre la « piste des larmes ». Mais derrière Major Ridge, oncle de Stand Watie, quelques familles de planteurs finissent par se convaincre que toute résistance est sans espoir et que le départ volontaire négocié est le seul moyen d'éviter la ruine de la tribu. La « faction Ridge[1] », influente mais très minoritaire, prend alors l'initiative de signer en décembre 1835 à New Echota, la capitale cherokee, un traité avec le gouvernement des États-Unis : toutes les terres à l'est du Mississippi sont cédées contre la somme de 5 millions de dollars – 150 millions actuels –, l'octroi de nouvelles terres dans l'Ouest et le paiement des frais du voyage sans retour.

1. Derrière la figure de Major Ridge, vétéran de plusieurs guerres et membre influent du conseil tribal, la « faction Ridge », plus tard « faction du traité », désigne le regroupement informel des principaux planteurs cherokees, dont les Uwatie, partisans d'une adoption large du mode de vie européen. Elle s'oppose à la « faction Ross » ou « faction traditionaliste », très majoritaire.

Des nations divisées

Ce traité a beau être contesté par John Ross et la majorité du peuple cherokee, les protestations massives auprès de Washington arrivent trop tard pour empêcher la ratification par le Sénat. En deux ans, 2000 Cherokees, à commencer par le clan Ridge-Uwatie – que beaucoup considèrent comme des traîtres –, gagnent le nouveau territoire (nord-est du futur Oklahoma) bordé par le Kansas au nord, le Missouri et l'Arkansas à l'est, et par les terres données aux Creeks et Seminoles au sud. Pour les autres, le gouvernement emploie la force en 1838, chassant *manu militari* les familles et pillant leurs demeures. Certaines bandes de « Cherokees de l'Est » resteront vivre dans les régions montagneuses[2], mais pour le gros de la tribu, l'exode forcé sur une « piste des larmes » de 2000 kilomètres est une tragédie. Dysenterie, famine, épuisement font des milliers de victimes parmi les plus pauvres. Autant dire que la réunification cherokee ne se fait pas sans heurts. En 1839, les principaux signataires du traité sont assassinés par les traditionalistes. Seul Stand Watie, prévenu à temps, en réchappe, devenant ainsi l'ennemi implacable de John Ross. En 1842, accusé du meurtre d'un proche de Ross, il est acquitté en cinq minutes par un jury tout acquis. À partir de 1845, plusieurs fois marié, père de famille, riche et influent propriétaire de l'immense plantation à esclaves de Spavinaw, il siège officiellement au conseil national cherokee dans la capitale Tahlequah, entre la rivière Neosho et les monts Ozark.

---

2. Les Cherokees ayant choisi de rester bénéficieront du statut local de citoyens de Caroline du Nord. Solidaires de leur État d'adoption, ils participeront à la guerre de Sécession dans le camp confédéré, formant une unité célèbre, la Thomas Legion. Tsulahagi, petit-neveu de Stand Watie, deviendra en 1880 le grand chef de la tribu reconnue officiellement par les États-Unis.

Il prône l'intégration avec les États-Unis et la construction d'une voie ferrée en territoire indien.

Lorsque éclate la crise sécessionniste de 1860-1861, Stand Watie prend immédiatement fait et cause pour le Sud et reçoit, avec l'appui du colonel Douglas Cooper, chef du département indien confédéré, un grade de capitaine en avril 1861. L'ancien « parti du traité » devenu « parti du Sud » gagne des partisans, la Confédération promettant aux Indiens, en échange de leur appui, une aide matérielle, une représentation consultative au Congrès et l'indépendance garantie à l'issue de la guerre. Au printemps 1861, les Indiens unionistes laissés au contraire sans protection sont invités par Washington à chercher du secours au Kansas voisin. John Ross, qui a désormais 70 ans et craint une explosion de la nation, tente d'abord de rester neutre, avant d'accepter finalement l'alliance proposée par la Confédération[3]. Un premier régiment de volontaires montés cherokee est formé sous le commandement de John Drew, chef de la milice tribale, tandis que Stand Watie en lève un second de 300 hommes aux sympathies confédérées fortement marquées et dont il est élu colonel. À l'automne, la cavalerie cherokee, équipée et armée à la fois à l'indienne et à l'européenne avec les maigres moyens disponibles, poursuit les partisans unionistes du chef creek Opoyethleyahola tentant de se réfugier au Kansas. Le 26 décembre 1861, par la victoire décisive de Chustenlahlah[4],

3. Au total, neuf traités sont signés entre la Confédération et différentes tribus en 1861, dont celui avec les Cherokees en date du 7 octobre, dénoncé par les unionistes en février 1863.

4. Capture, par un froid glacial, du camp d'Opoyethleyahola, établi au nord du territoire indien, par 1400 cavaliers texans et indiens proconfédérés, parmi lesquels Stand Watie. Privés de vivres et de chevaux, des milliers d'unionistes creeks et seminoles sont forcés de fuir avec leurs familles vers le Kansas, où beaucoup mourront de faim et de froid pendant l'hiver 1862.

le territoire indien est entièrement sous le contrôle des forces proconfédérées.

Les ravages de la guerre

Le rôle des tribus indiennes est en principe limité à leur territoire, mais au cours de l'hiver 1862, la situation se dégrade et plusieurs régiments sont convaincus de partir défendre l'Arkansas voisin. Début mars, près de 2 000 guerriers indiens participent à la bataille de Pea Ridge, la plus grande de la guerre à l'ouest du Mississippi. Les confédérés sont battus. Jugés indisciplinés, trop facilement impressionnés par l'artillerie et accusés de « sauvagerie » envers les blessés fréquemment scalpés, les régiments tribaux n'y gagnent guère en réputation – à l'exception de celui de Stand Watie, qui a bravement chargé à la tête de ses Cherokees.

Rentré en territoire indien menacé d'isolement par le repli confédéré, le « parti du Sud » tente d'y accroître sa mainmise alors que les divisions s'accentuent. Le général Cooper, constatant que « les Indiens ont une grande confiance, et à juste titre, dans le patriotisme, la prudence et le courage du colonel Stand Watie », plaide sans guère de résultat pour que ce dernier obtienne des pouvoirs étendus. John Ross, qui n'a jamais accepté l'alliance confédérée qu'à reculons, en profite pour se réfugier au Kansas avec ses partisans. La moitié de la nation cherokee finit par faire défection, comme la moitié des Seminoles et quelques Chickasaws ; seuls les Choctaws demeurent indéfectiblement unis derrière la bannière sudiste. Les exilés dénonceront les traités et beaucoup se battront pour le Nord en constituant plusieurs régiments de *Home Guard* indienne, accentuant la dimension fratricide du conflit, devenant interne à chaque tribu. De son côté, Stand Watie a un temps le champ libre. En août 1862, il est élu grand chef par les Cherokees fidèles. Son neveu Élias, lieutenant-colonel confédéré, ira représenter toute la « nation indienne » au Congrès de Richmond. Mais les forces proconfédérées sont peu nombreuses, dispersées, et manquent de tout. Elles n'ont pas de quoi contenir un retour en force de l'armée de la frontière formée par le général James Blunt, l'un des rares officiers du Nord ouvertement abolitionniste, et composée de troupes blanches, indiennes et noires. Enjeu : le contrôle du territoire indien et de la « route du Texas », voie d'invasion naturelle vers les plaines du Nord-Texas et leurs immenses ressources vitales au ravitaillement du Sud.

En mai 1863, face à une faible résistance, les Nordistes s'emparent du fort Gibson, clef des territoires cherokee et creek au confluent des rivières Arkansas et Neosho et à 30 kilomètres au sud-ouest de Tahlequah. Ils ramènent avec eux des milliers d'exilés et incitent de plus en plus d'Indiens à abandonner la cause sudiste. En juin, Stand Watie échoue dans une tentative de couper la précaire ligne de ravitaillement nordiste de 300 kilomètres depuis le Kansas, mais son audace est remarquée. Quelques jours plus tard, le général Cooper, rassemblant ses forces indiennes et quelques renforts « blancs », tente en vain de reprendre Fort Gibson. Il est battu le 17 juillet 1863 lors de la bataille de Honey Springs, la plus importante en territoire indien (avec 9000 combattants, en majorité indiens dans les deux camps).

Dès lors, les forces proconfédérées, qui sont dans une situation de plus en plus délicate, ne contrôlent plus que le sud du territoire, entre la rivière Canadian et la frontière texane. Au printemps 1864, Stand Watie est nommé officiellement général de brigade, un cas jusque-là unique dans les annales militaires américaines[5]. Toutes les forces indiennes sont alors regroupées en une division commandée par le général Cooper. Stand Watie y commande une brigade de 800 Cherokees, Creeks, Seminoles et Osages, et le colonel choctaw Tandy Walker une autre composée de guerriers choctaws, chickasaws et cados. Tous sont sous l'autorité du général Kirby Smith et de son armée du Transmississippi, laquelle regroupe toutes les forces à l'ouest du Mississippi – coupées du reste de la Confédération depuis la prise de contrôle de Vicksburg par le général Grant.

Dans le camp des vaincus

En septembre 1864, les Sudistes lancent un vaste raid de cavalerie en direction du Missouri afin de desserrer une emprise ennemie implacable. L'occasion est belle pour Stand Watie d'organiser, avec l'appui d'une brigade de 1 200 cavaliers texans, un nouveau raid sur les lignes de ravitaillement nordistes. Malgré le refus des troupes texanes d'obéir aux ordres d'un Indien et une expédition entachée de nouveaux soupçons d'exécutions sommaires, c'est un succès militaire lorsque, le 19 septembre, une colonne fédérale est surprise et détruite non loin du fort Gibson, laissant un butin considérable d'une valeur d'un million et demi de dollars. Le raid, qualifié avec emphase de « plus brillant de la guerre » par le général Kirby Smith, fait grand bruit au milieu d'une avalanche de mauvaises nouvelles. De plus, il met un coup d'arrêt à la menace nordiste au nord du Texas.

5. L'Union nommera également dans ses rangs un général indien, le chef Sénéca Hasanoanda, *alias* colonel Ely Parker, alors secrétaire du général Grant et sténographe de l'acte de reddition d'Appomattox. Mais cette nomination n'intervient qu'après la fin de la guerre. Stand Watie aura été le premier général amérindien à conduire des troupes au combat.

Il vaut à Stand Watie et à ses Cherokees, à qui l'on en attribue le mérite, les félicitations personnelles du président Jefferson Davis et de l'ensemble du Congrès confédéré.

Gloire éphémère, tant ces derniers sursauts ne sont que des feux de paille avant l'ultime catastrophe. L'hiver 1864-1865 voit le Sud, affamé et ravagé, épuiser ses dernières forces. Début avril 1865, les dernières défenses du général Lee sont enfoncées à Petersburg, la capitale Richmond est capturée, et l'icône de la Confédération est forcée de déposer les armes à Appomattox, en Virginie, le 9 avril, provoquant une succession de capitulations en chaîne. Fidèle jusqu'au bout, Stand Watie est toujours en territoire choctaw, nommé depuis février à la tête de ce qu'il reste de forces indiennes locales, soit 2 000 guerriers et une paire de canons, lorsque l'armée dont il dépend capitule en Louisiane en mai. Lorsque la nouvelle lui parvient, il est en train de dresser des plans pour un raid printanier vers le Kansas, rassemblant des chevaux et attendant que l'herbe de la prairie soit assez haute pour les nourrir. Sachant toute résistance désespérée, il se résout à licencier la majorité de ses troupes et à attendre le bon vouloir de l'ennemi avec un ultime carré de fidèles. Le 23 juin 1865, c'est au titre de « gouverneur » et « chef de la Nation cherokee » qu'il est l'ultime général confédéré à signer sa reddition, au fort Townson, à la frontière texane.

Le territoire indien est alors ravagé, les profiteurs de guerre dans le sillage des troupes ayant achevé le pillage sur fond de haines fratricides alimentées par des atrocités commises par les deux camps dans une vendetta sans fin. Au cours de la guerre, 300 000 têtes de bétail ont disparu. Des milliers de réfugiés, de veuves et d'orphelins se massent auprès des forts. Stand Watie, qui a tout perdu au cours de la guerre, reste pendant un temps en exil chez les Choctaws, emblème tout à la fois de la résistance indienne et de la « trahison » confédérée. Mais la mort du vieux John Ross en 1866 le fait revenir en terre cherokee, où il parvient même à reconstituer une partie de sa fortune. Il meurt en 1871, deux ans avant sa dernière fille survivante. Les terres indiennes, mises en coupe réglée, doivent accueillir de plus en plus de nouvelles réserves de tribus des plaines, tout en subissant la pression constante d'une colonisation des Sooners[6] qui ne se dément pas. Après avoir nourri brièvement l'espoir d'un État indien intégré à l'Union, les « nations civilisées » n'ont d'autre choix que de se soumettre à leur tour au régime des réserves. En 1907, l'Oklahoma devient le 46e État de l'Union, mais les Cherokees comme les autres Indiens devront attendre 1924 pour obtenir la nationalité américaine, et la fin du XXe siècle pour commencer à recouvrer officiellement leur identité en tant que nation constituée.

Bibliographie sélective

Archives du *Cherokee Phoenix*, conservées et numérisées par la Bibliothèque du Congrès de Washington.

Cunningham Franck, *General Stand Watie's Confederate Indians*, Golden Springs Publishing, 2016.

Official Records of the Civil War, archives militaires de la guerre rassemblées en une centaine de volumes désormais numérisés.

Spencer John D., *The American Civil War in the Indian Territory*, Osprey, 2006.

Stand Watie Papers, conservés dans les collections de l'université de Yale.

6. Ce terme qualifie les colons étatsuniens installés dans le futur État d'Oklahoma avant 1889. L'État lui-même en héritera le surnom de « Sooner State ».

11

MEXIQUE, 1867
La chute d'un empire illusoire

par Jean SÉVILLIA

C'était « la plus grande pensée du règne » : Napoléon III voulait prendre pied sur le continent américain et faire du Mexique une puissance alliée. L'empereur des Français incita l'archiduc Maximilien, frère de l'empereur d'Autriche François-Joseph, à accepter une couronne impériale spécialement créée pour lui. Prince rêveur et voyageur, Maximilien accepta, poussé par sa femme, Charlotte, née princesse de Belgique. Les troupes françaises, débarquées en 1861, eurent du mal à prendre le contrôle du Mexique, pays immense et rebelle, comme en témoigne le sacrifice de la Légion étrangère à Camerone. Arrivé en 1864, Maximilien crut faire de son mieux pour fonder un État digne de ce nom et gouverner en se préoccupant du peuple. Mais le pouvoir de ce souverain inexpérimenté et maladroit reposait sur la présence française. Quand, en 1865, Napoléon III décida de rapatrier ses troupes, ce fut le commencement de la fin pour l'empire du Mexique. L'impératrice Charlotte, partie chercher du secours en Europe, sombra dans la folie, et Maximilien, vaincu par les troupes républicaines de Juárez en 1867, mourut fusillé par des sujets qui ne l'avaient jamais reconnu.

Sur le quartier général des troupes françaises, à Buenavista, près de Mexico, le drapeau tricolore flotte depuis près de quatre ans. Le 5 février 1867, il est abaissé. L'une après l'autre, les unités se mettent en marche : infanterie de ligne, infanterie de marine, chasseurs d'Afrique, zouaves, turcos, légionnaires du régiment étranger, chasseurs à cheval, artilleurs. Les Français partent. Dans leurs fourgons, quelques Mexicains trop compromis avec eux. Quittant la capitale, le long convoi se dirige vers Veracruz, port où les hommes embarqueront pour la France. Leur chef, le maréchal Bazaine, sera parmi les derniers à être rapatrié. D'un balcon de son palais, l'empereur Maximilien, dissimulé par une balustrade, regarde la scène. « Enfin, nous voici libres », se dit-il à lui-même en regardant défiler les soldats. Avec Bazaine, ses relations étaient devenues exécrables, et Maximilien vit dans l'illusion que le départ des Français, à qui il devait son trône, allait lui permettre de refonder sa légitimité auprès du peuple mexicain. Toutefois, les moyens dont il dispose sont si limités qu'il va devoir vendre sa vaisselle, son argenterie, ses voitures et même ses chevaux. La fuite des Français, en réalité, signe la fin de son empire. Mais cet empire a-t-il jamais existé autrement qu'en rêve ?

Camerone, héroïque défaite pour la Légion étrangère

Depuis son indépendance, en 1821, le Mexique avait connu 6 formes constitutionnelles, 55 gouvernements et 243 coups d'État. En 1858, Benito Juárez, un Mexicain d'origine indigène, membre du parti républicain, accédait au pouvoir en lançant des réformes libérales et une politique violemment anticléricale, dans un pays où l'Église était puissante. Au bout de quelques mois, un groupe de généraux conservateurs déclencha une révolte contre le pouvoir, mais Juárez, au printemps 1861, eut le dessus. Le Mexique avait alors accumulé une dette de 70 millions de pesos envers l'Angleterre, 9 millions envers l'Espagne et 3 millions envers la France. Les caisses de l'État ayant été vidées par la guerre civile, Juárez suspendit, en juillet 1861, le remboursement de la dette extérieure. Afin d'obtenir le paiement de leurs créances, les gouvernements britannique, espagnol et français s'accordèrent, au mois d'octobre suivant, pour envoyer au Mexique une force expéditionnaire chargée, dans un premier temps, d'occuper le port de Veracruz. En janvier 1862, 4000 soldats espagnols venus de Cuba, 700 hommes de l'infanterie de marine britannique et les premières troupes françaises – moins de 4000 hommes – débarquèrent. Toutefois les Anglais et les Espagnols, dès février 1862, signèrent avec le gouvernement mexicain la convention de Soledad qui les conduisit à rembarquer leurs troupes. Les Français, eux, avaient reçu l'ordre de se maintenir.

Pour Napoléon III, exiger des Mexicains le remboursement de leur dette n'était en effet qu'un prétexte. En envoyant des hommes de l'autre côté de l'Atlantique, le souverain nourrissait une ambition plus vaste : il voulait, profitant de la guerre de Sécession qui déchirait les États-Unis, s'implanter sur le continent américain et faire du Mexique une nation industrialisée et commerçante, liée à la France. Son ministre et soutien le plus proche, Eugène Rouher, avait qualifié ce projet de « plus grande pensée du règne ». Aussi les troupes françaises au Mexique allèrent-elles en se renforçant. Au plus haut de leur effectif, elles représentèrent près de 40000 hommes. Mais l'expédition, commencée au printemps 1862, fut plus difficile que prévu. Une année fut nécessaire pour que les Français pénètrent à l'intérieur du pays. Le combat de Camerone, le 30 avril 1863 – 65 légionnaires résistant toute une journée à l'assaut de 2000 soldats mexicains, héroïque défaite dont la Légion étrangère ferait un mythe fondateur –, précéda de peu la prise de Puebla, le 17 mai, victoire qui permit aux Français d'entrer dans Mexico le 10 juin 1863. Avec ses ministres libéraux, Juárez avait fui la capitale afin de se réfugier dans le nord du pays, à la frontière des États-Unis, tout en affirmant qu'il restait le chef légitime de l'État.

Pour assurer la stabilité du Mexique, le choix de Napoléon III s'était porté sur un régime monarchique, système qui avait brièvement existé, en 1822-1823, sous le règne d'un officier, Agustín de Iturbide, qui s'était proclamé empereur sous le nom d'Augustin Ier. Napoléon III voulait offrir la couronne impériale à l'archiduc Maximilien d'Autriche. Frère cadet de l'empereur François-Joseph, épris de mer et de voyages, commandant en chef de la marine autrichienne, Maximilien avait fait la connaissance du souverain français lors d'une visite officielle à Paris en 1856. Marié en 1857 à la princesse Charlotte de Belgique, fille du roi Léopold Ier, et nommé la même année gouverneur du royaume de Lombardie-Vénétie, qui dépendait de l'empire d'Autriche, l'archiduc Maximilien avait été dessaisi de cette fonction, deux ans plus tard, car François-Joseph jugeait trop libérale la politique qu'il menait à Milan. L'archiduc s'était retrouvé sans responsabilité concrète, situation humiliante pour le cadet d'une dynastie. Sondé par Napoléon III dès 1861 au sujet du trône du Mexique, Maximilien avait repoussé la proposition anglaise d'occuper le trône de Grèce en 1863, parce que son épouse Charlotte et lui rêvaient de délaisser Miramare, merveilleux palais qu'ils s'étaient fait construire sur la côte dalmate, pour fonder un empire Habsbourg en Amérique.

En juillet 1863, des notables du parti conservateur mexicain, réunis sous la protection des Français, décidèrent d'aller en Europe proposer la couronne à Maximilien. Au mois d'octobre suivant, une députation se rendit à Miramare. Tenté, mais prudent, l'archiduc voulut s'entourer de garanties. Sur les conseils de son beau-père, le roi des Belges, il exigea la tenue d'un référendum au Mexique destiné à avaliser l'institution d'une monarchie, et réclamé des assurances sur l'appui militaire et financier de la France. En mars 1864, Maximilien et Charlotte furent chaleureusement accueillis à Paris par Napoléon III et par l'impératrice Eugénie. L'empereur les incita à accepter le trône du Mexique et s'engagea à maintenir là-bas 20 000 militaires français jusqu'en 1867. Cependant, dans la haute société parisienne, un mot courait les salons : Maximilien était surnommé « l'archidupe ». Avec cynisme, Napoléon III lui-même avait lâché cet aveu au duc de Saxe-Cobourg : « Moi, à sa place, je n'aurais pas accepté. » Quant au roi Léopold, il promit également d'envoyer au Mexique un corps expéditionnaire belge afin de soutenir son gendre et sa fille. Maximilien et Charlotte partirent ensuite pour Londres, où le gouvernement Palmerston ne fut guère encourageant. En Angleterre, ils rendirent visite à la reine Marie-Amélie, veuve de Louis-Philippe et grand-mère maternelle de Charlotte. Après leur départ, celle-ci s'exclama : « Ils seront assassinés ! Ils seront assassinés ! »

François-Joseph, de son côté, exigea que Maximilien, s'il acceptait la couronne du Mexique, renonçât pour lui et sa descendance à ses droits sur le trône des Habsbourg ainsi qu'à son patrimoine familial en Autriche, mais promit à son frère des subsides et des soldats volontaires. Les conditions posées par François-Joseph étaient si dures – elles revenaient à une exclusion de la dynastie autrichienne – que Maximilien finit par hésiter devant l'offre mexicaine. Vraisemblablement poussé par Charlotte, il se résigna cependant à se soumettre aux exigences de l'empereur d'Autriche, au cours d'une réunion dramatique qui se déroula à Miramare en présence de François-Joseph et de leurs deux autres frères, les archiducs Charles-Louis et Louis-Victor. Ce fut donc à Miramare, et en présence d'une députation mexicaine, que Maximilien, le 10 avril 1864, accepta officiellement le trône qui lui était proposé et devint empereur du Mexique. Mais au lieu du référendum initialement envisagé, les délégués mexicains n'avaient produit que des actes d'adhésion au nouveau régime sur lesquels avait été inscrit, en marge, le nombre d'habitants des villes concernées, mais où aucune consultation populaire n'avait eu lieu.

Maximilien et Charlotte, jeunes gens inconscients

Partis pour le Mexique à bord de la frégate autrichienne *SMS Novara*, Maximilien et Charlotte firent escale à Rome, où ils furent reçus en audience privée par le pape Pie IX. Au cours de la longue traversée de l'Atlantique, les deux jeunes souverains (il avait 32 ans, elle 24) rédigèrent un manuel codifiant l'étiquette de leur future Cour… Débarqués à Veracruz le 28 mai 1864, arrivés le 12 juin suivant à Mexico, ils s'installèrent non dans le palais national, trop rustique à leurs yeux, mais dans le château de Chapultepec, situé sur une colline qui surmonte la capitale.

Avant de recevoir la couronne, Maximilien avait offert l'amnistie à Juárez en échange de la reconnaissance de son autorité, lui proposant même le poste de Premier ministre. Le Mexicain, cependant, avait refusé. Au cours des mois qui suivirent son arrivée, Maximilien partit à la découverte de son empire, parcourant l'intérieur des terres. À la fin de l'année 1864, les troupes françaises, sous le commandement du maréchal Bazaine, repoussèrent dans les confins du pays les troupes fidèles à Juárez, soumettant au pouvoir impérial, au moins nominalement, la plus grande partie du Mexique, en tout cas les villes. Car les campagnes restaient parcourues par des bandes rebelles qui menaient une guerre d'escarmouches contre les Français. Les 2000 soldats belges et les 6000 autrichiens, volontaires dont la solde était payée par Maximilien, n'étaient pas de trop pour maintenir l'ordre. En 1865, sous la pression du maréchal Bazaine, Maximilien édicta un décret promettant l'amnistie aux dissidents qui se rendraient, mais condamnant les autres à la peine capitale. Le nouvel empereur défendait des projets analogues à ceux de l'administration républicaine de Juárez : réformes agraires, liberté de religion, extension du droit de vote, protection des Indiens, abolition des châtiments corporels. Mais l'édifice impérial, étranger et dépendant des succès militaires français, demeurait fragile.

En avril 1865, après la fin de la guerre de Sécession, le président américain Andrew Johnson reconnut le gouvernement Juárez comme l'autorité légitime du Mexique, approvisionnant ses partisans en armes. Plus grave encore pour Maximilien, Napoléon III changea de politique. On rapportait à l'empereur des Français que l'opinion publique était devenue hostile à la cause mexicaine, et il s'inquiétait du coût croissant du corps expéditionnaire sur cette terre lointaine, force dont l'augmentation des effectifs dégarnissait les armées françaises au moment où la puissance prussienne s'affirmait de plus en plus. Napoléon III, en outre, était soumis à la pression diplomatique des États-Unis qui souhaitaient le renversement de Maximilien. En janvier 1866, le souverain français annonça à ce dernier qu'il allait devoir rapatrier ses troupes dans un an au maximum.

Charlotte, se souvenant de l'accueil qui leur avait été réservé à Paris, décida de regagner l'Europe en juillet 1866, dans l'intention de rencontrer Napoléon III afin de le faire revenir sur sa décision. Mais à Paris, toutes les démarches de l'impératrice échouèrent. Le 3 septembre 1866, elle envoya un télégramme désespéré à Maximilien : « *¡Todo es inútil!* » En dernier recours,

Charlotte se rendit en Italie pour demander l'aide de Pie IX. Mais au Vatican, elle manifesta des symptômes de démence – les premiers –, et il fallut la reconduire à Miramare, où le meilleur aliéniste de Vienne fut appelé en consultation.

À Mexico, alors, Maximilien songea à tout abandonner. Certains de ses conseillers lui recommandaient d'abdiquer et de retraverser l'Atlantique. D'autres l'incitaient à tenir bon et à s'accrocher au trône, ce à quoi il avait fini par se résoudre. Mais pour poursuivre la lutte contre Juárez et financer ses dépenses militaires, Maximilien devait prélever de nouveaux impôts. Comment faire, avec un État dont la plupart des fonctionnaires étaient corrompus ? Telle était la situation, dramatique, au début de l'année 1867.

Trois années de règne, un bilan catastrophique

Alors que les Français quittent Mexico, le 5 février 1867, Maximilien apprend que, trois jours plus tôt, le général Miguel Miramón, ancien chef de gouvernement conservateur, un de ses officiers les plus fidèles, a remporté un succès à la tête de 4 000 soldats, manquant de peu de prendre Juárez, mais qu'il a été vaincu le lendemain. À la suite de cet échec, Miramón a replié ses forces dans la ville de Querétaro. Au cours de ces mêmes jours, Leonardo Márquez, le deuxième général de division de Maximilien, a été battu par les républicains, tandis que Tomás Mejía, le troisième général de l'état-major « impérial », cloué au lit par une crise de rhumatismes, était inopérant. Pour le souverain, désormais privé du soutien français et réduit à l'appui des seules troupes mexicaines ralliées à lui, ainsi qu'aux petits contingents belge et autrichien, la situation militaire est désastreuse. Juárez, en revanche, dispose d'une armée républicaine efficace et contrôle l'ensemble du pays, à l'exception des villes de Mexico, Veracruz, Puebla et Querétaro.

Dans une longue lettre adressée à Teodosio Lares, son Premier ministre, Maximilien fait part à celui-ci de son découragement, en analysant lucidement les perspectives. De son côté, débâcle militaire, absence de ressources financières, impossibilité d'organiser une consultation populaire susceptible de donner la légitimité du suffrage universel à son gouvernement. Du côté de Juárez, à l'inverse, force militaire, homogénéité du commandement, unité politique derrière le chef de gouvernement, conviction de défendre l'indépendance du Mexique compromise par la fondation de l'empire… Au terme des trois années de règne de Maximilien, le bilan est catastrophique. Lares répond à son souverain qu'il ne faut pas abdiquer, mais rejoindre Miramón à Querétaro, dans l'espoir de pouvoir traiter avec Juárez, tant que les impériaux détiennent encore des atouts.

Le 13 février 1867, Maximilien se résout donc à quitter Mexico pour Querétaro, où il arrive six jours plus tard. En ce lieu favorable à l'empire, il est acclamé. Rejoint par la brigade de réserve du général Méndez et par les gardes-frontières du général Quiroga, il décide de prendre lui-même le commandement de ses troupes. Mais le 5 mars, les troupes républicaines assiègent Querétaro. Leur commandant, le général Escobedo, dispose de 25 000 hommes, bientôt rejoints par un renfort de 15 000 soldats. Maximilien, lui, n'a que 9 000 hommes sous ses ordres. Son état-major – les généraux Márquez, Miramón et Mejía – organise la défense de la ville dont le site est difficile à protéger : Querétaro est entouré de collines, où chaque maison est à portée de fusil. Le 17 mars, il ordonne une contre-attaque, mais l'opération échoue. Dans la nuit du 22 au 23 mars, le général Márquez, auquel Maximilien a donné les pleins pouvoirs, quitte la ville avec 1200 cavaliers et prend la route de Mexico, d'où il doit ramener des renforts. Mais c'est l'inverse qui se déroule dans les jours qui suivent : Márquez est écrasé par les républicains avant d'avoir atteint Mexico, si bien que Maximilien perd le contact avec sa capitale.

À Querétaro, tandis que tombent les boulets de canon tirés par l'artillerie de Juárez, Maximilien visite les blessés, encourage ses hommes. Mais au cours de ces mêmes journées, il dicte à son secrétaire, dans un comportement totalement irréaliste, une nouvelle version du cérémonial de la Cour… Le 22 avril, un officier républicain, brandissant un drapeau blanc, vient proposer de laisser sortir l'empereur avec les honneurs de la guerre, mais l'infortuné refuse. Cinq jours plus tard, le général Miramón remporte un succès en rompant les lignes républicaines, enlevant vingt canons. Dès la nuit suivante, cependant, l'adversaire a repris ses positions, manquant de pénétrer dans la ville. Le 13 mai, au cours d'un conseil de guerre, Maximilien dresse un constat : entre les soldats partis avec la colonne Márquez et ceux qui désertent chaque jour, il ne dispose plus que de 5000 hommes. Sans le lui dire, son état-major envisage pour le 15 mai une sortie visant à le mettre en sécurité à Veracruz. Mais dans la nuit du 14 au 15 mai, le colonel Lopez, commandant le régiment de l'Impératrice, aurait livré à l'ennemi une porte de la ville permettant d'accéder au couvent de La Cruz où réside Maximilien. Les spécialistes en discutent encore : selon les uns, Lopez a trahi ; selon les autres, il a agi sur ordre de l'empereur, qui jugeait inutile de faire couler le sang plus longtemps.

Le 15 mai, pendant que les troupes républicaines investissent Querétaro, Maximilien ne veut pas se cacher. Accompagné par son aide de camp, le prince Félix de Salm-Salm, il quitte le couvent de La Cruz et rejoint le Cerro de las Campanas (« la colline des cloches »), un monticule où se regroupent ses ultimes fidèles. Il y a là une centaine de fantassins, un peloton de cavalerie, quelques officiers et les généraux Miramón et Mejía. De nouveau, Maximilien refuse de se cacher et de s'enfuir. Alors que les républicains tirent sur le dernier carré des impériaux, le souverain décide de se rendre. À cheval, précédé de deux officiers porteurs d'un drapeau blanc, il descend de la colline où, à mi-pente, il est arrêté. Après une courte entrevue avec le général Escobedo, auquel il remet son épée, Maximilien est ramené au couvent de La Cruz. Deux jours durant, souffrant de dysenterie, il reste alité. Le 17 mai, il est transféré au couvent de Las Teresas. Au cours d'une nouvelle entrevue avec le général Escobedo, il offre, en échange de sa liberté et de son retour en Autriche, de rendre les deux villes encore aux mains des impériaux : Mexico et Veracruz. Escobedo refuse cette proposition, car les deux cités sont prêtes à tomber entre les mains des républicains. André Castelot a bien résumé l'inconscience de l'empereur qui ne mesure nullement la situation en se conduisant comme « un vaincu discutant des conditions de sa reddition », alors que pour ses adversaires, il est « un captif à la veille de passer en justice ».

Le 25 mai, Maximilien est conduit au couvent de Capuchinas, où il est enfermé avec Miramón et Mejía : ses deux généraux ont tenu à rester avec lui. La princesse de Salm-Salm, dont le mari est également prisonnier, obtient une audience de Juárez et lui arrache un délai de quinze jours pour que Maximilien prépare sa défense et prenne des avocats. Ceux-ci, tous républicains, parviennent à Querétaro dans la nuit du 2 au 3 juin, au moment où arrivent également les ambassadeurs de Prusse, de Belgique et d'Autriche, décidés à intercéder en sa faveur. Agnes de Salm-Salm, en dépit de son titre princier, est une aventurière d'origine franco-américaine dont s'était épris Félix von und zu Salm-Salm, officier de l'armée autrichienne qui avait quitté l'Europe pour faire oublier sa propre inconduite et s'était mis au service de l'empire du Mexique. Bien plus tard, la princesse se vantera – anecdote invérifiable – d'avoir offert en vain ses charmes à l'officier qui gardait l'empereur afin d'obtenir sa libération…

Maximilien écrit à Juárez pour lui demander la grâce des généraux Miramón et Mejía : demande rejetée. Le 13 juin, dans le théâtre de la ville, les trois accusés comparaissent devant une cour martiale composée de sept officiers. Le souverain déchu, toujours souffrant, est représenté par ses avocats. L'acte d'accusation, développé en treize points, impute à « l'usurpateur » d'avoir servi d'instrument à l'intervention française, d'avoir accepté la couronne offerte par une minorité inconstitutionnelle, d'avoir usurpé la souveraineté, d'avoir commis des violences contre des Mexicains et d'avoir déclaré la guerre à la République. Le 14 juin, après le réquisitoire du procureur, sept voix se prononcent en faveur de la culpabilité de Maximilien et de ses coaccusés, puis trois voix pour la mort et trois voix pour le bannissement perpétuel. Au lieutenant-colonel qui préside le jury, il appartient de faire pencher la balance : c'est la mort, peine qui frappe également Miramón et Mejía.

La sentence connue, les démarches se multiplient pour obtenir la grâce des condamnés. Les avocats de la défense et les représentants diplomatiques de la Prusse, de la Belgique et de l'Autriche interviennent auprès de Juárez, de même que la princesse de Salm-Salm qui se jette à ses pieds. Toujours en vain. La reine Victoria, le roi Léopold II et la reine Isabelle II d'Espagne ainsi que des personnalités comme Victor Hugo ou Garibaldi envoient des télégrammes au chef du gouvernement mexicain. Mais pour cimenter l'unité de la République dont il s'apprête à prendre la présidence, celui-ci a besoin du sang de l'empereur.

« Mourir n'est pas si difficile »

Le 19 juin, à 3 heures du matin, Maximilien revêt un costume noir orné de la Toison d'or. Il accueille son confesseur, l'abbé Soria. Si ému qu'il ressent un malaise, le prêtre doit être réconforté par celui qu'il est venu assister. Mais après avoir repris ses esprits, il célèbre la messe à l'intention des trois condamnés. À 6 h 30 du matin, les sept hommes du peloton d'exécution, précédés de leur officier, pénètrent dans le couvent. Les condamnés sont conduits au Cerro de las Campanas, où doit avoir lieu le supplice. En descendant de sa voiture, Maximilien dit à son fidèle cuisinier : « Tu avais toujours refusé de croire que cela arriverait. Tu vois que tu avais tort. Mais mourir n'est pas si difficile que tu le penses. » À l'abbé Soria, le souverain tend sa montre, qui renferme le portrait de l'impératrice, et dit au prêtre : « Envoyez ce souvenir en Europe à ma bien chère femme, si elle vit, dites-lui que mes yeux se fermeront avec son image que j'emporte là-haut. » Puis Maximilien lance son chapeau à son cuisinier : « Porte cela à ma mère et dis-lui que ma dernière pensée fut pour elle. »

Les trois hommes qui vont mourir se tiennent debout, devant un muret de briques. Maximilien se place à droite, Miramón au centre et Mejía à gauche. À chacun des soldats du peloton, Maximilien remet une pièce d'or, puis demande de bien viser et d'épargner sa tête. « Je pardonne à tous, que tous me pardonnent, s'exclame-t-il. Que mon sang prêt à couler soit répandu pour le bien du pays. Vive le Mexique ! Vive l'indépendance ! » Après que l'officier qui va commander le feu a levé son sabre, Maximilien murmure : « *¡Hombre !* » Sept détonations retentissent. Maximilien glisse sur lui-même, tandis que son bras gauche s'écorche à un rocher et que sa main se crispe sur un bouton de son habit, l'arrachant. De son épée, l'officier indique l'emplacement du cœur à un sous-officier, qui appuie son arme et fait feu à bout portant. L'habit de l'empereur s'enflamme, mais le cuisinier s'élance pour éteindre le feu, retire le bandeau qui couvre les yeux de l'empereur afin, comme le lui a demandé Maximilien, de le rapporter à Charlotte. C'est ensuite au tour de Miramón et de Mejía d'être fusillés. En mourant, ils crient : « Vive la République ! Vive l'empereur ! » L'Indien Mejía, dans un soupir, murmure aussi : « Vierge très sainte ! » Il faudra deux balles pour l'achever. Maximilien et Miramón avaient 34 ans ; Mejía en avait 46.

Le corps de Maximilien, rapporté au couvent, est dénudé. Six blessures apparaissent sur la poitrine, une septième à la tête. Le corps est embaumé à la hâte. Les yeux ayant disparu, on les remplace par ceux d'une statue de la Vierge noire qui se trouve dans l'église la plus proche.

De Mexico à la crypte des Capucins

Le 1er juillet 1867, la nouvelle de la mort de Maximilien parvient officiellement aux États-Unis, puis en Europe. C'est à Paris que s'est nouée puis dénouée l'aventure tragique de l'empire du Mexique. Napoléon III, pourtant le principal coupable, et l'impératrice Eugénie sont sincèrement effondrés. En Autriche, l'empereur François-Joseph, de Bad Ischl, sa résidence d'été, réclame aux autorités mexicaines la dépouille de son frère afin qu'il soit inhumé dans son pays natal. Au Mexique, plusieurs proches de Maximilien, dont le docteur Samuel Basch, son confident et médecin personnel, et le baron von Magnus, ambassadeur de Prusse, demandent en vain au président Juárez qu'on leur remette le corps. Il faut attendre quelques mois et la venue du vice-amiral Tegetthoff, le commandant de la flotte autrichienne, que Maximilien regardait comme son maître dans les arts de la mer, pour que Juárez revienne sur sa décision.

L'embaumement ayant été effectué avec trop de hâte après l'exécution, les Mexicains s'empressent de rendre le cadavre présentable afin de le restituer aux Autrichiens. Le corps de Maximilien, mort depuis cinq mois, est plongé dans un bain d'arsenic, puis revêtu d'un habit noir aux reflets brillants. Le visage est maquillé, puis orné d'une barbe postiche, car les véritables poils de barbe et les mèches de cheveux ont été vendus par les médecins mexicains qui ont procédé à l'embaumement. Le corps est ensuite rapatrié à bord de la frégate autrichienne *SMS Novara*, qui quitte Veracruz le 26 novembre 1867. Le 16 janvier 1868, sur le quai de Trieste, les archiducs Charles-Louis et Louis-Victor accueillent la dépouille de leur frère qu'ils escortent jusqu'à Vienne. Deux jours plus tard, Maximilien est inhumé dans la crypte des Capucins, la nécropole des Habsbourg, à Vienne.

Qui sont les responsables de sa mort ? Dans l'ordre, Napoléon III, Juárez et l'ambassadeur des États-Unis, qui n'est pas intervenu. Mais il ne faut pas oublier la propre responsabilité de Maximilien dans sa destinée tragique, ses ambitions et ses illusions naïves, alors que les avertissements ne lui avaient pas manqué. Sans compter l'influence de sa femme dans sa décision d'accepter cette couronne qui lui a coûté la vie.

En 1901, les autorités mexicaines autoriseront l'édification d'une chapelle commémorative, sur le Cerro de las Campanas, sur le lieu même où l'éphémère empereur a été fusillé. À cette époque, l'impératrice Charlotte résidait au château de Bouchout, dans le Brabant flamand. En juillet 1867, après l'exécution de Maximilien, le roi des Belges avait dépêché à Miramare son épouse la reine Marie-Henriette, née archiduchesse d'Autriche, qui avait réussi, après avoir eu l'autorisation de François-Joseph, à ramener Charlotte en Belgique – une Charlotte emmurée dans la folie et à qui l'on cacha six mois durant la mort de son mari. Confiée aux soins de son frère, le roi des Belges Léopold II, l'impératrice du Mexique était à la fois présente et absente. Elle mourut le 19 janvier 1927, à l'âge de 86 ans. Ses obsèques eurent lieu quatre jours plus tard. Sous la neige, la bière fut portée jusqu'à la crypte de Laeken par six anciens légionnaires belges, vétérans octogénaires de l'expédition du Mexique.

Bibliographie sélective

BENIT André, *Légendes, intrigues et médisances autour des « archidupes ». Charlotte de Saxe-Cobourg-Gotha, princesse de Belgique / Maximilien de Habsbourg, archiduc d'Autriche*, Éditions scientifiques internationales Peter Lang, 2020.

CASTELOT André, *Maximilien et Charlotte. La tragédie de l'ambition*, Perrin, 1977.

CONTE CORTI Egon Caesar, *Maximilian und Charlotte von Mexiko*, Amalthea-Verlag, 1924.

GOUTTMAN Alain, *La Guerre du Mexique*, Perrin, « Tempus », 2011.

12

Rome, 1870
Les zouaves pontificaux contre le royaume d'Italie

par Christophe Dickès

Fondés au VIIIe siècle, les États pontificaux, qui recouvrent plusieurs régions du nord au centre de l'Italie, sont contestés dans leur existence, au milieu du XIXe siècle, par le Risorgimento, mouvement politique et culturel qui vise à unifier la péninsule italienne. Après 1866, seuls Rome et le Latium échappent encore aux « chemises rouges » de Garibaldi et aux troupes de Victor-Emmanuel, devenu le premier roi d'Italie. Mais pour combien de temps ? Sentant la menace proche, une phalange de volontaires issus de toutes les nations catholiques rejoint la petite armée pontificale afin de défendre Pie IX et son territoire sacré. Les fameux zouaves pontificaux sont l'ultime rempart du pape quand est donné l'assaut final sur la Ville éternelle, le 20 septembre 1870. Ils luttent durant des heures, héroïquement, pour empêcher l'inéluctable. Avec cette nouvelle « chute de Rome » se clôt une période de l'Histoire qui s'était ouverte douze siècles plus tôt.

Le 19 septembre 1870, le pape Pie IX arpente les rues de Rome pour la dernière fois de sa vie. Il est acclamé aux cris de « *Forte, Santo Padre! Si defenda! Corragio!*[1] », puis fait une ultime visite à la *Scala Santa,* c'est-à-dire à l'escalier saint situé à deux pas de la basilique Saint-Jean-de-Latran, qui aurait été emprunté par Jésus au moment de sa condamnation à mort par Ponce Pilate. En gravissant, à genoux, les marches du monument-relique, le souverain pontife s'est-il identifié aux souffrances du Christ ? Quoi qu'il en soit, le lendemain matin, avant même que le soleil ne se soit levé, les troupes italiennes partent à l'assaut de Rome : une brèche est ouverte à la Porta Pia, à quelques mètres de la Villa Bonaparte, actuelle ambassade de France près le Saint-Siège. L'affrontement dure moins de cinq heures : vaincu, le Saint-Père demande que les combats cessent et que ses troupes se rendent. Vers 10 heures du matin, le drapeau blanc est hissé un peu partout dans la Ville éternelle.

Pour les États de l'Église

Pour comprendre les événements de ce mois de septembre 1870, il convient de revenir quelques siècles en arrière. Après la chute de l'Empire romain d'Occident, l'Italie est soumise à des forces centrifuges caractérisées par un émiettement féodal, des rivalités entre familles souveraines et plusieurs périodes de dominations étrangères. Depuis le VIIIe siècle, le pape lui-même possède un patrimoine territorial qui évolue au fil des siècles et prend progressivement en écharpe la péninsule : ce sont les États de l'Église, ou États pontificaux. Régulièrement contestée, cette domination purement politique sur un territoire

1. « Soyez fort, Saint-Père ! Défendez-vous ! Courage ! »

fait du souverain pontife un acteur essentiel de la géopolitique italienne. Comme tous les princes européens, le pape défend ses terres et ses biens : au XVIe siècle, par exemple, Jules II n'hésite pas à monter à cheval à la tête de ses armées afin de faire valoir ses droits sur les villes de Parme, Ferrare ou encore Plaisance.

Or, au XIXe siècle, le mouvement national grandissant souhaite littéralement balayer l'ancien monde au profit de la création d'une Italie unifiée. Après la Révolution française et la domination impériale[2], la philosophie des Lumières gagne la péninsule : le mouvement prend le nom de *Rinascimento* ou *Risorgimento*, ce qui signifie « renaissance » ou « résurgence ». Après deux phases révolutionnaires et guerrières (1848-1849 puis 1859-1860), le royaume d'Italie est proclamé le 17 mars 1861. Victor-Emmanuel, duc de Savoie et roi du Piémont-Sardaigne, rallie autour de lui les patriotes et devient le premier roi d'Italie par la « grâce de Dieu et la volonté de la nation ». Peu avant, le premier Parlement s'était réuni à Turin afin d'établir une monarchie constitutionnelle. Architecte génial de ce mouvement, le comte Camille Benso de Cavour, libéral et franc-maçon, forme le vœu de voir Rome devenir la capitale de l'Italie. Après une troisième guerre d'indépendance qui permet à l'Italie de s'emparer de la Vénétie appartenant alors à l'Autriche (traité de Vienne, octobre 1866), Rome et sa région, le Latium, constituent donc le dernier réduit des États pontificaux.

2. La campagne d'Italie en 1796-1797 fut la révélation du génie militaire de Bonaparte. Plusieurs républiques libres voient le jour à sa suite. Après la victoire de Marengo en 1800, la République cisalpine devient République italienne en 1802. Elle redevient un royaume, au profit de Napoléon, après la proclamation de l'Empire en 1804. Au sud, Joseph Bonaparte devient roi de Naples de 1806 à 1808. Il laisse sa couronne à Murat, qui occupe ce trône jusqu'en 1815.

Pie IX devient alors le symbole de la résistance aux forces révolutionnaires et libérales. Il bénéficie de l'appui de Napoléon III qui, pourtant, avait soutenu l'unification italienne : en 1858, l'empereur des Français avait rencontré Cavour à Plombières et s'était engagé à soutenir le Piémont, en contrepartie de Nice et de la Savoie. Par ailleurs, il avait été décidé de diviser l'Italie en quatre royaumes : le Piémont, la Toscane, les Deux-Siciles et le Latium, avec le pape à sa tête. S'il soutient théoriquement le souverain pontife, dans une brochure intitulée *Le Pape et le Congrès* publiée sous un nom d'emprunt en décembre 1859, Napoléon III estime toutefois que les États du pape devraient être restreints au strict nécessaire afin d'en garantir l'indépendance.

De son côté, le pape n'est pas en reste : il condamne le laïcisme, le rationalisme et l'anticléricalisme dans son encyclique *Quanta Cura* (1864). Le texte est accompagné d'un *Syllabus* « renfermant les principales erreurs de notre temps »[3]. Mais, paradoxalement, le sort du souverain pontife suscite la compassion et il reçoit des soutiens du monde entier, tant et si bien que son prestige est à son zénith. Des catholiques anglais, puis belges, français et autrichiens rétablissent la vieille tradition du Denier de Saint-Pierre, née au VIIIe siècle : des fonds sont ainsi envoyés afin de soutenir le Saint-Siège. Mais il n'y a pas que l'argent qui arrive dans les caisses romaines : des hommes

3. Ces deux textes constituent des documents essentiels du magistère romain. « Menacé dans le temporel et dans le spirituel, à l'intérieur de l'Église et à l'extérieur de Rome, le pape sentait le besoin de définir et d'affermir les positions de l'Église face au monde moderne dans un acte solennel », explique Jean-Robert Armogathe. Ce texte a été longuement préparé dans les années 1850, mais causa la déception des catholiques libéraux dès sa publication. Cf. Pie IX, *Quanta Cura et syllabus*, éd. J.-J. Pauvert, « Libertés 58 », 1967. Se reporter aussi à Paul Christophe et Roland Minnerath, *Le Syllabus de Pie IX*, Paris, Cerf, 2000.

viennent de l'Europe entière se mettre au service de la petite armée du pape afin de défendre sa souveraineté menacée et sa liberté. Or, dans cette armée, un corps se distingue tout particulièrement : les zouaves pontificaux.

Des défenseurs du pape habillés en mahométans !

Créé le 1er janvier 1861 à l'initiative de Mgr Xavier de Mérode, camérier secret du pape et proministre des Armes, ce corps d'armée avait pour mission de défendre les États pontificaux menacés par le mouvement unitaire italien. L'idée de Mgr de Mérode était de réorganiser l'armée pontificale qui comptait environ 10 000 hommes. À cette fin, il fit appel à un général français, Louis Juchault de Lamoricière, qui s'était illustré lors de la campagne d'Algérie, où il avait été affecté au corps des zouaves fondé en 1830 par le général Clauzel[4]. Le terme de « zouave » est emprunté à l'arabe *zwava*, qui désigne une confédération de tribus kabyles au sein desquelles étaient recrutés traditionnellement des soldats volontaires. Au cours des deux décennies suivantes, le prestige de ce corps est tel que des armées étrangères s'en inspirent, ce qui fera dire à Pie IX : « C'est bien une idée de Français de vêtir les défenseurs du pape en mahométans ! » Avec les zouaves, l'armée pontificale constitue alors un ensemble hétéroclite composé de soldats réguliers, de volontaires internationaux – qui s'engagent par principe en faveur du chef de l'Église catholique –, de paysans saisonniers,

4. La prise d'Alger en juillet 1830 voit la création d'un corps spécifique auquel l'officier Louis Juchault de Lamoricière est affecté au mois d'octobre suivant. Il s'illustre dans les années 1840 au cours de plusieurs batailles en Algérie. Porté par le second Empire, il participe avec succès aux campagnes de Crimée (1853-1856), d'Italie (1859) et du Mexique (1861-1864).

de chômeurs souhaitant échapper à la misère, ou même de mercenaires.

Réunis au sein de plusieurs bataillons en fonction de leur nationalité, réguliers et volontaires s'étaient déjà engagés contre les Piémontais au cours de la bataille de Castelfidardo, le 18 septembre 1860. La disproportion des forces en présence était telle que l'armée pontificale avait été obligée de battre en retraite à Ancône, où elle se rendit dix jours plus tard. C'est au lendemain de cette victoire que le royaume d'Italie avait été proclamé.

Les zouaves s'organisent à leur début avec 600 hommes placés sous le commandement du comte Louis de Becdelièvre, remplacé assez rapidement par le colonel suisse Joseph Eugène Allet. Ils prêtent serment au Saint-Siège le 3 janvier 1861 et leur nombre ne cesse d'augmenter (sauf en 1865) jusqu'en 1870. Leur uniforme si caractéristique, parfois moqué par la curie romaine et la population, est fait d'une culotte bouffante et d'une veste, rouge pour les hommes d'infanterie, noire pour les officiers. Leurs boutons sont marqués des fameuses clés croisées de saint Pierre faites d'or et d'argent – elles symbolisent l'union étroite entre les pouvoirs spirituel et temporel.

À l'automne 1867, les fameux « chemises rouges » de Giuseppe Garibaldi[5], motivés par des sentiments nationalistes et anticléricaux, partent à l'assaut du Latium. Ils doivent alors faire face à l'armée pontificale, commandée par le général badois Hermann Kanzler, mais aussi à l'armée française. En effet,

5. Né en 1807, Giuseppe Garibaldi est un révolutionnaire italien. Après plusieurs années d'exil en Amérique du Sud à la suite d'une tentative d'insurrection ratée en 1834, il crée les « chemises rouges », légion de volontaires italiens qui porte aussi le nom de Brigades garibaldiennes. Après la révolution de 1848, il offre son épée et ses forces à la Couronne italienne. L'échec de la révolution le pousse à un nouvel exil. Il revient en 1860 pour la fameuse expédition des Mille visant à libérer la Sicile et l'Italie du Sud.

Napoléon III ne peut laisser Rome sans défense et envoie une armée de 2 000 hommes commandée par le général de Failly. Le 3 novembre, grâce aux fameux fusils français Chassepot mis en service quelques mois auparavant, les troupes révolutionnaires sont dispersées à Mentana, située à moins de 40 kilomètres du centre de Rome. La victoire offre au pape un répit de trois ans.

Étroitement liée à la géopolitique européenne depuis le congrès de Vienne de 1815, l'unité italienne est finalement achevée grâce à la guerre franco-prussienne. En effet, au début du mois d'août 1870, l'effondrement rapide de l'Empire oblige Napoléon III à rappeler ses propres troupes de Rome. Profitant de ce mouvement dès le 16 août, l'armée italienne, forte de 70 000 hommes menés par le lieutenant général Raphaël Cadorna, part à l'assaut de la Ville éternelle, qui est défendue par des forces dont les effectifs sont quatre fois inférieurs. L'armée pontificale est alors composée d'environ 16 000 hommes, dont un peu plus de 3 000 zouaves en majorité néerlandais (1 172), puis français (760), belges (563), canadiens, britanniques et irlandais (297). Dans ce corps qui est à l'image de l'universalité de l'Église, on recense même quelques Russes, deux Équatoriens, un Chinois et un Péruvien ! Cette armée composite est formée de deux brigades : la première est répartie sur plusieurs zones militaires du Latium (Viterbe, Cività Vecchia, Tivoli, Velletri, Frosinone). La seconde se trouve dans Rome, elle-même divisée en cinq secteurs.

Le 12 septembre, à Cività Castellana, poste avancé situé à environ 50 kilomètres au nord, le capitaine Zénon de Résimont est le premier zouave à se rendre après avoir essuyé plusieurs salves de tirs d'artillerie. Dans le port de Cività Vecchia, situé à l'ouest, le colonel Serra est sur le point de faire la même chose lorsque le capitaine d'Albiousse intervient : « Ce n'est pas possible, mon colonel ! Nous montons une faction ! Nous devons y rester, faire notre devoir, qui est de combattre, tant que Dieu nous en laissera la force. Qu'importe ce qui arrivera si nous le faisons, ce devoir. Nous devons arrêter les Piémontais, nous devons protéger Rome et garder le Vatican. » D'après l'historien Laurent Gruaz, auteur d'une étude remarquable sur les officiers français des zouaves pontificaux, l'intervention du capitaine révèle la dimension mystique et guerrière de ce corps « où se mêle un sens de l'honneur exacerbé à une symbolique virile et sacrificielle ». Las, le capitaine d'Albiousse est sommé, avec sa compagnie, de ne pas bouger. Piqué au vif, il refuse malgré tout de signer le projet de capitulation, ce qui fera de lui un héros aux yeux de ses hommes.

La prise de Rome se joue à proximité de la Porta Pia

Bien conscient du déséquilibre des forces, le pape Pie IX est résigné devant l'avancée inexorable de l'armée italienne que les faibles effectifs en place ne peuvent empêcher. La veille de l'affrontement final, ses instructions au général Kanzler reflètent son désarroi :

> Maintenant que va se consommer un grand sacrilège et la plus énorme des injustices [...] il est de mon devoir d'ordonner que [la défense de cette ville] consiste uniquement dans une protestation, afin de constater la violence qui nous est faite, et rien de plus, c'est-à-dire d'ouvrir les négociations pour la reddition au premier coup de canon.

Alors que des nations européennes sont en guerre, il ajoute que « le vicaire du Christ, même s'il est injustement assailli, ne peut pas consentir à ce que le sang soit versé ». Le pape propose donc à ses troupes de se rendre. Or, étrangement, l'ordre ne parvient pas aux forces en place. Pie IX, assure son biographe Yves Chiron, avait deux solutions : soit celle de la résistance armée, soit celle d'une occupation consentie après une protestation. Il s'agit en somme d'une solution intermédiaire afin que l'honneur des troupes soit sauf. La résistance est donc purement symbolique, puisque le souverain pontife demande que des pourparlers soient ouverts dès l'agression italienne constatée. En regard, Cardona a pour ordre de ne pas capturer le pape : ses troupes doivent s'arrêter à la limite de la Cité léonine, c'est-à-dire aux environs immédiats du Vatican. Pie IX en a bien conscience et déclare la veille de l'affrontement : « Ici, ils n'entreront pas. »

Le 20 septembre, pour faire pénétrer ses troupes dans Rome, Cadorna fait ouvrir le feu à la Porta Maggiore, la Porta San Pancrazio, la Porta Salaria et la Porta San Giovanni[6]. L'ensemble de l'armée pontificale, réguliers et volontaires, se défend tant bien que mal sur chacun de ces points d'attaque. Cependant, tout se joue à proximité de la Porta Pia, là où l'antique mur d'Aurélien est le plus bas. Le général en chef italien y dispose de deux divisions d'infanterie : la 11e division du général Enrico Cosenz, qui compte 6600 hommes, et la 12e division du général italien Gustavo Mazè de la Roche, forte de près de 15000 hommes[7].

Avant 4 heures du matin, du côté italien, 24 pièces d'artilleries du 9e régiment se mettent en place à environ 500 mètres de la muraille. De l'autre côté, le colonel Allet commande le secteur situé entre la Porta Salaria et la Porta Pia, qui recense un peu moins de 3000 combattants. Des volontaires sont en faction, répartis en cinq compagnies placées sous le commandement du capitaine adjudant-major Le Caron de Troussures du 2e bataillon des zouaves pontificaux.

---

6. Par rapport à la cité du Vatican : la Porta Maggiore à l'est, la Porta San Pancrazio au sud, la Porta Salaria au nord-est et la Porta San Giovanni à l'est. La Porta Pia se trouve, elle aussi, à l'est.

7. Formé à l'Académie militaire de Turin, Gustavo Mazè de la Roche est aussi un homme politique italien. Il devient ministre de la Guerre en 1879.

Les tirs commencent à 5 h 10 et se concentrent au niveau des jardins de la Villa Bonaparte. Le lieutenant Paul Van de Kherkhove, de la 3e compagnie du 1er bataillon de zouaves, engage ses hommes : les premières victimes tombent (le lieutenant Paoletti, les caporaux Plazolli et Corsi). Renforcé de 28 autres pièces, le dispositif italien ne cesse de concentrer son tir sur une brèche qui se forme : 219 projectiles viennent difficilement à bout d'une portion de mur longue d'une douzaine de mètres et haute de cinq ! L'artillerie cesse le feu peu avant 7 heures. Le capitaine français Berger, flanqué d'un aumônier, en profite pour monter sur l'amas de pierres et agiter son béret en criant : « Vive Pie IX ! » Le major Troussures décide alors de combler la brèche. En vain. L'artillerie reprend ses tirs à 8 h 20, et ce pendant une heure, jusqu'à ce qu'une partie de la 11e division d'infanterie se mette en place. Des tirs sont alors échangés. À 9 heures, la brèche n'est toujours pas franchie… À 9 h 45, un dragon pontifical envoyé par le général Kanzler donne l'ordre aux troupes de cesser le feu et de hisser le drapeau blanc. Troussures refuse de se rendre : « Allez dire au général que je ne reçois un pareil ordre que par écrit ou par l'intermédiaire d'un officier ! » De l'autre côté, Cadorna fait hisser le drapeau tricolore italien ; c'est le signe que l'assaut final va être donné. Mais, curieusement, le feu italien cesse, si bien qu'un étrange silence s'installe. La 1re compagnie du capitaine français Léopold Joubert entonne alors un chant sous la conduite du sergent Hue :

> Partez, partez, nobles fils de France,
> Fils des croisés, c'est Dieu qui vous conduit !
> Gloire au réveil d'une sainte vaillance !
> La Palestine est à Rome aujourd'hui !
> Flottez au vent, triomphantes bannières !
> Que les méchants soient enfin écrasés !

Une partie de l'infanterie italienne (12e bataillon de bersagliers et 2e bataillon du 41e régiment) se jette finalement sur la brèche à 9 h 55. Des combats à la baïonnette ont lieu dans les jardins de la Villa Bonaparte, mais Troussures finit par agiter un drapeau blanc. L'affrontement au corps à corps a duré à peine dix minutes. Il est 10 h 05. Un témoin raconte la suite : « Les zouaves forment les faisceaux et s'alignent sur deux rangs. Les *Bersaglieri* de Victor-Emmanuel se ruent dans la brèche, mettant les zouaves en joue, les insultant, arrachent des poitrines les médailles de Castelfidardo et de Mentana. » Les combats, qui ont fait une cinquantaine de morts, sont terminés et la capitulation est signée à la Villa Albani l'après-midi, entre Kanzler et Cardorna. La petite histoire retiendra que Pie IX, afin de préserver l'honneur de son armée, fit modifier le document officiel demandant la reddition « au premier coup de canon » par la reddition « aussitôt la brèche ouverte ».

Rome est tombée et devient la capitale de l'Italie : la défaite de la Porta Pia met fin aux États pontificaux et à douze siècles d'histoire. Cependant, la « question romaine », qui désigne l'opposition entre la couronne italienne et la papauté, est loin d'être achevée. Pie IX, après avoir songé à s'exiler, choisit de demeurer sur place et se déclare « prisonnier au Vatican » où il mourra, amer, en février 1878. Plus de cinquante années seront nécessaires pour sortir de ce conflit, sorte de guerre froide avant la lettre. Élu en 1922, Pie XI engage des négociations avec un Mussolini qui se rêve en nouveau Bonaparte ; elles sont couronnées par les accords du Latran (1929), qui créent l'État de la Cité du Vatican – celui que nous connaissons aujourd'hui et dont Paul VI dira à la tribune de l'Onu, en 1965, qu'il représente « le minimum nécessaire pour être libre d'exercer [une] mission spirituelle et assurer ceux qui traitent avec [le Saint-Siège] qu'il est indépendant de toute souveraineté dans ce monde ».

Bibliographie sélective

ARRIZZOLI-CLÉMENTEL Pierre, DURAND Jean-Dominique, *Villa Bonaparte. L'ambassade de France près le Saint-Siège*, Éditions internationales du Patrimoine, 2011.

BRICE Catherine, *Histoire de Rome et des Romains de Napoléon Ier à nos jours*, Perrin, 2007.

CHIRON Yves, *Pie IX, pape moderne*, Clovis, 1995.

DICKÈS Christophe (dir.), *Dictionnaire du Vatican et du Saint-Siège*, Robert Laffont, « Bouquins », 2013.

GRUAZ Laurent, *Les Officiers français des zouaves pontificaux. Histoire et devenir entre XIXe et XXe siècle*, Honoré Champion, 2017.

HEYRIÈS Hubert, *Histoire de l'armée italienne*, Perrin, 2021.

PICHOT-BRAVARD Philippe, *Le Pape ou l'empereur*, Perpignan, Tempora, 2008.

13

PARIS, 1871

Les espérances mortes des communards

par Jean-Christophe BUISSON

Née le 18 mars 1871, en réaction à l'initiative d'Adolphe Thiers, dont le gouvernement siège à Versailles, de reprendre le contrôle des armes stockées dans la capitale par crainte que les révolutionnaires ne s'en emparent, la Commune de Paris s'achève le 28 mai par l'écrasement de ses derniers partisans au terme de combats parfois héroïques. Durant « la Semaine sanglante », sous le regard neutre de l'occupant prussien extra-muros, *les communards n'auront fait que reculer, quartier après quartier, leurs barricades tombant aux mains de l'ennemi les unes après les autres, malgré le soutien d'une partie de la population, une organisation militaire parfois solide, la participation de nombreuses femmes (notamment les fameuses « pétroleuses ») et la vaillance de grandes figures révolutionnaires qui finirent fusillées, déportées ou exilées. Si les huit dernières journées de la Commune ne firent pas 20 000 victimes, mais trois ou quatre fois moins, elles n'en constituent pas moins un traumatisme national : exécutions sommaires dans les deux camps, exactions contre les civils et les religieux, destructions de monuments historiques par le feu ou le canon, esquisse de guerre civile, etc. Totem mémoriel pour la gauche au même titre que la Révolution, moment clé d'affirmation du mouvement ouvrier pour l'historiographie marxiste, la Commune est considérée comme la matrice de la révolution russe de 1917.*

Dimanche 21 mai 1871

« Ils arrivent ! » Depuis la porte de Saint-Cloud où viennent d'apparaître, en ce milieu de dimanche après-midi, les premières lignes de pantalons rouges commandés par le général Douay, le cri se répand le long de la Seine jusqu'à l'Hôtel de Ville occupé. Les « Versaillais » s'apprêtent à entrer dans Paris pour en finir avec la Commune. À la demande d'Adolphe Thiers, chef du pouvoir exécutif de la IIIe République naissante, 130 000 hommes ont été mobilisés sous les ordres du maréchal de Mac-Mahon. Les combats s'annoncent sanglants : les insurgés parisiens sont prêts pour cet assaut. Et déterminés à résister.

Résister : ils ne font que cela depuis neuf mois. Affamée et assiégée, la capitale avait attendu tout l'automne et tout l'hiver que l'armée de la Loire vienne briser l'encerclement prussien. En vain. Pire : le gouvernement provisoire, né après la chute du second Empire et la proclamation de la République le 4 septembre 1870, avait signé le 28 janvier un armistice avec l'ennemi campant aux portes de la capitale. Un coup de tonnerre d'une intensité encore supérieure aux 7 000 obus tombés durant les 135 jours du siège. Dix jours plus tard, des élections avaient envoyé à la Chambre des députés (réunie à Bordeaux) une écrasante majorité conservatrice favorable à « la paix » : 360 monarchistes et 15 bonapartistes. Défaits sans combattre ou presque et désormais dirigés par un gouvernement « de droite » prêt à obéir à toutes les exigences prussiennes : de nombreux quartiers de Paris – notamment ceux du nord et de l'est qui avaient voté majoritairement pour des candidats républicains (36 sur 43 élus de la capitale) – n'étaient pas prêts à l'accepter. L'annonce des conditions de paix le 28 février (cession de l'Alsace-Moselle, indemnité de 5 milliards de francs en échange de la fin de l'occupation, etc.) n'avait fait qu'ajouter à la colère et à la détermination des Parisiens. Fruit d'un bouillonnement révolutionnaire qui n'avait cessé de grossir depuis six mois, avec notamment deux tentatives de coup d'État par les blanquistes, des arrondissements entiers s'autoadministraient désormais, échappant au contrôle des autorités politiques et administratives « légales ». Une garde nationale aux allures de milice citoyenne dont les chefs étaient plus ou moins démocratiquement élus au sein de ses bataillons avait même été reconstituée et structurée en fédération. Comme un embryon d'armée parisienne. Au cas où…

Le 18 mars, le chef du gouvernement installé à Versailles, Adolphe Thiers, avait ordonné la récupération des canons que la garde nationale parisienne conservait en prévision d'une reprise des combats contre les Prussiens et à l'achat desquels le peuple de Paris avait contribué pendant le siège de Paris *via* une cotisation populaire. « Monsieur Thiers » craignait qu'ils ne servissent moins un jour à se défendre des Prussiens (qui n'avaient pas l'intention de reprendre les combats) que d'appuyer une éventuelle révolution. Les troupes régulières avaient fait irruption dans les arsenaux de Belleville, des Buttes-Chaumont et de La Villette, déclenchant une colère, puis une résistance, puis une révolte, puis une insurrection des habitants, bientôt rejoints par des bataillons de la garde nationale en provenance d'autres quartiers, mais aussi par les cadres et les militants des mouvements socialistes. Pour eux, c'était 1789, 1793, 1848 et

1851[1] qui se rejouait. À la fin de la journée, « l'ennemi » avait été repoussé, laissant sur le pavé deux généraux et une troupe ébranlée – certains soldats avaient fraternisé avec les insurgés. Surtout, l'Hôtel de Ville, la préfecture de police, le ministère de la Justice et plusieurs mairies étaient tombés aux mains de ceux qui se faisaient appeler « les fédérés », en référence à la Fédération des bataillons de la garde nationale[2].

Presque étonnés de leur facile victoire militaire, les séditieux avaient voulu lui donner un vernis légitime et même légal. Le 26 mars, des élections municipales avaient été organisées, donnant aux « Communeux » cinq fois plus de voix qu'aux partisans de l'ordre. Dans le 20e arrondissement, le chiffre avait même atteint 100 % des voix ! Le 28 mars, comme aux grandes heures de la Révolution, la Commune avait été officiellement proclamée, immédiatement saluée par les chefs de la Ire Internationale (Marx et Engels en tête) et des principaux mouvements socialistes européens. Avaient été rapidement institués la liberté de la presse, le droit de vote pour les femmes, l'école obligatoire, gratuite et laïque, l'abolition de la conscription. Des commissions par dizaines avaient été créées dans la foulée, empiétant parfois les unes sur les autres.

Emportés par leur enthousiasme, les communards avaient lancé le 2 avril une marche sur Versailles qui s'était soldée par une cruelle défaite et une humiliante reddition de centaines de volontaires. À partir de ce jour, les chefs de la Commune s'étaient radicalisés. On avait publié un décret édictant que toute exécution d'un communard serait suivie de l'exécution

1. La résistance au coup d'État de Louis-Napoléon Bonaparte, le 2 décembre.

2. Voir plus haut.

d'un nombre triple d'otages désignés par le sort[3]. Des gendarmes et des prêtres par dizaines, parmi lesquels l'archevêque de Paris, Mgr Darboy, avaient été « préventivement » arrêtés : ils seraient les premiers à être passés par les armes si l'occasion se présentait – et elle se présenterait. Condamnée à l'autarcie alimentaire, plongée dans une forme d'anarchie et d'insécurité permanente dans certains arrondissements où des vols, des destructions[4] et des exactions avaient été commis, la ville de Paris était devenue un lieu de tensions extrêmes.

Peu à peu, une partie de la population parisienne avait commencé à se détourner de ce pouvoir de plus en plus violent et incontrôlable, teinté d'un anticléricalisme virulent. Le nouveau scrutin municipal organisé mi-avril avait marqué de manière spectaculaire cette défiance, avec un taux d'abstention très élevé. Mais le train était lancé et il ne s'arrêterait que de force. Pour obliger chacun à accepter les nouvelles lois de la « république sociale » et à se préparer au combat, on avait, comme en 1793, mis sur un pied (le 1er mai) un Comité de salut public appelé à diriger de manière dictatoriale le gouvernement communard fragilisé et divisé. Ce qui n'avait pas empêché les troupes de Thiers de se rapprocher du cœur du volcan : plusieurs forts au sud de Paris (Issy, Vanves) avaient été conquis et l'artillerie versaillaise s'était mise à bombarder quotidiennement les zones méridionales de Paris *intra-muros*.

Désormais, avec l'entrée de deux des premières compagnies du 37e de ligne, c'est à pied qu'il va falloir se battre. Mais quel soldat d'expérience va organiser les opérations militaires ? Le

3. Décret des otages, 5 avril.

4. Par exemple, l'hôtel particulier de Thiers et bientôt la colonne Vendôme, symbole de l'Empire honni.

général Rossel, ex-colonel de l'armée régulière ayant rallié la Commune pour devenir délégué à la Guerre, s'est volatilisé après la chute définitive du fort d'Issy qui lui a été imputée, échappant de justesse à la colère (exagérée) des communards[5]. Son prédécesseur Gustave Cluseret, qui, avec lui, avait mis en place une véritable armée communarde (170 000 hommes, dont 80 000 dans l'active, répartis dans des bataillons formés en légions pour chaque arrondissement) et un système de défense digne de ce nom, a été lui aussi mis aux arrêts pour trahison à la fin du mois d'avril. Ce 21 mai 1871, l'assemblée de la Commune, réunie en séance plénière (pour la dernière fois) sous la présidence de Jules Vallès, est justement en train de le juger quand tombe la nouvelle de l'entrée dans Paris des Versaillais. Vite, on l'acquitte par 28 voix contre 7, mais sans pour autant le rétablir dans ses fonctions[6].

Les trois hommes chargés de défendre Paris sous les ordres de Charles Delescluze, délégué civil à la Guerre, seront donc : le général Dombrowski, noble polonais ayant participé aux insurrections antirusses et tâté des camps de Sibérie avant de se réfugier en France, auquel est confiée la rive droite ; le général Wroblewski, autre noble Polonais au parcours quasiment similaire, responsable de la rive gauche de Paris et des forts du sud (Montrouge, Bicêtre...) ; le général La Cécilia, qui organise la défense du centre de Paris, le long de la Seine notamment.

5. Caché sous une fausse identité, il n'échappera pas à celle du gouvernement après l'écrasement de la Commune. Dénoncé, il sera jugé, condamné à mort et exécuté en novembre 1871.

6. Libéré, il profite du chaos de la situation pour se cacher chez un prêtre, puis fuir en Belgique et en Suisse où il apprendra sa condamnation à mort par contumace. Il reviendra en France à la fin du siècle, adhérera à la Ligue de la patrie française et ne cessera de prôner la création d'un parti socialiste national...

Surtout, on s'appuiera sur les « civils », le peuple de Paris qui, depuis huit mois, a démontré sa détermination à protéger sa liberté et sa souveraineté. Vers 8 heures du soir, des affiches fleurissent sur les murs. Celle signée Charles Delescluze proclame :

> Assez de militarisme, plus d'états-majors galonnés et dorés sur toutes les coutures ! Place au peuple, aux combattants à bras nus ! L'heure de la guerre révolutionnaire a sonné !

Et celle rédigée par le Comité de salut public fanfaronne :

> Aux armes ! Que Paris se hérisse de barricades, et que derrière ces remparts improvisés, il jette encore son cri de guerre, cri d'orgueil, cri de défi, mais cri de victoire ; car Paris, avec ses barricades, est inexpugnable !

Appels entendus. En quelques heures, 900 barricades voient le jour le long d'une ligne courant de la gare Saint-Lazare à celle de Montparnasse. Conformément aux consignes données par la Commission des barricades, qui a défini leur forme et leur taille selon le lieu où elles sont dressées (rue ou avenue), elles sont formées de murets constitués de pavés et de charrettes renversées devant lesquels ont été creusés des fossés. Dans les endroits que le baron Haussmann avait fait dépaver pour les recouvrir de macadam, on empile ce qui tombe sous la main dans les magasins ou les appartements bourgeois dévalisés. Badauds, femmes et enfants ont été mis à contribution, comme s'il s'agissait de châteaux de sable à bâtir sur une plage du Touquet. Aux Tuileries, pendant ce temps, dans l'ancien jardin du Petit-Prince décoré de draperies et de lampions rouges, la comédienne Florence Agar, ancienne pensionnaire de la Comédie-Française, donne devant 8 000 personnes un concert au profit des veuves et des orphelins de la garde nationale : elle chante *la Marseillaise* et déclame des vers de Victor Hugo. Ils sont tirés d'un texte au titre qu'on espère tout sauf visionnaire : *Les Châtiments*.

Lundi 22 mai 1871

Dans la nuit, trois colonnes versaillaises ont progressé pour tracer leur propre ligne, qui court de la porte Dauphine jusqu'à la porte de Sèvres. Pilonnés depuis six semaines par les canons positionnés sur le mont Valérien ou à Courbevoie, les fédérés de la porte Maillot ont été submergés en un clin d'œil. Presque tout le 16ᵉ arrondissement et la partie occidentale du 15ᵉ ont été repris – La Muette, Auteuil, Passy, Grenelle. Au petit matin, rive droite, les lignards avancent sans coup férir ou presque vers le centre de la capitale. La porte de Clichy est en vue pour les uns, l'église de Saint-Augustin pour d'autres, après qu'ils ont mis fin à une résistance locale farouche de plusieurs centaines de gardes nationaux. Les quartiers de Wagram, Courcelles, Ternes, Monceau et Saint-Lazare tombent les uns après les autres. À Montmartre, dans le fracas des canons visant le Trocadéro où les troupes ennemies se sont positionnées avant leur assaut sur les Champs-Élysées, l'affolement s'empare des habitants et des fédérés. Une seule grande barricade est en place, chaussée Clignancourt. Hâtivement, sans coordination, dans l'absence criante de chefs, on en a reconstitué quelques autres au pied de la Butte, sur les décombres de celles du 18 mars – place de Clichy, place Blanche et place Pigalle. Elles céderont rapidement. « C'est un désarroi complet », note Edmond de Goncourt qui promène son regard sur les boulevards.

Et sur la rive gauche ? La progression des Versaillais est encore plus spectaculaire. Le Champ-de-Mars et sa centaine de canons, la cartoucherie de l'avenue Rapp, l'École militaire et les Invalides ont été conquis assez facilement.

Réunie en début de soirée, la Commune prend acte de la nouvelle situation militaire : un quart de la capitale lui échappe désormais. Mais chacun a en tête les mots de Jules Vallès dans *Le Cri du peuple* : « Que l'armée de Versailles sache bien que Paris est décidé à tout plutôt que de se rendre. »

Mardi 23 mai 1871

C'est par là que la Commune a commencé ; c'est par là qu'elle doit commencer à finir. Montmartre est l'objectif prioritaire des Versaillais. Pour cette raison symbolique, mais aussi pour une raison stratégique : empêcher les canons des fédérés disposés sur la Butte de pilonner les troupes progressant rive droite. Au point que Thiers n'a pas hésité à négocier avec le prince de Saxe[7] pour que son armée puisse longer la Seine depuis le quartier du Point-du-Jour dans une zone contrôlée par les Prussiens et rejoindre la porte de Saint-Ouen sans encombre. De là, le 1er corps d'armée progresse vers le moulin de la Galette, tandis qu'une colonne s'enfile rue Marcadet afin d'empêcher des fédérés de venir du 19e arrondissement pour renforcer les défenses montmartroises. En fin de journée, un drapeau tricolore flotte sur la Butte.

La tenaille se resserre avec l'avancée des troupes versaillaises au sud de la capitale. Le 14e arrondissement entièrement

7. Albert, fils du roi de Saxe, à qui il succédera à sa mort en 1873, a commandé durant l'automne 1870 plusieurs corps d'armée prussiens assiégeant Paris. Depuis l'armistice de janvier, signé à Versailles en sa présence, il campe avec sa troupe aux portes de Paris, qu'il quittera au cours de l'été.

conquis, le 2e corps a dépassé Montparnasse après une rude bataille au corps à corps dans le cimetière, et descend la rue de Rennes où une première grosse barricade lui barre la route. Elle est dirigée d'une main experte par Eugène Varlin. À la tête, de fait, de l'Internationale en France, organisateur des chambres syndicales ouvrières, ce révolutionnaire professionnel qui a commandé à l'automne un bataillon de la garde nationale n'ordonne le repli au carrefour de la Croix-Rouge qu'après d'âpres combats. Présent à ses côtés toute la journée, Émile Eudes, lui, rejoint directement la rue de Lille. Nommé général de la Commune par Rossel, ce proche de Blanqui, qui rêvait dès janvier 1871 de la création d'une armée révolutionnaire, commande la 2e brigade active de réserve depuis le palais de la Légion d'honneur, au bord de la Seine. Après avoir rallié des communards isolés, il tente de structurer les barricades rue de Solferino, rue de Bellechasse et rue de Grenelle : combattent là aussi les soldats du 135e bataillon fédéré, épaulés par d'ardentes communardes comme Victorine Brocher, Eulalie Papavoine, Élisabeth Retiffe ou Léontine Suétens qui, écharpe rouge en bandoulière sur leur blouse blanche, font office d'infirmières, d'ambulancières ou de vivandières. À 6 heures, jugeant la situation désespérée, le général Eudes monte sur son cheval, lève son sabre pour ordonner l'incendie du palais de la Légion d'honneur (autre symbole de l'Empire honni), puis rejoint l'Hôtel de Ville où il retrouvera le lendemain Eugène Varlin.

Le 4e corps de Douay, lui, butte sur un excellent soldat qui organise la défense du quartier de la Concorde : Antoine Brunel. Chef de la 10e légion avec grade de général, cet ancien officier de chasseurs d'Afrique a combattu brillamment pendant le siège, participé au soulèvement blanquiste du 31 octobre 1870, puis à l'insurrection du 18 mars – c'est lui qui a fait hisser le drapeau rouge sur l'Hôtel de Ville. À la tête de 6000 hommes, il a fait positionner sept canons sur les terrasses des Tuileries et ériger trois grosses barricades, dont une sur le pont qui mène au Palais-Bourbon et une autre rue Royale, à l'angle de la rue Saint-Honoré. Depuis celle-ci, ses hommes voient les Versaillais fondre sur leurs camarades, au nombre de 100, qui tiennent la Madeleine. Ils sont tous tués ou passés par les armes sans qu'ils puissent intervenir. Ils sont trop occupés à se protéger des troupes ennemies dans leur dos qui sont parvenues à descendre les Champs-Élysées jusqu'au Rond-Point et dont les canons se font désormais d'une précision redoutable. Le pont est aussi désormais sous le feu de l'ennemi et une colonne a été vue du côté de la place Vendôme, qui cherche sans doute à les prendre de revers. Tout est perdu, conclut Brunel en fin d'après-midi. Il ne reste qu'à obéir aux ordres du délégué à la Guerre qui « autorise les commandants des barricades à brûler les maisons qui flanquent leurs fortifications si, par ces incendies, ils voient le moyen de prolonger la lutte et de repousser les assaillants ». Aidés par les « pétroleuses », ces femmes qui leur apportent poudre et bonbonnes de pétrole (et de vin, parfois !), les communards mettent le feu aux barricades, mais aussi au château des Tuileries et au ministère des Finances[8]. Brunel ordonne le repli rue de Rivoli avant de rejoindre la porte Saint-Martin. Quelques minutes après son passage, une vieille femme est collée au mur du jardin des Tuileries. Juste avant d'être fusillée, elle a le temps de faire un pied de nez au peloton d'exécution.

Au même moment, dans la prison de la Roquette, un peloton d'exécution communard fusille, lui, trois jésuites, le curé de la

8. Bientôt brûleront aussi l'Hôtel de Ville, le Palais-Royal, le Théâtre-Lyrique, la gare de Lyon et, rive gauche, le palais d'Orsay et la manufacture des Gobelins. Le ministère de la Marine, l'Hôtel-Dieu et Notre-Dame devaient être aussi incendiés, mais, pour des raisons, diverses, ils ne le furent pas.

Madeleine, le président de la cour d'appel de Paris et l'archevêque de Paris, Mgr Darboy. Leurs corps sont emmenés au cimetière du Père-Lachaise et jetés dans une fosse commune.

Mercredi 24 mai 1871

Paris s'éveille, en flammes, sur la journée la plus sanglante de la Commune. Rive gauche, seuls le Panthéon et la Butte-aux-Cailles tiennent encore bon. Le premier, malgré l'aide de Varlin, qui est partout, a été hâtivement transformé en réserve de poudre : après avoir spectaculairement fait sauter une poudrière toute proche, près des jardins de l'Observatoire, les fédérés menacent de détruire le monument sacré de la République. Ils n'en ont pas le temps : l'armée s'en empare avant. Quant au quartier du 13e arrondissement, où Wroblewski a installé son quartier général, il est défendu depuis la mairie où ont été rapatriés tous les canons des forts du sud de Paris abandonnés (Bicêtre, Montrouge, Ivry) ; 4 000 hommes déterminés combattent, dont le 101e bataillon, « tous enfants du 13e et du quartier Mouffetard, indisciplinés, indisciplinables ». À midi, la butte est prise d'assaut depuis les Gobelins et le parc Montsouris. Elle est le dernier îlot de résistance rive gauche ; sur les bords de Seine, Zéphirin Camélinat a fait évacuer l'hôtel de la Monnaie (sans l'incendier, malgré les ordres) en emportant 153 000 francs en pièces neuves qui serviront à payer les soldes des derniers fédérés.

Dans la mairie du 11e arrondissement, Camélinat retrouve les chefs de la Commune qui président sa dernière séance, mais aussi Dombrowski, Brunel et l'égérie du mouvement, Louise Michel – armée d'une Remington, celle-ci se vante d'avoir tué plusieurs gendarmes et gardiens de la paix. Tous savent que leur rêve est en train de partir en fumée – et pas seulement celle des bâtiments qu'ils ont ordonné d'incendier. Tous avancent vers leur destin, plus ou moins tragique. Apprenant que sa mère a été arrêtée à sa place, Louise Michel s'apprête à renoncer et à se rendre à l'ennemi[9]. Après avoir dirigé les combats violents de la place du Château-d'Eau[10] et ordonné un ultime incendie (les magasins du Tapis-Rouge) pour couvrir sa retraite, Brunel est blessé à la cuisse et évacué[11]. Quant à l'ancien organisateur des forces insurrectionnelles polonaises antirusses Dombrowski, il est mortellement blessé sur une barricade du 18e, rue Myrrha – il meurt à l'hôpital Lariboisière. Et Delescluze ? Après avoir lancé une ultime proclamation d'une violence inouïe[12], il tente de gagner les lignes prussiennes, de l'autre côté des fortifications, pour négocier une reddition des communards acculés dans le nord-est de Paris. Porte de Vincennes, il est arrêté par des fédérés qui le soupçonnent de vouloir s'échapper ; on le somme, tout délégué à la Guerre qu'il est, de retourner au combat ! Il répond à cette humiliation par le plus noble des gestes : après avoir transmis ses responsabilités à l'infatigable Varlin, il s'offre aux balles mortelles des pantalons rouges en

9. Narguant ses juges lors de son procès, elle écopa d'une peine de déportation perpétuelle. Après sept ans en Nouvelle-Calédonie, elle bénéficia de la grande amnistie de 1880 et put revenir libre en métropole, où elle porta pendant vingt ans la bonne parole anarchiste.

10. L'actuelle place de la République.

11. Il parvint à disparaître, puis à rejoindre l'Angleterre où il devint professeur à l'École navale de Dartmouth. Il eut pour élève le futur Édouard VII.

12. « Place au peuple, aux combattants aux bras nus ! L'heure de la guerre révolutionnaire a sonné. Le peuple ne connaît rien aux manœuvres savantes, mais quand il a un fusil à la main, un pavé sous les pieds, il ne craint pas tous les stratèges de l'école monarchiste. Aux armes, citoyens, aux armes ! La Commune compte sur vous. Comptez sur la Commune. »

se dressant sur une barricade du Château-d'Eau, boulevard du Prince-Eugène[13].

De leur côté, les armées du gouvernement poursuivent leur inexorable progression. Pour avancer dans les rues plus étroites de l'est et du nord de Paris et économiser les vies de leurs hommes, les chefs de l'armée versaillaise font donner le canon sur les points de résistance. Ces bombardements aveugles font chaque fois des dizaines de victimes et décuplent la fureur des derniers combattants – qui en perdent parfois le sens des priorités. Sur une autre portion du boulevard du Prince-Eugène, au lieu d'organiser leur fuite, les communards prennent le temps, dans une cour martiale improvisée, de condamner à mort le comte de Beaufort, pourtant rallié à leur cause. Son crime ? Avoir promis de « purger » le bataillon après qu'un garde l'a désarmé parce qu'il avait oublié le mot de passe pour rejoindre son QG. Il est fusillé sous les acclamations de la foule, rue de la Roquette. Au même moment, quatorze personnes soupçonnées de connivence avec les Versaillais sont tuées au couvent dominicain d'Arcueil.

Jeudi 25 mai 1871

Menacé d'encerclement dans le quartier de la Butte-aux-Cailles, Wroblewski ordonne à un millier de ses hommes de gagner la rive droite par le pont d'Austerlitz, qu'ils traversent de justesse avant l'arrivée des Versaillais par le quai Henri-IV, depuis le pont Sully. Il laisse derrière lui deux cents communards, tous nés dans le quartier, qui se sacrifient pour couvrir héroïquement sa retraite. Le dernier carré de fédérés de la rive

13. L'actuel boulevard Voltaire.

gauche de Paris combat place Jeanne-d'Arc derrière 20 canons et 6 mitrailleuses. Il cède en fin de journée.

Rive droite, seuls le 19e et le 20e ainsi que quelques rues du 10e et du 11e sont encore aux mains des communards. Ils ne sont plus que 4 000, qui, dans la soirée, ont pour ordre de gagner Belleville et Ménilmontant si le repli est leur dernière issue. Il flotte un air de déroute, chacun pressent la fin, mais nul ne l'envisage autrement que les armes à la main au cri de « Vive la Commune ! ».

Vendredi 26 mai 1871

Le faubourg Saint-Antoine tombe. Élisabeth Dmitrieff a pourtant, jusqu'à la dernière minute des combats, exhorté ses compagnons de barricade à refuser l'inéluctable. D'origine russe, envoyée par Marx et l'Internationale socialiste pour observer la Commune, elle a créé l'Union des femmes pour la défense de Paris et s'est engagée corps et âme dans les combats. Le 22 mai, elle est aux Batignolles, son drapeau rouge à la main, à la tête d'un groupe de citoyennes ; le lendemain, elle combat place Blanche avec Louise Michel, avant d'entraîner 120 femmes jusqu'à la mairie du 11e pour y prendre des ordres et des armes. Le 25, elle s'est muée en infirmière en soignant sur cette même barricade de la rue Saint-Antoine le délégué au Travail et à l'Échange Leó Frankel. Comme lui, elle parvient miraculeusement à échapper aux vainqueurs[14].

---

14. Après un passage en Suisse, elle retourne en Russie sous son nom de jeune fille (Koucheleva). Elle meurt en Sibérie à la fin de la Première Guerre mondiale.

Les derniers communards sont des bêtes traquées et se comportent comme telles. Rendus fous par les rumeurs (souvent exactes) de camarades qu'on fusille par dizaines sans jugement, poussés par les habitants des quartiers rouges où ils sont désormais retranchés, ils cèdent eux-mêmes à une violence aveugle et vengeresse. Rue Haxo, un groupe de 51 otages en provenance de la prison de la Roquette sont exécutés : 11 prêtres, 35 gendarmes et 4 mouchards de l'Empire[15]. Parmi leurs exécuteurs, on distingue Félicie Gimet, dite « capitaine Pierer » (elle est toujours habillée en homme sur les barricades). Elle achève froidement le père Olivaint d'un coup de revolver. Lors de son procès, elle revendiquera avoir tiré sur une dizaine de prêtres ce jour-là[16].

Samedi 27 mai 1871

Coupées les unes des autres entre Belleville, Ménilmontant et les Buttes-Chaumont, leurs stocks de munitions épuisées, les ultimes barricades cèdent les unes après les autres dans la journée. Dans la cour de la mairie du 20e, des dizaines de cadavres s'amoncellent. Sous une pluie persistante qui transforme les rues en rivières de boue, les derniers communards abandonnent armes, drapeaux, uniformes et illusions pour échapper aux pelotons d'exécution qui les attendent. Certains veulent encore y croire, qui gagnent le cimetière du Père-Lachaise entouré d'un mur protecteur. L'incendiaire du ministère des Finances, Gilbert

---

15. Le lendemain, un gardien, effaré par ce qu'il a vu la veille, libère les 130 otages encore enfermés.

16. Elle se convertira durant sa détention et entrera dans les ordres en 1890.

Lavalette, dirige le tir des batteries d'artillerie qui en défendent l'accès. Dérisoire sursis. L'ennemi franchit en fin d'après-midi l'enceinte : les combats se feront désormais à la baïonnette, au corps à corps. Beaucoup de communards sont tués ou faits prisonniers, quelques-uns s'échappent, ainsi d'André Alavoine, sous-directeur de l'Imprimerie nationale proche de Delescluze, qui se cache dans l'imposant caveau de Morny ; ou de Wroblewski qui, après la dispersion de ses hommes rive droite, enfile un uniforme de simple garde pour combattre, et parviendra à se faufiler entre les mailles du filet ennemi pour rejoindre l'Angleterre, son ami Karl Marx et une loge maçonnique qu'il animera jusqu'à sa mort.

À la nuit tombée, le Père-Lachaise est conquis. Il ne reste que quelques points de résistance : au bas de la rue de Belleville, où Jules Vallès maintient la flamme de la résistance du 191e bataillon ; rue d'Angoulême, derrière Zéphirin Camélinat ; rue Haxo, où l'on envisage de demander une médiation aux Prussiens ; rue Ramponneau, sous les ordres de Varlin à qui Delescluze a transmis sa fonction de délégué civil à la Guerre avant d'aller se faire tuer ; place Voltaire ; rue Popincourt. Ce sont là les derniers feux de la Commune qui agonise avec un panache tout aristocratique, comme vingt-trois ans plus tôt les journées insurrectionnelles de juin 1848. Le parallèle entre les deux événements est frappant. Même stratégie des deux pouvoirs républicains modérés issus des renversements d'un régime monarchique (la monarchie de Juillet, le second Empire) : laisser grossir la révolte jusqu'à la rendre si radicale et violente que sa répression sanglante sera comprise par le peuple parisien. Même profil des exécutants en chef : le général Cavaignac en 1848 (qui sera nommé ensuite chef du pouvoir exécutif), le général Mac-Mahon en 1871 (bientôt président de la République). Même affermissement du régime républicain ayant montré à ces occasions les bornes qu'il fixait au nouveau cadre démocratique institutionnel[17]. Et un nombre de victimes sensiblement identique – même si celles de 1848 sont moins célébrées.

Dimanche 28 mai 1871

On a rarement vu aube plus sanglante dans Paris. Les coups de feu qu'on entend désormais sont, pour l'essentiel, ceux des pelotons versaillais. Au niveau de la 76e division du Père-Lachaise, 147 prisonniers sont exécutés devant un mur et jetés dans une fosse ouverte. Les corps de leurs camarades ramassés dans les rues de Paris dans les heures suivantes les rejoindront bientôt. Parmi eux, celui d'Eugène Varlin : reconnu rue Lafayette après avoir réussi à se faufiler entre les lignes ennemies, il a été immédiatement fusillé sans jugement. Non sans avoir eu le temps de crier « Vive la république ! Vive la Commune ! », arrachant à un officier versaillais le commentaire : « Superbe de courage. »

À midi, rue de Paris[18], le dernier coup de canon de la Commune est tiré. Les derniers carrés d'irréductibles se trouvent rue du Faubourg-du-Temple, rue Ramponneau, rue Rébéval, rue des Trois-Bornes, rue de Tourtille et rue de la Fontaine-au-Roi[19].

---

17. Thèse développée notamment par François Furet, qui voyait en la Commune « la dernière scène de la Révolution ». En la réprimant férocement, le pouvoir exécutif de la IIIe République naissante marquait son divorce définitif d'avec la Révolution.

18. Rue de Belleville aujourd'hui.

19. Quelques dizaines de fédérés tiennent le fort de Vincennes, qui ne sera repris que le lundi 29 mai. Leurs chefs, parmi lesquels le prince russe Alexandre Bagration, ancien aide de camp de Cluseret et de Rossel après avoir servi comme capitaine dans l'armée française contre les Prussiens, seront fusillés dans les fossés, à quelques mètres du lieu où le duc d'Enghien avait été exécuté sur ordre de Napoléon en 1804.

Se battent là notamment Adrien Lejeune, enfant de Bagnolet qui restera durant une décennie (1932-1942) le plus vieux communard vivant ; Jules Martelet, signataire de l'Affiche rouge du 6 janvier et rédacteur du décret de la Commune contre l'ivrognerie et la prostitution ; Jean-Baptiste Clément qui, secouru par une ambulancière sans avoir eu le temps de lui demander son nom, lui dédiera sa fameuse chanson *Le Temps des cerises* ; un inconnu qui, à trois reprises, seul sur sa propre barricade, parviendra avec son fusil à briser la hampe du drapeau versaillais planté sur la barricade de la rue de Paris tombée aux mains de l'ennemi ; et enfin Eugène Pottier, auteur de chansons célébrant l'amour, le vin et l'amitié, promoteur d'un mariage entre socialisme et christianisme[20], fondateur du premier atelier de dessins industriels dans le Sentier, membre de la Ire Internationale. Il parviendra à s'enfuir et se cachera avant de rejoindre Londres, comme beaucoup de communards. Entre-temps, il aura composé un chant en hommage à ces semaines de lutte, qui sera mis en musique après sa mort, en 1888, et deviendra l'hymne de tous les révolutionnaires du XXe siècle : *L'Internationale*.

Avec la fin de la Commune sonne aussi le glas du Paris révolutionnaire. Depuis, la capitale française n'a plus connu une fièvre insurrectionnelle d'une telle ampleur.

20. Pour lui, Jésus-Christ était le premier des prolétaires, Dieu le grand architecte de l'Univers et le christianisme un présocialisme.

Bibliographie sélective

Azéma Jean-Pierre, Winock Michel, *Les Communards*, Perrin, « Tempus », 2021.

Chaudun Nicolas, *Le Brasier*, Actes Sud, 2015.

Corbin Alain, Mayeur Jean-Marie (dir.), *La Barricade*, Éditions de la Sorbonne, 1997.

Cordillot Michel (dir.), *La Commune de Paris. 1871*, Éditions de l'Atelier, 2021.

Frèrejean Alain, L'Hoër Claire, *Le Siège et la Commune de Paris. Acteurs et témoins racontent 1870-1871*, L'Archipel, 2019.

Godineau Laure, *La Commune de Paris par ceux qui l'ont vécue*, Parigramme, 2010.

Robert Jean-Louis (dir.), *Le Paris de la Commune 1871*, Belin, 2015.

Rougerie Jacques, *La Commune de 1871*, PUF, « Que sais-je ? », 1988.

Serman William, *La Commune de Paris (1871)*, Fayard, 1986.

Tombs Robert, *La Guerre contre Paris, 1871*, Aubier, 1997.

—, « How Bloody Was *la Semaine sanglante* of 1871 ? A Revision », *The Historical Journal*, 55/3, p. 679-704, 2012.

Zeller André, *Les Hommes de la Commune*, Perrin, 1969.

14

JAPON, 1877
Saigō Takamori, le dernier samouraï

par Vincent JOLLY

1868. La guerre de Boshin voit s'affronter deux camps : d'un côté, le gouvernement militaire vieillissant des Tokugawa; de l'autre, des samouraïs mécontents de voir ce shogunat autoriser les ingérences croissantes des puissances étrangères. Arrive alors l'avènement de l'ère Meiji, qui officialise le retour de l'empereur au sommet du pouvoir, près de sept siècles après qu'il a été éclipsé par les shoguns. Mais les samouraïs, qui ont contribué à renverser les Tokugawa pour le compte de la cause impériale, ne se reconnaissent pas dans le monde moderne qu'ils ont fait naître : dans ce Japon désormais totalement ouvert par l'empereur aux influences et aux cultures du monde extérieur, leurs codes, leurs traditions et surtout leurs privilèges n'ont plus leur place. Saigō Takamori (1828-1877) est l'un d'entre eux. Cette figure romanesque, encore considérée – à raison – comme l'un des trois héros de la restauration Meiji, se mettra à la tête de l'ultime révolte de cette caste guerrière. Derrière cette insurrection animée par une xénophobie drapée dans les idéaux surannés des guerriers d'autrefois se dessine le destin exceptionnel d'un homme mort par l'épée qu'il avait servie toute sa vie.

« Ayant enduré des peines amères, je suis désormais ferme dans ma résolution : un homme devrait être un bijou brisé, honteux d'être la tuile intacte. » En tombant à genoux sur les flancs de la colline de Shiroyama rougis par le sang de ses frères d'armes, Saigō Takamori pensait-il à ces vers d'un poème qu'il avait écrit quelques années plus tôt ? Blessé aux côtes par un tir de mousquet, il sait que sa vie et son combat s'achèvent ici, près de sa ville natale de Kagoshima. Les premiers rayons du soleil n'ont pas encore commencé à faire briller les cuivres de son armure ni étinceler la sublime lame affûtée de son *tachi*[1]. Sur cette journée du 24 septembre 1877 dont il ne verra que l'aube perçant au-dessus de l'armée qui l'assaille, mille et un récits seront écrits.

Si beaucoup de Japonais aiment penser et raconter que Takamori s'est suicidé par *seppuku*[2] en se tournant vers l'actuelle Tokyo – comme une ultime révérence à un empereur qu'il avait participé à réinstaller à la tête du pays avant de se rebeller neuf ans plus tard contre lui –, d'autres affirment qu'il est mort aux côtés de 400 fidèles samouraïs dans un ultime acte de bravoure digne de celui des légionnaires de Camerone[3]. Quatre cents guerriers d'un vieux monde périssant sous le feu de milliers de conscrits, pour l'essentiel des fermiers, d'une armée impériale balbutiante, plus moderne et plus grande. Sur les pentes de cette colline de Shiroyama, la dernière flamme des samouraïs s'éteint avec Saigō Takamori, étouffée par l'élan de modernisation d'un pays désireux de s'imposer face à l'Occident.

---

1. Sorte de *katana* (sabre japonais), dont la lame plus longue (environ 70 centimètres) en faisait l'une des armes de prédilection des samouraïs lors des combats.

2. Littéralement « coupure au ventre », aussi connu sous le terme plus familier de *hara-kiri*. Désigne un rituel de suicide par éventration à l'aide d'une lame courte (*wakizashi*).

3. Voir chapitre 11.

Dernier fils orphelin d'une féodalité défunte, ultime représentant d'une caste de guerriers qui a vu le jour plus de sept cents ans avant lui, Saigō Takamori représente plus qu'une simple figure historique. Il est toujours l'une des personnalités les plus admirées par les Japonais. Son histoire devenue légende incarne à la perfection ce que le nippophile Ivan Morris raconte en détail dans son livre *La Noblesse de l'échec*. Derrière le mythe de Shiroyama et de la révolte de Satsuma se dévoile un homme complexe que le destin et la providence ont utilisé comme une marionnette avant de l'exiler cruellement du monde dont il avait été l'un des architectes. Ce qu'il faut retenir de lui est moins la manière dont Saigō Takamori est mort que la façon dont il a vécu.

Un samouraï né dans une région et dans un clan à la marge

C'est sur l'île de Kyushu, au sud-ouest du Japon, qu'il naît en janvier 1827 (neuvième année de l'ère Bunsei[4]), à Kagoshima, fief du domaine de Satsuma sur lequel règne le clan Shimazu depuis 1185. C'est peu après, en 1192, que le règne du shogun Minamoto Yorimoto marque le début de l'ère Kamakura – ère qui correspond à l'avènement des samouraïs.

Kyushu est la plus occidentale des quatre grandes îles qui composent le Japon (avec Honshu, Hokkaido et Shikoku). Elle est géographiquement éloignée du centre névralgique politique du pays que représentent les deux capitales historiques, Kyoto et Tokyo[5]. De surcroît, le clan Shimazu contrôle la partie la plus

4. Au Japon, on peut désigner une année du calendrier grégorien par l'âge de l'ère dans laquelle nous nous trouvons. En 2021, nous sommes par exemple en « Reiwa 3 », soit la troisième année de l'ère Reiwa.

5. Anciennement Edo, rebaptisée ainsi après la révolution Meiji.

au sud-ouest de ce territoire déjà bien isolé. Il règne sur elle de manière ininterrompue depuis sept cents ans – une continuité remarquable dans la tumultueuse histoire nippone. Sous les trois *bakufu*[6] du Japon dit médiéval (Kamakura, Muromachi et Tokugawa, dans le *bakufu* d'Edo), le clan Shimazu est parvenu à s'imposer comme l'une des familles les plus puissantes et les plus indépendantes du pays. Grâce à des terres enclavées et protégées d'un côté par de larges montagnes et par l'océan de l'autre, le fief Shimazu revendique depuis toujours cet isolement et aime se distinguer de ses concitoyens nippons. Avec une écrasante majorité de la population composée de samouraïs de bas rang vivant dans une relative pauvreté, mais férocement attachés à leur identité de guerriers, les gens de Satsuma préfèrent se revendiquer comme Hayato (littéralement les « hommes faucons »), un vieux peuple austronésien peu à peu assimilé au peuple Yamato prédominant au Japon. Ils ont développé un dialecte devenu un langage distinct de celui pratiqué dans le reste du pays.

Auréolé de succès militaires retentissants en Corée et sur les îles Kyushu qu'il parvient à unifier, le clan Shimazu fait son entrée dans le camp des perdants à l'issue de la bataille de Sekigahara[7] (1600) qui voit l'arrivée au pouvoir des Tokugawa après la période dite de Sengoku[8]. Malgré une importante série

6. Terme japonais désignant le « gouvernement shogunal », ou encore le shogunat. Les trois grands *bakufu* ont d'ailleurs donné leurs noms aux périodes historiques du Japon féodal durant lesquelles ils ont existé : Kamakura, Muromachi, Edo.

7. Grande bataille qui marque le début de la réunification du Japon sous le règne des Tokugawa.

8. Période dite des « provinces en guerre », pendant laquelle le pays fut agité par des conflits incessants entre différents seigneurs et qui dura près de deux siècles (1467-1615).

de réformes orchestrées par ce shogunat entre le XVIIe et le XVIIIe siècle effritant peu à peu le pouvoir des daimyos[9] dans un Japon nouvellement unifié et pacifié, le territoire de Satsuma et le clan Shimazu restent volontairement hostiles et imperméables à cet air de changement. Cet esprit de résistance, cet attachement à des valeurs ancestrales et à leurs traditions ainsi que cette opposition aux réformes des Tokugawa sont au cœur de leur identité.

Certains vivent à une époque qui ne leur correspond pas. Tel est le cas de Saigō Takamori, un parfait samouraï né à une époque où les samouraïs – les vrais – n'existent plus vraiment; où les sabres et les esprits combatifs ont été émoussés par plus de deux siècles de paix sous les Tokugawa. Mesurant plus d'1,80 mètre, doté d'une silhouette imposante qui lui permet de briller comme sumo, Takamori se révèle à la fois un excellent pratiquant des *bujutsu* (méthodes guerrières) et du *heiho* (le maniement du sabre et la stratégie militaire), mais aussi un intellectuel confirmé, fervent disciple du bouddhisme zen et du néoconfucianisme. Loyal envers ses supérieurs, poli, humble, calme et sophistiqué, poète à ses heures perdues, il se démarque rapidement de ses pairs après une enfance sans encombre, aîné de sept enfants au sein d'une famille de *koshogumi*[10]. Son père, un samouraï de bas étage, exerce un vague rôle de comptable pour son seigneur.

Saigō connaît sa première heure de gloire lorsqu'il accompagne à Edo son daimyo, Nariakira Shimazu, en 1854[11]. Lorsque son

9. *Daimyo* signifie littéralement « grand nom » : ce sont les seigneurs des différentes provinces qui se trouvent sous l'autorité du shogun.

10. Sortes de pages officiant pour les daimyos.

11. 1854 est l'année où l'expédition des bateaux noirs du commandant américain Perry déclencha le Bakumatsu, période signant la fin de l'isolationnisme japonais et annonçant, quatorze ans plus tard, l'avènement de l'ère Meiji.

seigneur meurt prématurément, il fait une tentative de *junshi*, le suicide par loyauté que les samouraïs s'imposaient dans les temps anciens après la mort de leur maître. Plutôt que de faire *seppuku*, il se jette avec un ami dans la mer devant Kagoshima. Son partenaire meurt noyé, mais Saigō survit et son corps est rejeté sur le rivage de sa ville natale. Le destin n'en a pas encore fini avec lui.

Son opposition au frère de Nariakira Shimazu, Hisamitsu, lui vaut d'être exilé et emprisonné pendant cinq ans sur trois îles différentes, au milieu de l'océan entre Kyushu et Okinawa. En 1864, il revient à Kagoshima et se réconcilie avec Hisamitsu, qui le nomme commandant des forces de Satsuma dans le Kansai (la région de Kyoto).

Quand honneur et loyauté s'opposent

En 1864, le *bakufu* Tokugawa vit ses dernières heures et s'accroche désespérément au pouvoir. Il est pris en tenaille par les pressions des puissances extérieures et par les rebelles qui souhaitent expulser les étrangers et restaurer le pouvoir impérial – c'est le fameux mouvement du *sonno-joi*, littéralement « Révère l'empereur ; expulse les barbares ». Le principal clan acteur de cette rhétorique politique révolutionnaire est le clan Choshu, que Saigō Takamori parvient à écraser pour le compte des Tokugawa lors d'un sanglant affrontement aux portes d'Hamaguri, à Kyoto. Cette bataille est son premier fait d'armes. Il mène ensuite une expédition punitive, ordonnée par les Tokugawa, contre ce même clan Choshu. Mais le traitement sévère que réserve le shogunat aux vaincus leur fera perdre le soutien du peuple et de leurs partisans. Saigō Takamori en fait partie. L'homme voit en l'exécution sommaire de centaines de samouraïs de bas rang un ultime affront à l'honneur et au respect que l'on doit à son ennemi. Alors que les Tokugawa préparent une seconde expédition punitive pour définitivement écraser le clan rebelle, Saigō Takamori s'y oppose et rentre à Kagoshima. Deux ans après la bataille des portes de Hamaguri, il est conscient que la chute du régime Tokugawa est inévitable. Il décide alors de faire un pacte avec deux de ses anciens ennemis qui sont les leaders du clan Choshu : Sakamoto Ryoma et Katsura Kogoro. L'alliance Satcho (abréviation de Satsuma et Chochu) est formée. Son but ? Renverser le *bakufu* et réinstaller l'empereur à la tête du pays.

Dès les années 1870, la guerre de Boshin (1868-1869) n'est qu'un lointain souvenir. Les Tokugawa, soutenus par les Français, ont été battus par les forces rebelles de Satsuma et Choshu qui, eux, avaient les faveurs des Anglais. L'empereur est désormais sur le trône, et les hauts faits de Saigō Takamori n'y sont pas étrangers. Or, le samouraï ne se reconnaît pas dans le pouvoir qu'il a lui-même participé à installer. Des lois ont été édictées pour abolir les nombreux privilèges des samouraïs : forte incitation à se coiffer comme les Occidentaux et à couper leur chignon, interdiction du port du sabre sur la voie publique… Puis, en 1873, la conscription et la création d'une armée impériale ont fait perdre à cette illustre caste guerrière le monopole de l'action militaire. Dans les réunions gouvernementales à Tokyo, comme pour donner une raison d'être à ses samouraïs qui l'ont suivi lors de la révolution Meiji, il a milité pour une campagne militaire en Corée. Elle n'aura jamais lieu. Le gouvernement a préféré mettre le pays en ordre, rattraper son retard sur l'Occident et s'affirmer comme une nouvelle pièce d'envergure sur l'échiquier mondial.

En 1873, Saigō Takamori quitte la capitale et retourne à Kagoshima, qui regorge de jeunes samouraïs galvanisés, en colère contre ce nouveau pouvoir qui, selon eux, les trahit en les dépouillant peu à peu de leur statut, de leurs privilèges et de leurs droits. Pour les canaliser, il crée des écoles privées (*shi-gakko*), où sont enseignées des techniques militaires. Elles seront le terreau naturel de l'hostilité politique au gouvernement impérial.

À la tête d'une rébellion malgré lui

Tokyo, terrorisé par la possibilité d'une « contre-révolution » initiée par l'un des héros de l'avènement de l'ère Meiji, tente de désamorcer la situation. Des navires sont envoyés par l'empereur à Kagoshima pour extraire un stock d'armes et de munitions et les exporter vers Osaka – loin des élèves de Saigō. Mais un millier d'entre eux ont vent de l'opération et s'y opposent par les armes sans l'accord de Takamori. En décembre 1876, ses fidèles déjouent ce qu'ils assurent être un complot de la part de Tokyo pour étouffer ce vent de révolte et menacer la vie de leur chef. La réalité de ce complot et la prétendue volonté de Takamori de mener un coup d'État contre l'empereur n'ont jamais été totalement authentifiées par les historiens. Seule certitude : les agissements des élèves des *shi-gakko* et la rumeur du complot visant à l'assassiner ne laissent plus le choix à Saigō Takamori qui, presque à contrecœur et au pied du mur, décide de renoncer à sa loyauté envers l'empereur. La rébellion de Satsuma naît officiellement le 13 février 1877.

Pour les insurgés, le plan est simple : remonter depuis Kagoshima vers le nord de Kyushu, s'emparer de la forteresse de Kumamoto (l'une des cinq grandes garnisons impériales), franchir le détroit de Shimonoseki qui sépare Kyushu de Honshu pour arriver aux portes de Tokyo en moins d'un mois, et renverser ceux qu'ils qualifient, non sans ironie, d'« ennemis de l'empereur ». Rien ne se passera comme prévu. Les troupes de Satsuma sont certes équipées de carabines Snider-Enfield et de revolvers, mais elles ne disposent d'aucun support logistique (chaque homme est chargé de transporter son matériel et ses munitions) pour les utiliser, ce qui les contraint à ne faire usage que de leur long sabre de samouraï. Les forces impériales, elles, sont retranchées à l'intérieur de Kumamoto. Leur moral est en berne : une rébellion en leur sein a dû être éteinte en décembre 1876 et, quelques jours avant l'arrivée des troupes de Satsuma devant leurs murs, un incendie a ravagé leurs stocks de munitions et de nourriture. Ils parviennent néanmoins à repousser l'assaut principal mené par Saigō Takamori le 22 février. Dans une bataille qui se prolonge jusqu'aux heures les plus sombres de la nuit, des guerriers éprouvés meurent sous le feu d'hommes fraîchement conscrits, des fermiers passés par une formation militaire certes rudimentaire, mais plus nombreux et surtout mieux équipés.

Du 22 au 24 février, des vagues entières de samouraïs se fracassent sur les remparts de Kumamoto. Des proches de Saigō tombent au combat ; les forces de Satsuma ne parviennent pas à s'emparer de la forteresse et décident d'improviser un siège de la ville. Les hommes creusent les fondations des camps dans le sol gelé par le froid de l'hiver, et des affrontements plus épars avec les renforts de l'armée impériale éclatent un peu partout dans la campagne environnante. Dirigées par le ministre et général Aritomo Yamagata, un ancien compagnon d'armes de Saigō lors de la guerre de Boshin, les forces gouvernementales prennent les hommes de Satsuma en tenaille avant qu'ils ne puissent consolider leurs défenses. Le 3 mars, la bataille de Tabaruzaka éclate et donne le *la* du déclin de la rébellion.

L'affrontement s'étend sur plus d'une dizaine de kilomètres dans un orage d'acier, de poudre et de fumée qui obscurcit le ciel. Les forces rebelles, qui reçoivent pourtant des renforts de Kagoshima et d'autres villes loyales à la cause de Takamori, ne parviennent pas à mettre en déroute cette nouvelle armée qu'ils pensaient incapable. Le siège de Kumamoto se poursuit jusqu'en avril ; s'installe alors entre les deux camps quelque chose que l'historien James H. Buck décrit dans son récit *Monumenta Nipponica* comme « des airs de guerre civile américaine ». Des familles séparées par la ligne de front se retrouvent face à face ; les hommes aperçoivent leurs pères, leurs fils ou leurs frères de l'autre côté. Des invectives sont lancées occasionnellement, des nouvelles sont échangées et, de temps en temps, des sabres s'entrechoquent et des têtes roulent.

Vers une inéluctable et sublime défaite

L'armée impériale parvient à mettre fin au siège de Kumamoto début avril. En une dizaine de jours, les hommes de Satsuma sont en déroute et, de défaite en défaite – à Hitoyoshi, à Nobeoka, à Miyakonojo –, sont repoussés vers leur lieu de départ, Kagoshima, où les émissaires de l'empereur ont fait en sorte qu'ils ne puissent plus recevoir de soutien. Sept mois après leur départ de Kagoshima, le 2 septembre, la rébellion de Satsuma est réduite à 400 samouraïs retranchés sur la colline de Shiroyama. Le général Yamagata Aritomo, l'architecte de cette première victoire de l'armée impériale sur la résistance, fait alors parvenir une lettre à son ami devenu adversaire de l'empire :

> En tant que chef de jeunes hommes vigoureux et résistant à une grande et célèbre armée lors de nombreuses et féroces batailles, votre renommée est déjà assez bien connue de tout le monde. [...] Je ne sais pas quelles autres choses vous pouvez espérer accomplir, à part une dernière défense sans espoir. [...] Je vous prie de juger

> par vous-même, tandis que tout est entre vos mains, et que vous pouvez épargner à nos deux armées des morts et des blessés. […] En écrivant cela, mes larmes tombent comme la pluie et je ne peux pas tout exprimer. Veuillez sympathiser avec la sincérité de ma douleur.

Saigō, qui donne l'ordre de se rendre à beaucoup de ses hommes, refuse, lui, de capituler. Le 24 septembre, après trois heures de tirs d'artillerie pour disperser et réduire à peau de chagrin les dernières dizaines d'irréductibles rassemblés autour de leur chef acculé, l'assaut final est donné par l'armée impériale. Il est 6 heures du matin. La révolte de Satsuma, dernier soupir du Japon féodal, s'achève dans la douce et froide obscurité d'une nuit d'automne.

Treize ans plus tard, en 1890, l'empereur Meiji pardonne sa rébellion à Saigō Takamori à titre posthume et lui rend tous ses titres. Comme une ultime révérence à un ennemi qui, jusqu'à son dernier souffle et dans chaque aspect de sa vie, aura vécu selon les valeurs fondamentales d'indépendance, de fierté et d'honneur. Un ennemi qui, plus de un siècle après sa mort, illumine toujours la culture japonaise, comme en témoigne cette phrase, inscrite sur une statue à son effigie trônant dans un parc d'Ueno :

> Les services que notre bien-aimé Saigō Takamori a rendus à la patrie n'ont besoin d'aucune louange, car les yeux et les oreilles du peuple en ont été les témoins.

Bibliographie sélective

Akamatsu Paul, *Meiji 1868. Révolution et contre-révolution au Japon*, Calmann-Lévy, 1968.

Buck James H., *The Satsuma Rebellion of 1877. From Kagoshima Through the Siege of Kumamoto Castle*, Sophia University, 1973.

Morris Yvan, *The Nobility of Failure : Tragic Heroes in the History of Japan*, Holt, Rinehart and Winston, 1975. Trad. fr. de Suzanne Nétillard : *La Noblesse de l'échec. Héros tragiques de l'histoire du Japon*, Gallimard, coll. « La suite des temps », 1980.

Murray John, *The Satsuma Rebellion. An Episode of Modern Japanese History*, John Murray, 1879.

Ravina Mark, *The Apocryphal Suicide of Saigō Takamori : Samurai, "Seppuku", and the Politics of Legend*, Association Asian Studies, 2010.

Souyri Pierre-François, *Nouvelle histoire du Japon*, Perrin, 2010.

—, *Histoire du Japon médiéval*, Perrin, 2013.

—, *Samouraï : 1000 ans d'histoire du Japon*, Presses universitaires de Rennes, 2014.

Yates Charles L., *Saigō Takamori : The Man Behind The Myth*, Routledge, 1995.

15

Irlande, 1923
Les vaincus de la guerre civile

par Pierre Joannon

En déclenchant l'insurrection contre la Couronne britannique à Dublin, lors de la fête de Pâques 1916, les nationalistes irlandais de l'Irish Republican Brotherhood, du Sinn Féin et de l'Irish Citizen Army précipitaient leur pays dans une guerre civile qui serait longue et sans pitié. Plus de cinq ans plus tard, le 6 décembre 1921, une paix de compromis était signée, à Londres, entre le gouvernement britannique et certains chefs nationalistes, dont Michael Collins, héros de la guerre d'indépendance. L'Irlande, amputée de l'Ulster, devenait un dominion au sein de l'Empire. Mais ce traité était aussitôt rejeté par la majorité des nationalistes, provoquant un nouveau conflit entre les partisans d'un compromis avec les Anglais et leurs adversaires, qui voulaient l'indépendance totale. Cette sanglante guerre civile dans la guerre civile s'achèverait en 1923.

En paraphant à Downing Street le traité anglo-irlandais du 6 décembre 1921, Michael Collins, le héros de la guerre d'indépendance, ne se faisait guère d'illusion. « Songe-t-on à ce que j'ai obtenu pour l'Irlande ?, confia-t-il à un ami. Ce à quoi elle aspirait depuis sept cents ans. Mais qui donc se satisfera de ce compromis, qui l'approuvera ? Je te le dis, tôt ce matin j'ai signé mon arrêt de mort. »

Conclu sous la menace d'une reprise de la guerre « immédiate et terrible », l'accord de paix, s'il ne leur donnait pas tout, concédait beaucoup aux nationalistes irlandais. L'Angleterre amenait le drapeau, rembarquait ses policiers et ses soldats, abrogeait l'acte d'union de 1800 entre les deux îles et reconnaissait l'Irlande en tant que nation ; 26 comtés de l'île Verte se voyaient conférer le statut de dominion sur le modèle du Canada.

Mais les Irlandais étaient contraints de renoncer à la république proclamée lors du soulèvement de Pâques de 1916. Ils devaient entériner la partition de l'île instituée par une loi du parlement de Westminster de décembre 1920. L'Angleterre conservait des bases navales dans le sud de l'Irlande. Et, *summa injuria*, les nationalistes devaient accepter certains symboles de la souveraineté impériale qui répugnaient à leur conscience, au premier rang desquels le serment de loyauté à « Sa Majesté le roi George V et à ses successeurs ».

Les débats sur le traité enflamment l'opinion

Au retour des plénipotentiaires irlandais à Dublin, le pays s'embrasa. Le gouvernement irlandais se scinda en deux factions hostiles : Éamon de Valera, le président du Dail Eireann, l'Assemblée nationale irlandaise issue des élections de décembre 1918, et Cathal Brugha, ministre de la Défense nationale du cabinet de guerre, accusèrent de forfaiture Arthur Griffith, le chef de la délégation irlandaise, et Michael Collins, le ministre des Finances et véritable stratège de la guerre d'indépendance. Du

14 décembre 1921 au 10 janvier 1922, partisans et adversaires du traité signé à Londres s'apostrophèrent avec une violence inouïe dans les travées du Dail Eireann.

Les empoignades verbales portèrent essentiellement sur la concession de bases navales à l'Angleterre, le statut de dominion à l'intérieur de l'Empire britannique et le serment de fidélité à la Couronne. Les débats ne portèrent pratiquement pas sur la question, autrement importante, de l'unité territoriale. Une clause du traité prévoyait qu'une commission frontalière procéderait à des rectifications de frontières dans le cas, plus que probable, où les Nord-Irlandais ne souhaiteraient pas se rallier au Sud. Cette maigre contrepartie semble avoir apaisé la conscience de la plupart des députés rétifs aux termes de l'accord de paix. Ainsi, prétendre que la partition instituée par la loi sur le gouvernement de l'Irlande, votée par le parlement de Westminster le 23 décembre 1920, fut la principale pomme de discorde entre partisans et adversaires du traité est une contre-vérité historique, on ne le soulignera jamais assez.

Le 6 janvier 1922, Éamon de Valera démissionna de son poste de président du Dail Eireann. Le lendemain, l'Assemblée ratifia le traité par 64 voix contre 57. Le 9, Arthur Griffith succéda à de Valera et forma, dès le lendemain, un gouvernement provisoire chargé de soumettre le traité à référendum et de jeter les bases de la Constitution de l'État libre d'Irlande.

Dans le pays, un fort courant se dessinait en faveur du traité. Il comprenait les membres du conseil suprême de l'Irish Republican Brotherhood, la vieille société secrète contrôlée par Collins; mais aussi pratiquement tout le grand quartier général de l'IRA (l'armée clandestine nominalement rattachée au Dail Eireann, qui avait tenu la dragée haute aux forces de l'ordre britanniques depuis janvier 1919); les Églises de toute confession; les unionistes du Sud abandonnés par l'Angleterre;

la bourgeoisie industrielle et commerçante ; les fermiers ; une bonne partie des prisonniers amnistiés ; les dirigeants travaillistes et syndicaux. En résumé, les signataires du traité pouvaient compter sur les patriotes réalistes, qui trouvaient dans ses articles bien « assez de liberté pour parachever la liberté », selon la formule de Collins, et sur l'opinion modérée hostile aux désordres et à la poursuite d'une guerre stérile et ruineuse pour l'Irlande.

Pour ou contre le traité : réalistes contre romantiques

Contre lui, le traité avait une jeunesse ardente et généreuse ; les commandants locaux de la guérilla les plus combatifs, Liam Lynch, Tom Barry, Ernie O'Malley ; cette large section de l'IRA naïvement persuadée d'avoir écrasé l'armée anglaise sur le terrain ; les mères, les veuves et les sœurs des martyrs de la cause révolutionnaire, les Margaret Pearse, Kathleen Clarke, Mary MacSwiney, Constance Markievicz, Maud Gonne MacBride ; la mince phalange des radicaux tentés par une république sociale des travailleurs comme Liam Mellows, Peadar O'Donnell, George Gilmore ; les résistants de la vingt-cinquième heure et tous ceux qui prospèrent sur le désordre et ne sont jamais pressés de mettre les armes au rancart.

Le traité du 6 décembre 1921 mobilisait en somme contre lui les incurables romantiques, les partisans de la force contre le droit, les fanatiques d'une république impossible et les idéalistes doctrinaires coupés de la réalité. « La république est pour nous une foi vivante, une réalité spirituelle plus forte que tous les avantages matériels que vous pouvez offrir », écrivit Mary MacSwiney à Richard Mulcahy, ministre de la Défense nationale et chef d'état-major de l'armée régulière nommé en janvier 1922. C'était la mystique républicaine irlandaise en lutte ouverte contre les contingences politiques de toute nature. Une minorité d'anciens officiers de l'IRA refusèrent l'embrigadement dans un camp ou dans l'autre et se proclamèrent « neutres » sans pouvoir ralentir la course à l'abîme.

La transition s'accélérant, le parlement du Sud, distinct du Dail Eireann, se réunit le 14 janvier 1922. Il ratifia à son tour le traité et désigna un gouvernement provisoire quasiment identique à celui du 10 janvier. Dans la foulée, Michael Collins reçut la reddition du château de Dublin des mains du dernier vice-roi. Les 40 000 soldats britanniques et les 13 000 supplétifs de la police commencèrent à évacuer le pays. La Royal Irish Constabulary fut dissoute, tandis que le gouvernement provisoire de l'État libre recrutait une « garde civique » pour la remplacer. Une armée régulière fut levée en toute hâte, intégrant les unités de l'IRA restées fidèles, des volontaires issus des rangs des anciens régiments irlandais de l'armée britannique, des soldats anglais démobilisés attirés par la solde, des repris de justice, voire d'anciens membres de la police militarisée. La formation, l'équipement et la discipline de ces unités forgées de bric et de broc laissèrent longtemps à désirer.

Les opposants au traité, de leur côté, ne restaient pas inactifs. Les unités de l'IRA qu'ils contrôlaient s'efforçaient, partout où elles le pouvaient, de prendre de vitesse l'armée régulière en occupant les casernes évacuées par les troupes anglaises, faisant du même coup main basse sur les dépôts d'armes et de munitions. Le 22 mars 1922, Rory O'Connor, président du conseil militaire de l'IRA hostile au traité, convoqua les journalistes et leur expliqua que, dans certaines circonstances, « la révolution était justifiée et que l'armée, dans maints pays, avait été contrainte de renverser le pouvoir civil ». Un reporter lui demanda s'il était partisan d'une dictature militaire, ce à quoi il répondit : « Libre à vous de l'entendre ainsi. » Quatre jours plus tard, Rory O'Connor, Liam Mellows et Oscar Traynor, les officiers les plus déterminés de l'IRA hostile au traité, réunirent à Dublin une Convention des volontaires qui proclama l'autonomie de l'institution militaire, désigna un nouvel exécutif et nomma un Conseil de l'armée de sept hommes : Liam Lynch fut élu chef d'état-major des troupes en rupture de ban avec les autorités. Le 13 avril 1922, Rory O'Connor et ses partisans prirent d'assaut le palais de justice de Dublin qu'ils transformèrent en camp retranché.

Les républicains avaient les meilleurs officiers, ils ne manquaient au début ni d'armes ni de munitions, mais leur indécision, leur stratégie purement défensive, leur absence de coordination entre les différents théâtres d'opérations, et enfin leur incapacité à exploiter leurs premiers succès et à profiter de l'impréparation de l'armée régulière pesèrent lourd dans la balance.

Conforté par le résultat des élections, Collins prend les devants

Collins, qui n'avait jamais perdu l'espoir de faire rentrer au bercail les brebis égarées, tenta bien de négocier un pacte électoral avec de Valera. Mais cette tentative de réconcilier les frères ennemis, même temporairement, tourna court. Il en fut de même des discussions avec sir James Craig, Premier ministre d'Irlande du Nord. Dans ce climat troublé, il revenait aux citoyens de trancher par la voie des urnes. Les élections pour le renouvellement du Dail Eireann eurent lieu le 16 juin 1922 dans une atmosphère de violence et d'intimidation peu compatible avec l'expression sereine des opinions. Le scrutin fut un véritable référendum sur le traité. Les partisans de Griffith et

Collins s'adjugèrent 92 sièges, les républicains n'en obtinrent que 36.

Moins d'une semaine après la consultation, l'ancien chef d'état-major des armées impériales, sir Henry Wilson, était abattu par deux Irlandais. L'Angleterre mit en demeure le gouvernement provisoire de l'Irlande de rétablir son autorité bafouée par les opposants au traité. Il se trouvait que la garnison républicaine du palais de justice avait kidnappé le général « Ginger » O'Connell, chef d'état-major adjoint de l'armée régulière. Collins adressa un ultimatum à Rory O'Connor. Ce dernier ayant refusé de libérer son otage et de vider les lieux, Collins donna ordre, le 28 juin à l'aube, de pilonner au canon et de prendre d'assaut la forteresse rebelle. Dublin, qui se relevait à peine des ruines consécutives à l'insurrection de Pâques 1916, fut de nouveau à feu et à sang. Les foyers républicains autour du palais de justice et dans le centre-ville furent réduits un par un, au terme d'un impitoyable combat de rue à rue et de maison à maison. Écrasés sous le nombre et l'armement des troupes régulières, les insurgés durent mettre bas les armes.

De Dublin, la guerre se transporta en province, surtout dans le Sud-Ouest où les troupes républicaines furent peu à peu refoulées et chassées, non sans vive résistance, de tous les centres urbains qu'elles occupaient : Limerick, Waterford, Cashel, Tipperary, Cork. La rébellion se transforma alors en guérilla. Tous les moyens employés en 1920-1921 contre les forces de l'ordre britanniques furent utilisés contre les troupes régulières. Attaques soudaines de bandes insaisissables, embuscades, raids sur les bâtiments militaires et administratifs, destructions des manoirs de la *gentry* anglo-irlandaise, attentats à l'explosif, fusillades dans les rues, sabotages des trains et des voies ferrées, attentats isolés contre des personnalités, exécutions de mouchards : tous ces procédés de la guerre révolutionnaire refirent leur apparition. Le pays se reprit à vivre dans la terreur des coups de main et des représailles.

De la guerre à outrance à la défaite des opposants au traité

Les troupes gouvernementales se montrèrent implacables. Les bandes d'« irréguliers » furent pourchassées sans trêve, les prisonniers torturés, les otages exécutés. Des deux côtés, on commit d'abominables excès. Une folie sanguinaire submergea alors la Verte Erin. La bravoure la plus folle fit pendant à la plus extrême cruauté. Pendant cette période tragique, l'Irlande perdit l'élite de ses chefs. Arthur Griffith, le fondateur du Sinn Féin, le parti qui en était venu à incarner la lutte pour l'indépendance de l'île, succomba à l'épuisement et à une hémorragie cérébrale le 12 août 1922. Michael Collins, le jeune chef adulé et victorieux de la guerre d'indépendance et président du gouvernement provisoire, fut abattu d'une balle irlandaise dans son comté natal de Cork le 22 août suivant.

La nouvelle équipe gouvernementale était résolue à écraser la rébellion par tous les moyens. Le Dail octroya des pouvoirs spéciaux à l'armée. Les cours martiales envoyèrent 81 républicains au poteau d'exécution entre le 17 novembre 1922 et le 2 mai 1923. Un député du West Cork ayant été assassiné et un autre blessé, le gouvernement ordonna en représailles l'exécution sommaire de Rory O'Connor, Liam Mellows, Dick Barrett et Joe Mc Kelvey, quatre anciens commandants de la garnison républicaine du palais de justice.

Le sort faisait le vide autour d'Éamon de Valera. Chef austère et charismatique, il était la personnification du combat désespéré du dernier carré républicain. En réalité, s'il avait exercé sur ses partisans le pouvoir qu'on lui prêtait, il n'y aurait sans doute pas eu de guerre civile. Il était favorable à une association externe avec les nations de l'Empire britannique, une alternative subtile au traité qui avait été rejetée avec mépris par les républicains purs et durs qui battaient la campagne. Il s'était incliné et avait consenti à jouer le rôle de président nominal de la faction incorruptible du nationalisme irlandais. Pure figuration : comme pendant la guerre d'indépendance, l'autorité n'appartenait pas aux politiques, mais aux chefs militaires de la guérilla.

Liam Lynch était convaincu de pouvoir l'emporter par les armes. En réalité, la guérilla agonisait. Excommuniée par l'Église catholique, elle était à court d'armes et de munitions. La population irlandaise lui marchandait son soutien, l'opinion irlando-américaine la boudait, le gouvernement lui portait des coups mortels, l'armée la traquait impitoyablement. La mort de Liam Lynch dans les montagnes de Knockmealdown, le 10 avril 1923, fut le signe évident de la défaite. Le 24 mai 1923, Frank Aiken, commandant de la 4e division du Nord et successeur de Lynch, appela les dernières unités rebelles à renoncer à la lutte et à enterrer leurs armes. Président de l'impossible république d'Irlande, de Valera déclara le même jour à ses partisans : « La victoire militaire doit pour le moment être concédée à ceux qui ont détruit la république. »

Les séquelles de la guerre civile irlandaise

Officiellement, la guerre civile était terminée. Elle laissait derrière elle un amoncellement de ruines et, devant elle, un héritage de violences et de rancœurs doublé d'un esprit de vengeance dont l'Irlande mit plus de quatre décennies à s'affranchir. Elle contribua à stabiliser l'État unioniste probritannique en Irlande du Nord et à rendre impossible tout projet réaliste de réunification, et même de coopération interfrontalière. Elle attaqua la fibre morale de cette génération qui avait eu 20 ans au lendemain de la Première Guerre mondiale et qui s'était bercée d'illusions, le fusil à la main dans les chemins creux du West Cork et du Tipperary. Cette amertume fut parfaitement résumée par le vieux révolutionnaire Denis McCullough dans une lettre à son beau-frère, le général Mulcahy :

> Nous nous sommes bercés de rêves qui se sont cruellement dissipés. Je rêvais d'une Irlande qui n'a jamais existé et qui ne pouvait pas exister. Je rêvais du peuple d'Irlande comme d'un peuple héroïque, un peuple gaélique. Je rêvais d'une Irlande bien différente de celle que j'ai sous les yeux, et je me dis que je n'avais pas tout à fait tort…

La république, en 1923, était une cause désespérée, mais pas une cause perdue. En 1932, les vaincus de la guerre civile remportèrent les élections et Éamon de Valera accéda au poste de Premier ministre de l'État qu'il avait traîné dans la boue. En 1937, il fit adopter par référendum une Constitution à laquelle il ne manquait que le nom pour être républicaine. Et le jour de Pâques 1949, à l'instigation des héritiers de Collins et Griffith, la république fut officiellement proclamée devant la grande poste de Dublin où s'étaient retranchés les chefs de l'insurrection de 1916. D'une certaine manière, le rêve du dernier carré républicain était devenu réalité.

Bibliographie sélective

Dorney John, *The Civil War in Dublin. The Fight for the Irish Capital, 1922-1924*, Dublin, Irish Academic Press, 2017.

Hopkinson Michael, *Green Against Green. The Irish Civil War*, Dublin, Gill and Macmillan, 1988.

Joannon Pierre, *Histoire de l'Irlande et des Irlandais*, Perrin, 2009.

O'Malley Ernie, *The Singing Flame*, Cork, The Mercier Press, 2012.

16

De la Crimée à la Tunisie, 1920-1924

L'agonie des armées blanches

par Alexandre Jevakhoff

Rejetées à la mer par l'avancée de l'Armée rouge en Crimée, les forces militaires blanches rejoignent par bateau Constantinople à la fin de l'automne 1920. Leur commandant en chef, le général Vranguel, pour qui il n'est pas question de renoncer à la lutte, compte bien maintenir une armée contre-révolutionnaire digne de ce nom. Mais rapidement, sous la pression des Alliés, la France en tête, la majorité des soldats russes est contrainte de s'exiler à Gallipoli, Lemnos et Bizerte. Dans ces lieux guère accueillants, les officiers blancs tentent de reconstituer, sans moyens, des bataillons aptes au combat via *des écoles militaires remises sur pied, comme celle, navale, de Saint-Pétersbourg. Jusqu'au jour où il faudra bien hisser le drapeau impérial une dernière fois et rejoindre les autres réfugiés civils – en France métropolitaine, en Allemagne, en Serbie, en Bulgarie, en Grèce continentale… – ou se noyer dans la population de l'ancienne capitale ottomane. Triste fin d'une lutte homérique qui a scellé pour trois quarts de siècle le destin de l'empire défunt des Romanov sous le nouveau sceptre de fer des tsars rouges.*

À la mi-novembre 1920, une étonnante procession navale s'éloigne de Sébastopol et de quatre autres ports de Crimée. Du cuirassé à la barcasse en passant par les navires de transport et les sous-marins, quelque 140 embarcations en tous genres et de tout tonnage emportent 145 000 Russes : combattants de l'armée et de la flotte, militaires blessés, civils des deux sexes et plusieurs milliers d'enfants. Tous ceux qui, jusqu'au dernier moment, se sont battus contre l'Armée rouge, tous ceux qui préfèrent l'exil au régime bolchevique, tous ceux qui ont pu monter à bord. Sans oublier quelques agents soviétiques infiltrés.

Si l'ultime bataille se déroule en Russie en 1922 du côté de Vladivostok, l'évacuation de la Crimée met fin, de fait, aux opérations de la guerre civile engagée en 1917 entre les rouges et leurs ennemis, principalement les blancs. Le franchissement par les troupes de Trotski de l'isthme de Perekop, qui relie la presqu'île de Crimée à la Russie proprement dite, a détruit les plans du général baron Vranguel, dirigeant civil et commandant en chef de l'armée russe depuis avril 1920.

Esprit réaliste formé dans une école d'ingénieurs avant de devenir officier de cavalerie, Vranguel, le commandant en chef des armées blanches, n'ignorait rien des risques qu'il prenait en succédant au général Dénikine[1]. Dès son entrée en fonctions, il avait d'ailleurs chargé le chef d'état-major de la marine de préparer une évacuation par la mer. Ses prévisions sont doublées compte tenu du nombre de civils décidés à partir et de l'ampleur de l'exode. C'est donc une véritable tragédie humaine que doit affronter le général baron, d'autant que Londres refuse

1. Défait en mars 1920 à Novorossiisk après de brillantes victoires en 1919, contesté par plusieurs généraux blancs, Dénikine démissionna de son poste de commandant des forces armées de la Russie du Sud et quitta la Russie pour Constantinople puis l'Angleterre le 4 avril.

d'apporter le moindre concours, Vranguel ne peut donc se tourner que vers Paris. La France, qui vient de reconnaître son gouvernement, accepte de fournir le charbon nécessaire aux navires blancs et promet que sa flotte saura faire usage de la force contre l'Armée rouge.

Partir, oui, mais pour aller où ? « J'évacue avec mes navires et en mer, déclare Vranguel, je lance le signal de détresse SOS au monde civilisé. » L'homme est un habile communicant : il sait où il veut et où il ne veut pas aller. Il sait surtout que la décision ne lui appartient pas : elle est entre les mains des Français avec qui il a négocié avant de quitter la terre russe pour mettre l'armée, la flotte et tous les évacués sous leur protection. Le pavillon tricolore français ondoie donc en haut des mâts russes, direction Constantinople.

L'armée russe à Constantinople

On pourrait croire le rêve enfin réalisé : les soldats russes sont à Tsargrad, communément appelée Constantinople. Mais en cette fin d'année 1920, le lieu n'a en réalité rien à voir avec les ambitions tsaristes. Capitale d'un Empire ottoman allié des Allemands et, comme eux, vaincu en 1918, Constantinople-Istanbul est occupée depuis deux ans par les Britanniques, les Français, les Italiens et les Grecs. Le traité de Sèvres conclu le 10 août 1920 a démembré l'Empire ottoman, internationalisé les détroits des Dardanelles et transformé le sultan en un eunuque diplomatique. Autant de perspectives refusées par les nationalistes turcs regroupés à Ankara autour du général Mustapha Kemal : la Turquie s'est retrouvée dès lors plongée dans une guerre civile entre les forces fidèles au sultan, que soutiennent les Britanniques et les Grecs, et les troupes kémalistes. Une guerre civile à laquelle n'échappe pas Constantinople, décor plus que jamais ouvert à toutes les aventures.

Nulle part, l'arrivée en quelques jours de 145 000 personnes, dont quelque 60 000 militaires à peine sortis du feu, ne passerait inaperçue. Sur les bords du Bosphore, tandis que les mercantis assiègent les navires venus de Crimée pour vendre à leurs passagers eau et nourriture au prix de l'argenterie et des fourrures, les Alliés se demandent comment se débarrasser de la cohorte conduite par Vranguel – cohorte, et non armée. Là-bas, comme à Paris, les autorités françaises, en première ligne par la force des choses, ne veulent plus entendre parler d'armée russe. Vingt ans avant un autre général avec lequel il partage une taille bien supérieure à la moyenne, le baron, lui, considère avoir perdu une bataille, mais pas la guerre. En Géorgie ou en Arménie, sur un autre front, il est prêt à reprendre le combat contre les bolcheviques. L'incompréhension avec Paris est ainsi radicale. Struve, l'ancien responsable des Affaires étrangères dans le gouvernement Vranguel, écrit alors au Quai d'Orsay que « la décision du gouvernement français de considérer l'armée russe évacuée comme de simples réfugiés et de la disloquer » le plonge dans un « sentiment profondément pénible ». Ceux qui ont été obligés de quitter la terre russe sont conscients de défendre les intérêts de tous les États civilisés contre le bolchevisme, argumente-t-il en expliquant que l'évacuation n'avait pour objectif que de mieux « reprendre la lutte dans l'avenir ». « L'armée et son chef [...] s'étaient mépris sur l'attitude que leur réservaient les Alliés » : « Nous sommes persuadés, conclut Struve, que cette mesure n'a été prise par [le gouvernement français] que sous la pression de conditions en dehors de sa volonté. »

Début décembre 1920, lorsque Struve envoie sa lettre, la cause est entendue, avec un seul mot d'ordre : disloquer.

Autrement dit, envoyer les militaires et les autres évacués partout où cela est possible pour éviter leur concentration à Constantinople. Serbie, Bulgarie, Roumanie et Grèce sont sollicitées par la France. Seront retenues aussi l'île de Lemnos, mise à disposition, officieusement, par le général britannique Harrington pour accueillir les Cosaques du Kouban et du Don ; la presqu'île de Gallipoli, destinée, le long de la rive européenne des Dardanelles, au 1er corps d'armée (l'ancienne armée russe) ; et enfin Bizerte, au sud-est de Tunis, où sont envoyés une trentaine de navires russes en état de combattre, environ 4 500 marins et leurs familles.

Lemnos, Gallipoli, Bizerte : trois lieux inscrits dans l'univers militaire russe, des lieux destinés à briser les dernières illusions. « Lemnos, écrit un témoin oculaire, est un de ces endroits sur terre où l'hiver est très froid avec un vent violent nord-est qui souffle toujours, et l'été est très chaud. » Pendant la guerre de Crimée, Gallipoli a reçu des prisonniers russes avant que la bataille des Dardanelles ne réduise la petite ville et ses environs à peu de chose ; quand le général Koutepoff découvre la vallée, triste et poussiéreuse, proposée pour installer le camp de ses hommes, le commandant du 1er corps d'armée n'en croit pas ses yeux : « Et c'est tout ? » C'est effectivement tout, répond l'officier français chargé d'organiser l'accueil des Russes : un désert « de la mort et des roses, des reptiles et des serpents » qui va bientôt se couvrir de tentes blanches pour abriter près de 26 000 hommes. En comparaison, Bizerte, son soleil et ses palmiers rappelleraient presque la Crimée des beaux jours, à condition d'effacer la distance d'avec la mère patrie.

Le berger et son chien de garde

Vranguel ne veut pas entendre parler de la dislocation. Pour cet héritier d'une lignée multiséculaire qui compte quarante-cinq maréchaux, généraux et amiraux, le démembrement de l'Armée russe n'est pas seulement un échec personnel : c'est surtout un miroir qui se brise. Celui dans lequel le général se voyait l'allié de la France, combattant épaule contre épaule avec les troupes tricolores contre l'Armée rouge. Pourquoi Paris oublie-t-il aussi vite avoir reconnu son gouvernement ? Pourquoi la France considère-t-elle que « l'abandon provisoire du territoire gouvernemental » met fin à l'existence dudit gouvernement ? Pourquoi les Alliés ne veulent-ils pas admettre combien une armée russe disciplinée peut les aider contre la menace bolchevique ? Avec un à-propos que ce militaire devenu sur le tard un animal politique mélange habilement à sa sincérité patriotique, Vranguel engage donc un bras de fer avec les Français.

Mais un bras de fer pour le moins inégal. À Paris, les rivalités politiques se multiplient au sein de l'émigration russe entre ceux qui sont las de tous ces officiers généraux blancs et de leurs échecs successifs, et ceux, de moins en moins nombreux, qui défendent le baron. De quoi enlever aux autorités françaises leurs doutes ultimes : Vranguel n'est plus qu'une non-valeur qu'il n'est pas question de traiter en chef d'État. Tout au plus pourra-t-il être invité à Paris quand sa présence à Constantinople ne sera plus nécessaire… pour maintenir la discipline chez les Russes ; certains responsables, tout particulièrement les chefs militaires en poste à Constantinople, comprennent que disloquer les troupes blanches est plus facile à dire qu'à faire. Entre les nationalistes turcs de Kemal Pacha, les brigands de tout poil, les agents bolcheviques et la fatigue de leurs troupes, les Alliés n'ont pas vraiment les moyens de contenir les hommes de Vranguel si ceux-ci viennent à s'agiter. Car même désarmés – à leur arrivée, seuls les officiers avaient été autorisés à garder leurs armes –, même répartis entre Lemnos et Gallipoli, même épuisés et malades du typhus, de la tuberculose ou de la malaria, les Cosaques et surtout le corps d'armée russe restent une force redoutable.

D'autant que le commandant du corps d'armée, le général Alexandre Koutepoff, n'est pas homme à se laisser manœuvrer. Trapu comme un batelier de la Volga, portant une barbe noire de pirate, le presque quadragénaire ne ressemble guère à l'image convenue de l'officier de la Garde impériale. En 1917 pourtant, il commandait le Préobrajenski, un de ses régiments les plus glorieux, avant de se précipiter dans les rangs des Volontaires, les combattants antibolcheviques. D'une énergie infatigable, il a gagné ses étoiles de général et une réputation – remarquable chez les blancs, redoutable chez les rouges – qui l'a imposé aux côtés de son chef.

Avec Koutepoff, le berger Vranguel dispose du chien de garde le plus sûr. Rechercher la popularité ou susciter l'empathie lui est étranger : il ne pense qu'à la renaissance de sa Russie. À Gallipoli, sa mission se résume en un mot : préserver le corps d'armée des tentatives bolcheviques, des vexations françaises – le général Charpy, le commandant en chef allié à Constantinople, s'étonne : de quoi se plaignent ces Russes, alors que leurs rations sont sensiblement supérieures à celles accordées par les soviets à l'Armée rouge ? –, et même des doutes qui assaillent ses militaires désœuvrés. La guerre civile les a transformés, souvent déshumanisés, avant que le départ de Crimée, la quarantaine imposée à Constantinople et la découverte de Gallipoli ne les confrontent aux exigences les plus primitives. Officiers et soldats doivent renouer avec les règles militaires fondamentales, à commencer par la discipline. Son respect, explique-t-il dans un ordre adressé moins d'une semaine après l'installation à Gallipoli, est une exigence, en particulier à l'étranger, pour qui se targue d'être un officier ou un soldat russe. Ainsi, début 1921, face à la multiplication des duels entre des officiers tellement nombreux par rapport aux soldats que la plupart se retrouvent dans des fonctions étrangères à leurs galons, Koutepoff est encore obligé de rappeler que l'autorisation de régler des désaccords par le duel suppose des comportements de *gentlemen* et non un assassinat déguisé ou un acte de justice sommaire…

Vranguel, lui, ne peut se rendre à Gallipoli ou à Lemnos sans l'autorisation des Français. Le pouvoir du général russe ne dépasse plus le pont de son yacht *Loukoul* (Lucullus), ancré au milieu du Bosphore comme un défi à tous ceux qui ont inscrit le mot « fin » à côté de son nom. L'obstination du baron ne le rend pourtant pas aveugle. Aux premiers jours de 1921, son état-major écrit aux représentants de l'armée russe en Tchécoslovaquie, en Grèce, en Serbie, en Pologne et en France pour leur signifier que la lutte contre les bolcheviques n'est pas finie. En attendant son heure, l'armée russe continuera de tenir un rôle majeur pour libérer la patrie.

Cependant, toutes les décisions du commandement français relatives à des « intérêts locaux » ont pour objet de s'opposer à cette volonté du commandant en chef. Afin de paralyser leurs conséquences néfastes, Vranguel décide de maintenir, d'une part, l'organisation militaire coûte que coûte et, d'autre part, les liens du commandant en chef avec ses troupes. Il faut donc que dans chaque pays d'accueil de militaires réfugiés soient créées des structures permettant le maintien de ces liens. Aux destinataires de ses instructions de faire le nécessaire, en tenant compte des contraintes financières, morales et culturelles.

Un placement d'avenir

Former les futurs officiers russes est donc une priorité. À Gallipoli, un peu moins de 1500 jeunes hommes se répartissent dans six écoles militaires pour obtenir leurs épaulettes de fantassins, de cavaliers, d'artilleurs ou d'ingénieurs militaires. À Bizerte, ou plus exactement au fort de Djebel Bekir, à quelques kilomètres du port où stationnent les navires russes, près de 350 cadets et gardes-marine suivent la scolarité de l'École navale. La composition des compagnies retrace l'extraordinaire chronique de la guerre civile, entre ceux d'abord scolarisés à Vladivostok avant de rejoindre la Crimée, ceux de Sébastopol et les plus jeunes, parfois plus proches du gibier de potence que du traditionnel élève de la prestigieuse institution. Les salles des beaux bâtiments de Saint-Pétersbourg, il est vrai, paraissent bien éloignées des tristes locaux africains qu'il a fallu longtemps désinfecter et qui, faute de réseau électrique permanent, sont alimentés par des dynamos. Autant de changements que l'on veut oublier, pour faire comme avant et maintenir les traditions, jusqu'au dîner de l'École navale, organisé dans les douves du fort avec l'irremplaçable oie farcie ! Il faut pourtant se contenter de tourner sur le lac de Bizerte, Paris ayant interdit les sorties en mer. En fait, la Royale n'est pas hostile à ce que l'amiral de Bon, chef de la flotte française à Constantinople, qualifie de « placement d'avenir » : « Soit qu'ils [les élèves officiers] se feront naturaliser, soit qu'ils constitueront ultérieurement dans la Russie nouvelle un élément d'influence française. »

À Gallipoli, les contraintes sont bien plus lourdes : pas de canon pour les futurs artilleurs, pas de chevaux pour les futurs cavaliers, peu d'armes pour les futurs fantassins. Les cahiers sont tellement rares qu'il faut les partager à trois ou quatre… Ce qui n'empêche pas les élèves officiers, le jour de leur promotion, d'impressionner tous les spectateurs lors de la parade dans les rues de la bourgade turque.

À Gallipoli comme à Bizerte, les aspirants comme leurs enseignants luttent contre une vérité inexorable. La présence des tirailleurs sénégalais leur rappelle qu'ils ne sont plus en Russie et que, quelles que soient leurs intentions, ils ne sont pas maîtres de leur destin.

Dans cette atmosphère, les informations en provenance de la Sovdepiya[2] prennent une importance considérable, surtout quand elles font croire à un retour possible. À Noël 1920, Gallipoli apprend qu'un coup d'État aurait éliminé Lénine et Trotski ; Broussilov, le général de la fameuse offensive en juin 1916, sorti de sa retraite début 1920 à l'heure de la guerre contre l'ennemi héréditaire polonais, aurait pris le pouvoir. L'« information » se révèle entièrement fausse. Quelques semaines plus tard, une autre nouvelle fait bondir les cœurs d'espérance. Cette fois, il n'est plus question de bruits d'origine inconnue, la presse internationale n'étant pas la dernière à décrire le soulèvement des marins de Kronstadt, la base navale de Petrograd, contre le pouvoir soviétique. Ces derniers, fers de lance lors des événements révolutionnaires de 1917 et de la prise de pouvoir bolchevique, se battent désormais contre l'Armée rouge au nom d'une liberté bafouée. Quel symbole pour le mouvement blanc ! Moscou ne s'y trompe pas : le pouvoir rejette toute justification démocratique dans les revendications des révoltés. Ce sont des espions français qui sont à la manœuvre, avec l'objectif de rétablir la pire des autocraties… Mi-mars 1921, près de 50 000 hommes de l'Armée rouge

2. La Russie soviétique.

commandés par Toukhatchevski et accompagnés de mitrailleuses tchékistes – pour éviter que les âmes faibles ne reviennent sur leurs pas – prennent d'assaut Kronstadt. Officiellement, les combats font environ 1500 morts ; l'ouverture d'archives soviétiques secrètes au début des années 1990 permettra d'établir que près de 2200 révoltés ont été exécutés et environ 6500 condamnés.

À Gallipoli et à Bizerte, on avait déjà cru Petrograd pris et le gouvernement rouge chassé de Moscou. On était même persuadé que la révolte allait triompher : le peuple russe pouvait-il ne pas soutenir un mouvement porté par des matelots sortis de ses rangs ? La déception est d'autant plus lourde que, fin mars, les autorités françaises imposent ce que les Russes qualifient à bon droit d'ultimatum : « Si vous ne partez pas pour le Brésil ou ne rentrez pas en Russie soviétique, vous n'aurez droit à aucune assistance française », leur est-il signifié en substance.

Pour comprendre cet « ultimatum », il faut revenir à la fin 1920. Selon un décompte « exact » établi alors, compte tenu des départs pour la Serbie, la Roumanie, la Grèce et la Bulgarie ainsi que pour Bizerte, déduction faite des civils autorisés à séjourner à Constantinople à leurs frais et des Russes « recensés mais non localisés », environ 100000 réfugiés de Crimée restent encore à Gallipoli et Lemnos à la charge, économique et politique, de la République française. C'est trop.

La France fait alors feu de tout bois, en proposant le recrutement de militaires dans la Légion étrangère – une désertion, décrète Koutepoff – et en sollicitant treize pays et l'Empire colonial pour accueillir les réfugiés. Un seul se montre favorable : l'État de São Paulo au Brésil. Il se déclare prêt à accepter des agriculteurs. Reste surtout l'arme ultime : « L'assistance française n'est en aucune façon restrictive de leur liberté et, notamment, [ils] sont libres de retourner en Russie. » Le message est surligné : le rapatriement est « la solution la plus conforme aux intérêts de la plupart [des réfugiés] ». À l'heure de cet « argumentaire », les services français savent parfaitement que l'arrivée des rouges en Crimée a donné lieu à une « répression impitoyable ». S'ils peuvent encore en ignorer l'ampleur systémique et la rare cruauté, leur sont connues les fusillades d'hommes et de femmes, de militaires et de civils, de jeunes et de vieillards, au seul nom d'une idéologie totalitaire.

Pourtant, dès la mi-janvier 1921, Paris ordonne à Constantinople d'organiser ces départs sans attendre l'accord soviétique. Un mois plus tard, un navire turc emporte 3 300 personnes, principalement des Cosaques, à Novorossiisk : « Votre sécurité est garantie », leur a-t-on expliqué. Dans les semaines et les mois qui suivent, d'autres navires arrivent à Novorossiisk, Odessa et Batoum. Au total, plus de 15 000 Russes, dont près de 6 000 à Batoum, font le voyage, après avoir embarqué, pour certains, sous la menace des mitrailleuses françaises. Dans la biographie de son père publiée en 1987, Alexis Vranguel considère que les rapatriements de 1921 n'ont rien à envier à ceux qu'imposeraient les Alliés en 1945-1946 aux Soviétiques qui, pour une raison ou une autre, s'étaient retrouvés en Europe occidentale. Tout au plus, écrit le fils du général, les Français se sont « peut-être montrés quelque peu plus subtils ». Combien de Russes ainsi rapatriés ont payé de leur vie ces subtilités ? Le bilan reste à établir.

Partir la tête haute

Face à ce qu'il qualifie d'« activisme français », Vranguel ne reste pas l'arme au pied. Début mai 1921, quelques jours après le départ du bateau russe emportant les soi-disant agriculteurs volontaires pour le Brésil – les Brésiliens ayant changé d'avis, ils se retrouvent éparpillés avec l'équipage, qui en Corse, qui entre Marseille et Toulon –, le corps d'armée apprend que son transfert est prévu en Serbie amie. Ainsi, le général baron ne renonce pas à son projet politique; puisque les Français le rejettent, il s'adresse aux « frères slaves ». Trois semaines plus tard, un nouvel ordre explique que les Cosaques partiront les premiers pour la Bulgarie et la Serbie, avant que la totalité du corps d'armée ne rejoigne le royaume slave. Koutepoff précise auparavant qu'« au titre de [sa] responsabilité devant la patrie, [il] ne peu[t] accepter le délabrement du corps d'armée qui [lui] a été confié ». Le général à la barbe noire est décidé à couper les branches mortes : tous ceux qui souhaitent donner suite aux propositions du commandement français, « dissimulant ainsi leurs intérêts égoïstes alors que l'armée connaît des jours difficiles », et tous les « faibles d'âme qui sèment la discorde dans les rangs militaires et y répandent des bruits absurdes » seront inscrits sur des listes de réfugiés à établir sous trois jours. Créé pour accueillir les anciens sujets de l'Empire russe qui se considèrent dorénavant comme polonais, baltes, arméniens, géorgiens et azerbaïdjanais, ce « bataillon des réfugiés » est symboliquement installé dans des tentes isolées. Quelque 2000 hommes se retrouvent sur ces listes.

Les départs des « combattants de l'action russe » vers leurs nouveaux refuges en Bulgarie et en Serbie ont lieu entre août et décembre 1921. Le général Koutepoff accompagne le dernier échelon. La veille, le lieutenant-colonel français Thomassin lui a offert un déjeuner en souvenir de la presque année passée « côte à côte », pour « une même tâche, œuvre délicate et ardue car elle comportait un but commun et des données contradictoires ». Après avoir salué « l'impeccable discipline » maintenue par le général russe, Thomassin lève son verre « en l'honneur de votre grande patrie, notre alliée dans des jours difficiles » et boit « aux destinées de la Russie ».

Vranguel, lui, ne rejoint la Serbie qu'en février 1922. Il prend son temps, alors qu'il n'a plus rien à faire à Constantinople, que ses hommes sont partis et qu'une bonne partie de l'émigration russe conteste son rôle politique. Qui plus est, il a dû se réfugier dans l'ancienne ambassade impériale en plein centre de la capitale ottomane lorsqu'un cargo italien, à la mi-octobre 1921, a éperonné son yacht. Le *Loukoul* a coulé en quelques instants, faisant deux morts : un jeune officier de marine et le cuisinier. Le général et la baronne, eux, se trouvaient heureusement alors à terre. Le capitaine italien plaide la malchance, mais tout porte à croire – à commencer par les informations reçues dès début 1921 par le 2e Bureau français – que les Soviétiques sont à l'origine de cette tentative d'assassinat.

L'étendard est amené

Vranguel quitte Constantinople non sans avoir patronné la création de l'Union de Gallipoli et institué la croix de Gallipoli : une croix noire avec un liseré blanc, deux dates (1920 et 1921) encadrant le mot « Gallipoli », d'une simplicité monastique. Réfugié en Serbie dans une modeste bourgade sur la rive droite du Danube, il rejoint Bruxelles à l'automne 1926. Il meurt dans la capitale belge fin avril 1928, très vraisemblablement empoisonné par les services soviétiques, et son corps est inhumé à Belgrade.

Ainsi, le général n'aura jamais mis les pieds à Bizerte. La base et l'École navale continuent pourtant leur vie, cahin-caha, avec des rations de plus en plus ténues, des équipages de plus en plus réduits, des navires de plus en plus vétustes. L'infatigable amiral Guerassimoff continue l'œuvre commencée à Sébastopol lorsqu'il a pris la direction de l'École navale. Conscient des années qui passent, il redouble d'efforts pour préparer les enfants aux écoles françaises ou à celles d'autres pays qu'ils seraient amenés à rejoindre.

Le 28 octobre 1924, la France reconnaît le gouvernement de l'URSS. Le lendemain, une instruction secrète parvient à Bizerte : le préfet maritime doit veiller au bon état des navires russes que Paris s'apprête à remettre aux envoyés de Moscou. Trois mois plus tôt, lorsqu'il avait été informé des intentions de son gouvernement, l'amiral Exelmans avait réagi en avouant sa haute estime et son admiration pour « l'orphelinat Guerassimoff » et son directeur, « ce vieillard dévoué comme un apôtre à cette tâche d'éducation d'enfants ayant quitté avec lui la terre russe ».

À la réception de l'instruction secrète, Exelmans rassemble tous les officiers et les aspirants restants. Les larmes aux yeux, l'amiral français les informe de la nécessité d'abandonner leurs bateaux, ce dernier territoire russe à l'étranger. À 17 h 25, la croix de Saint-André, l'étendard de la marine impériale, est amenée une dernière fois. Soixante-dix ans durant, jusqu'à la disparition de l'URSS et son retour à bord des navires de la flotte russe, cette croix couvrira les cercueils des anciens élèves de l'École navale morts en émigration, ceux de Saint-Pétersbourg, de Sébastopol et de Bizerte. Quant à l'amiral Exelmans, il démissionne plutôt que de recevoir les missionnaires soviétiques.

Chassés de Gallipoli, de Lemnos et de Bizerte, une nouvelle fois emportés par le principe de réalité, les combattants blancs sont devenus des acteurs sans personnage. Cependant, ils ne renoncent pas. Ils sont vivants, ils sont restés des militaires et, surtout, ils servent envers et contre tout une mission qui les dépasse :

> Et nous ne périrons pas – croyez-le !
> Quelle importance représente notre salut ?
> La Russie se sauvera – sachez-le !
> Bientôt viendra l'heure de sa renaissance.

Bibliographie sélective

CHIRINSKY-MANSTEIN Anastasia, *La Dernière Escale*, Tunis, 2000.
JEVAKHOFF Alexandre, *La Guerre civile russe*, Perrin, 2017.
—, *Les Russes blancs*, Tallandier, 2007.
VRANGUEL Alexis, *General Wrangel, 1878-1929. Russia's White Crusader*, Londres, 1987.

17

MEXIQUE, 1934-1937

Les braises de l'incendie cristero

par Isabelle SCHMITZ

Le 31 juillet 1926, le président mexicain Plutarco Elías Calles décrète l'application de l'article 130 de la Constitution de 1917, qui nie la personnalité juridique de l'Église catholique et la soumet au contrôle de l'État. Par cette décision, dans un pays à 98 % catholique, il allume l'incendie qui va mettre le Mexique à feu et à sang pour de longues années. Après une résistance pacifique vigoureuse, le peuple se soulève et prend les armes pour s'opposer à la violence meurtrière du gouvernement. C'est la première « Cristiada », expression formée d'après le surnom donné à ceux qui se sont engagés pour défendre le Christ Roi : les Cristeros. Après les accords de paix de 1929, la persécution religieuse reprend en 1931. Moins nombreux que lors de la première guerre, mais tout aussi déterminés, 7 500 Cristeros se lancent en 1934-1935 dans un nouveau combat héroïque et désespéré : la « Segunda ».

Depuis le chemin escarpé qui le menait vers la montagne, Antonio Estrada regardait en arrière, de loin en loin, son village soudain figé et muet. Le quotidien bruyant et remuant du *rancho*, les piaillements des poules, le hennissement des chevaux, jusqu'aux couleurs des figues de barbarie sur les nopals, tout s'était éteint. Quelques heures plus tôt, les gestes anxieux de son père et les pleurs de sa mère avaient fait vaciller son monde. Pas encore l'âge de raison, mais déjà celui de comprendre que la *paz* et la *felicidad*, qu'il ne savait pas nommer, mais qu'il vivait hier encore sur sa terre de Durango, avaient soudain perdu leur sens. On avait entassé quelques affaires, harnaché les mules, emmené les chiens, chargé des vivres et du linge, puis l'on avait quitté le hameau à la hâte. Cette transhumance incongrue, à laquelle s'étaient joints des voisins, avait pris un autre visage lorsque des cavaliers en uniforme beige, apparus sur un des versants de la montagne, avaient sorti leurs fusils et tiré sur la petite colonne. « Courez, *por Dios* ! », avait hurlé son père, avant d'intimer l'ordre à tous de se cacher, sans bruit, tenant le museau des bêtes pour qu'elles n'alertent pas de leurs cris les fédéraux. Fraîchement arrivé à Mezquital, le détachement de soldats ne connaissait pas ces terres. En injuriant l'ennemi à présent invisible qu'ils ne parvenaient à débusquer, ils repartirent. Le soir, les familles blotties sous les arbres d'un plateau à mi-pente avaient aperçu, au loin, le rougeoiement des flammes éclairer l'obscurité de la plaine.

Le petit Antonio contemplait son premier incendie les yeux écarquillés, prêt à applaudir le spectacle, avant de remarquer au front de sa mère le pli d'une angoisse indescriptible, et cette main crispée sur ses lèvres tremblantes, face à leur *rancho* en flammes. Il avait alors vu son père, Florencio, sortir lentement de sa poche une lettre qu'il avait passée, sans mot dire, à sa femme. Plus tard, bien plus tard, Antonio la comprendrait et la retranscrirait dans un superbe roman[1] :

> *Estimado amigo*, j'ai l'ordre formel de vous passer par les armes, vous, vos frères et camarades de la rébellion cristera. Je vous garde mon estime sincère. Quittez au plus vite la région avec votre famille. Je vous aiderai.
>
> Bien à vous,
>
> Carlos Villarrel y Z., chef gouverneur de l'État de Durango,
> 30 août 1934.

Cinq ans auparavant, Florencio Estrada avait, sur la place de son village, déposé les armes auprès des autorités locales, obéissant, la mort dans l'âme, aux accords de paix du 21 juin 1929 négociés entre l'Église catholique et le gouvernement mexicain. Peut-on traiter avec le diable, peut-on se fier à sa parole ? pensaient, du nord au sud du Mexique, les 50 000 combattants cristeros, soldats improvisés pour la plupart, soulevés face à la déferlante répressive du gouvernement de Plutarco Elías Calles ? Le 31 juillet 1926, la « loi Calles » était entrée en vigueur, mettant en application les dispositions anticléricales de la législation mexicaine de 1917[2], restées jusque-là lettre morte. Dans un pays à 98 % catholique, le gouvernement niait par leur truchement la personnalité juridique de l'Église, l'obligeant à soumettre son fonctionnement aux autorités de chaque État,

1. *Rescoldo. Los ultimos cristeros* (« Braise. Les derniers Cristeros »), publié en 1961 aux éditions Jus, au Mexique ; réédité en 2010 aux éditions Encuentro, à Madrid. Selon le célèbre romancier mexicain Juan Rulfo, *Rescoldo* est « l'un des cinq meilleurs romans mexicains ».

2. Cette Constitution de 1917 entérinait, par son anticléricalisme, un siècle et demi d'hostilité étatique envers l'Église, manifestée dès 1767 par le décret d'expulsion des jésuites de l'Empire espagnol, signé par le roi Charles III, ainsi qu'en 1792, par la confiscation des biens ecclésiastiques.

selon le bon vouloir des gouverneurs. Chaque prêtre devait être « inscrit » et autorisé, selon les critères arbitraires de chacun. À Tabasco, le gouverneur Tomás Garrido Canabal, dont la carte de visite portait le titre d'« ennemi personnel de Dieu », avait ainsi décidé que les prêtres devaient être des hommes mariés, ce qui revenait à les interdire purement et simplement. Tout contrevenant à la loi était passible d'arrestation.

Pris de court par cette attaque frontale, les évêques du Mexique avaient riposté par une mesure qu'ils pensaient symboliquement spectaculaire : la suspension du culte public dans les églises. Le gouvernement avait surenchéri en les fermant pour inventaire et en interdisant le culte dans un cadre privé. Dans chaque ville, chaque village, chaque hameau mexicain, l'armée fédérale avait cerné les églises pour les vider. Elle avait, en maints endroits, fait feu sur ceux qui s'étaient opposés à cette violation des lieux saints. Hommes, femmes, enfants, prêtres et laïcs, les morts avaient jonché les parvis, premières victimes d'un affrontement qui allait causer 250 000 morts au Mexique, tous bords confondus.

Apocalypse Now

« C'est l'heure du combat de la lumière contre les ténèbres », prophétisait alors, dans une parfaite inversion du discours évangélique, le président Plutarco Elías Calles. Les ténèbres du peuple « fanatisé », que ce franc-maçon acquis aux idées de progrès entendait rééduquer contre sa volonté et pour son bien[3],

3. L'historien Jean Meyer a consacré sa thèse de doctorat à l'histoire des Cristeros, brisant « la conspiration du silence » de l'État mexicain comme celle de l'Église. Selon lui, face à la rébellion des Cristeros comme à celle des Vendéens, « les révolutionnaires se sont trouvés dans la situation de devoir affronter le soulèvement d'une grande partie du peuple qu'ils

allaient susciter, dans toutes les régions, des syndicats ouvriers catholiques aux universités, de la bourgeoisie aisée aux paysans les plus pauvres, une flambée de réactions inattendues. La première consistait dans la mobilisation en masse d'une population prête à renoncer à son confort pour perturber l'équilibre du gouvernement par un boycott économique, se privant d'essence, de sorties, d'achats de toutes sortes de produits taxés. Jeune avocat de Guadalajara, militant de l'Action catholique de la jeunesse mexicaine et fondateur de l'Union populaire, Anacleto González Flores coordonnait cette résistance pacifique, jusqu'à constater son impuissance face à la répression meurtrière. Il avait rejoint alors la Ligue nationale de défense des libertés religieuses qui s'était formée en 1925, après la tentative du gouvernement Calles de constituer une Église nationale mexicaine, inféodée au parti révolutionnaire et sans lien avec Rome. La Ligue et l'Union populaire organisaient l'appui des troupes résistantes qui s'étaient constituées, principalement dans les campagnes.

Quand on l'informa, en octobre 1926, que l'État de Jalisco s'était soulevé, le général Calles eut un rire sarcastique : « Jalisco, c'est le poulailler de la République ! » Qu'avait-on à craindre d'une basse-cour, de ces pauvres hères armés de faux, de pioches et de quelques vieilles escopettes, avec trois cartouches en bandoulière, et de ces femmes brandissant leurs marmites de *chile molido* et de chaux vive pour les jeter aux yeux des soldats ? Ce serait une partie de chasse pour les fédéraux ! Un an plus tard, le général ne riait plus. Dans les grandes villes, les catholiques s'étaient mobilisés pour fournir armes et cartouches

---

disaient leur et dont ils prétendaient tirer leur légitimité. Pour contourner ce paradoxe, ils ont dû inventer la théorie du complot, de la trahison au profit de l'armée des princes, du Vatican, des compagnies pétrolières, et la thèse de l'"idiotie de la vie rurale", de l'imbécillité des masses rurales que les curés mènent par le bout du nez ».

aux combattants cristeros. Des brigades féminines secrètes, les Bi-Bi (« Brigades invisibles-Brigades invincibles ») de sainte Jeanne d'Arc, se chargeaient du transport des munitions. Elles réunirent jusqu'à 25 000 femmes, jeunes pour la plupart. L'arrestation, la torture et l'exécution de plusieurs têtes du mouvement de résistance et des prêtres restés illégalement auprès de leurs fidèles[4] n'enrayèrent pas la machine. Non plus que les cadavres accrochés aux arbres et aux poteaux de chemin de fer, et les regroupements de population qui avaient vidé les campagnes.

En mars 1927, les Cristeros célébrèrent leur première victoire à San Julian, sur les hauts de Jalisco : au terme d'un affrontement de dix heures, ils mirent en déroute le 78e régiment de cavalerie et les gardes présidentiels. En juin 1927, la Ligue engagea un ancien général fédéral, Enrique Gorostieta, pour structurer les troupes cristeras. Son génie militaire allait transformer ces bataillons de guerriers spontanés, à 80 % paysans, en une armée organisée. Les victoires de l'armée cristera commencèrent à déstabiliser l'assurance du gouvernement.

À l'aube du 19 avril 1929, le village de Tepatitlán fut le théâtre de la plus grande bataille des Cristeros. Postés sur les toits du village, en pleine nuit, ils avaient attendu, en silence, les ordres du père José Reyes Vega, « Pancho Villa en soutane » à la réputation sulfureuse[5] : « Celui qui tousse, qui éternue, qui fume, je le tue ! » Les fédéraux avaient envoyé des éclaireurs au

---

4. Les prêtres avaient reçu l'ordre du gouvernement d'abandonner les campagnes et leurs paroisses rurales, et de se concentrer dans les villes pour s'inscrire une fois par semaine auprès des autorités. La minorité d'entre eux qui désobéirent à cette injonction furent pourchassés, et entre 60 et 70 d'entre eux furent exécutés.

5. Le père José Reyes Vega fut l'un des cinq prêtres à avoir pris les armes aux côtés des Cristeros.

village, avant que la colonne ne se mît en route. Pensant prendre Tepatitlán par surprise, dans son sommeil, ils avaient eu la précaution d'entourer les sabots de leurs chevaux de torchons et de bouts de couverture, pour en étouffer le bruit. Tout à coup, vers 4 heures du matin, au premier coup de feu des fédéraux, les terrasses se hérissèrent de fusils et de carabines vomissant du feu. On jeta même sur les fédéraux des bombes artisanales, confectionnées dans des peaux de vache, avec de la poudre et du verre. Le village se referma sur eux comme un piège. Ce matin-là, 150 *Federales* furent tués (3 000, selon l'épopée chantée depuis), contre 28 Cristeros.

« Pactar con el diablo »

Quelque temps plus tard, des rumeurs de négociations entre l'Église et l'État mexicain furent ébruitées dans la presse, alors qu'aucun chef cristero n'avait été consulté. « Jusques à quand vous sentirez-vous plus proches des bourreaux que des victimes ? », écrivit Enrique Gorostieta aux évêques mexicains[6], comparant leurs pourparlers avec l'État à « une gifle en plein visage, d'autant plus douloureuse qu'elle vient de ceux dont nous pourrions attendre une consolation, un mot d'encouragement dans notre

6. La lettre du général Gorostieta aux évêques est d'autant plus poignante que ce brillant militaire de carrière, entré dans la Cristiada comme mercenaire payé par la Ligue, épousa le combat de ses frères d'armes : il ne fut payé qu'une seule fois et combattit ensuite, jusqu'à sa mort, en Cristero convaincu. « La force matérielle dont nous avons besoin, nous ne la demandons pas à l'épiscopat, nous l'obtiendrons par nos propres efforts ; ce que nous demandons à l'épiscopat, c'est la force morale [...], celle d'orienter notre peuple pour qu'il accomplisse son devoir, en lui conseillant une attitude digne et virile propre à des chrétiens et non à des esclaves. »

lutte ; encouragement et consolation qu'à une très honorable et seule exception, nous n'avons reçus de personne »[7].

Gorostieta pensait-il à l'évêque de Durango, qui les avait officiellement soutenus, ou à celui de Guadalajara, Mgr Orozco Y Jiménez, seul de tous à avoir refusé de quitter le pays et d'abandonner ses fidèles harcelés par les troupes fédérales, soumis à des regroupements de population inhumains, humiliés, torturés et exécutés par dizaines de milliers en haine de leur foi ? Pour échapper à l'armée, l'évêque de Guadalajara se cacha dans des grottes pendant des mois et plaida la cause des Cristeros auprès du Saint-Siège, à Rome : « S'il n'y avait pas eu de résistance armée, les actuels gouvernants ne se seraient jamais préoccupés de la question religieuse ni de la liberté de conscience du peuple mexicain [...], qui est l'objet principal de la résistance en question[8]. »

Mais le pape Pie XI voulait la paix au plus vite – c'est du moins ce que comprirent les deux évêques mexicains désignés pour négocier avec le gouvernement –, quitte à accepter des « arrangements » insatisfaisants, qui ne rempliraient aucune des onze conditions posées par le Saint-Père pour la signature de ces accords. Et à sacrifier sur l'autel de la naïveté ou du pragmatisme le sort de millions d'hommes et de femmes qui avaient risqué leur vie (et, pour des dizaines de milliers d'entre eux, l'avaient donnée) en préférant, au cri de ralliement de « *¡Viva*

---

7. Sur trente évêques, trois se déclarèrent favorables à la lutte des Cristeros jugée comme une légitime défense, cinq se prononcèrent contre. Pie XI consacra deux encycliques, deux *motu proprio* et un message au peuple mexicain. Il y encourageait à la résistance active, sans pour autant mentionner la résistance armée des Cristeros.

8. Lors des pourparlers pour la paix, le gouvernement exigea l'exil de l'évêque de Guadalajara, ce à quoi consentirent les négociateurs ecclésiastiques.

el Supremo Gobierno ! » (« Vive le gouvernement suprême ! »), celui de « *¡ Viva Cristo Rey !* » (« Vive le Christ Roi ! »).

De quels arrangements parlait-on, au juste ? D'un échange de bonnes paroles auquel avaient abouti les négociations des évêques de Morelia et de Tabasco, Mgr Leopold Ruiz y Flores et Mgr Pascual Díaz y Barreto, envoyés par Rome, avec le président Emilio Portes Gil, successeur depuis décembre 1928 de Plutarco Elías Calles après avoir été son fidèle ministre de l'Intérieur, sous l'œil conciliateur de l'ambassadeur américain Dwight Morrow, pressé d'affermir les intérêts économiques de son pays dans un Mexique pacifié. Face aux évêques, Portes Gil avait concédé, oralement, qu'il n'était pas question de changer la Constitution hostile à l'Église, mais qu'on ne l'appliquerait pas dans les faits. Et qu'une amnistie générale serait accordée aux Cristeros, à la condition qu'ils remettent publiquement leurs armes aux autorités fédérales. Proches de la victoire militaire décisive, les combattants du Christ Roi avaient accepté cette capitulation comme la dernière station de leur chemin de croix.

Le jeu de dupes ne fut pas long à transparaître. Le soir même de sa remise d'armes à Tapalpa, le jeune général cristero José Gregorio Gutiérrez Gutiérrez, étudiant en médecine, fut prévenu par le maire que, pour avoir la vie sauve, il lui fallait quitter le pays dans la nuit. D'autres n'eurent pas cette chance. Entre 1929 et 1935, 5 000 anciens cristeros furent abattus par des commandos punitifs, le plus souvent liés aux services secrets fédéraux, qui les liquidèrent d'une balle dans le dos ou d'un coup de couteau en pleine rue. D'autres furent enlevés et atrocement torturés. À partir de 1931, la persécution religieuse reprit, plus féroce encore que celle de 1926, avec la détermination gouvernementale de « défanatiser » les campagnes qui s'étaient soulevées, en instaurant, en plus des restrictions religieuses[9], une réforme socialiste de l'éducation publique[10].

Souffler sur les braises

Trois ans plus tard, dans les flammes qui anéantissaient peu à peu leur ferme, dont ils découvriraient au petit jour la carcasse en fumée, Florencio Estrada et sa famille entrevoyaient la seule solution qui leur restait : résister ou mourir. Qu'avaient-ils de plus à perdre ?

Ils seraient des milliers comme eux à grimper de nouveau le sentier abrupt du maquis, dans les états de Durango, Jalisco, Colima, Zacatecas, Michoacán et Guanajuato. Des 50 000 combattants de la première *Cristiada*, 7 500 d'entre eux reprendraient les armes, considérant que le serment prononcé en 1927, aux côtés des camarades cristeros, les obligeait : « Je jure par ma vie d'être toujours le premier à défendre ma religion, quand il le faudra et contre quiconque osera la persécuter. »

Le 22 novembre 1934, à Cerrito Alto (Durango), le colonel Florencio Estrada signe, en compagnie de quatre autres chefs cristeros et devant une centaine d'hommes, un acte

---

9. À Veracruz, en 1931, le gouverneur Adalberto Tejada avait ainsi, au nom de l'article 130 de la Constitution de 1917, restreint la proportion autorisée de prêtres sur son État à 1 pour 100 000 habitants.

10. Jean Meyer a souligné la dimension de « révolution culturelle » des années 1930, qui provoqua la seconde Cristiada : « Le général anticlérical Cristóbal Rodríguez – qui avait deux sœurs religieuses – [...] déplorait, comme Michelet, le paradoxe de ce "peuple aveugle, si étrangement aveuglé, qu'il s'arme contre la révolution, sa mère, contre lui-même". De cette thèse indispensable au répresseur persécuteur sortit, comme après Thermidor en France, le mouvement antireligieux destiné à "défanatiser" le peuple, pour ne plus permettre que naissent en son sein des Vendéens ou des Cristeros. »

d'engagement au combat pour le Christ Roi et la Vierge de Guadalupe. Aux paysans catholiques se sont ajoutés des Indiens de Mezquital, qui refusent la politique agraire officielle de répartition parcellaire des terres. Depuis les hauts de Jalisco, le 1er avril 1935, l'ancien général cristero Lauro Rocha, secrétaire de Gorostieta, lance de son côté un appel à tous ceux de sa région, s'imposant comme le chef national de la *Segunda*, cette seconde guerre cristera qui s'étendra sur près de huit ans.

Échaudés par la déroute de la première Cristiada et par l'excommunication prononcée par les évêques à l'encontre de ceux qui reprendraient les armes, les citadins de la droite conservatrice s'abstiennent, cette fois, de soutenir la lutte. Seuls quelques groupes de l'Action catholique ainsi que les Bi-Bi (Brigades féminines) aident au transport des armes et sollicitent, sans grand succès, les riches propriétaires catholiques pour qu'ils appuient le combat des Cristeros. Harcelés par l'armée fédérale qui, en plus de ses colonnes infernales, va lancer sur eux l'aviation et ses bombardements, tenaillés par la faim, mordus par le froid, piqués mortellement par des scorpions, les combattants vivent une lente agonie[11]. Ils voulaient être la braise qui rallumerait, sous les cendres, le feu de la Cristiada dans tout le Mexique, mais « les Cristeros étaient seulement des loups marqués d'une croix sur les flancs ; et cette montagne de 300 kilomètres à la ronde, une basse-cour où ils devaient tourner et retourner sans cesse » (Antonio Estrada).

Caché au fond des ravins avec sa mère et ses quatre frères et sœur, le jeune Antonio guette le retour de Florencio. Ils

11. Magnifiquement mise en scène dans un film de Matías Meyer, *Los Últimos Cristeros* (2011), inspiré du roman d'Antonio Estrada *Rescoldo*, dans lequel le réalisateur, fils de l'historien Jean Meyer, fit jouer des acteurs non professionnels – des paysans descendant de Cristeros.

implorent le ciel, grelottant de froid dans des grottes, alors que les lampes de poche et les cris des fédéraux balaient ces pentes montagneuses, juste au-dessus d'eux. Réduits à manger de la terre mouillée pour tromper la faim, et à attendre quinze jours et quinze nuits, le ventre creux, que la montagne veuille bien leur offrir des fruits enfin mûrs, ils voient leur père et mari revenir blême, le visage émacié, la jambe en sang, avec des troupes diminuées.

« ¡Ahora sí les llegó su santo, cristeros bandidos! » (« Ça va être votre fête, bandits de Cristeros ! »), avaient hurlé les fédéraux qui les attendaient en embuscade avec leur mitrailleuse, quelques jours plus tôt. La fête sinistre s'était prolongée lorsque le général Elizondo avait fait attacher aux arbres une vingtaine de prisonniers. « Que celui qui aime la vie me le dise, avec des vivats bien hauts au gouvernement suprême. Ou bien avec un "Mort à votre Christ, fils de la chienne !" ». En les entendant chanter Dieu à la Guadalupana, Elizondo leur avait tiré dans les jambes et les bras, là où ils avaient assez de chair pour que leur agonie fût lente. Le lendemain tournaient autour d'eux les oiseaux de proie et une meute de loups hurlants.

Dans cet aride chemin de croix privé des sacrements de l'Église, la petite troupe des survivants a la consolation d'une visite. Le père Montoya[12], prêtre du diocèse de Zacatecas, a traversé la montagne déguisé en muletier, avec le saint sacrement sous sa chemise, pour aller leur porter le Christ. Ce coin de montagne, où l'on ne craint plus de chanter et de prier à haute

---

12. Il fut le seul prêtre à soutenir la seconde Cristiada, en allant célébrer la messe, confesser, baptiser et marier les Cristeros cachés dans la montagne. Selon Antonio Estrada, prêtre du diocèse de Zacatecas, il était allé demander la bénédiction de son évêque, Mgr Ignacio Placencia y Moreira, qui lui avait permis d'agir selon sa conscience. Le père Montoya fut tué et décapité par les fédéraux quelques semaines plus tard.

voix, s'est changé en église. Au lever du jour, leurs cantiques montent vers le ciel. « Pour beaucoup d'entre vous peut-être, si ce n'est pour tous, cette messe et cette communion seront les dernières. Recevez-les, donc, comme une extrême-onction… Comme préparation à bien mourir. »

Quelques semaines plus tard, c'est le prêtre lui-même que la mort surprend, alors qu'il s'est rendu au chevet d'un mourant. Les fédéraux paradent ensuite dans la région avec sa tête ensanglantée pour trophée. Florencio le suit peu après. Alors que pour ses troupes faméliques et épuisées, pour sa femme et ses quatre garçons qui ont vu mourir leur petite sœur, Constanza, quelques jours après sa naissance, le colonel Estrada a décidé d'arrêter la lutte, il veut s'acquitter d'une ultime mission. Trahis par un supposé ami qui les accueillait dans son *rancho,* lui et ses hommes sont tués par les balles des fédéraux le 7 juin 1936.

Six mois plus tard, dans les mêmes circonstances, le général José Trinidad Mora tombe. Seul général encore vivant de la région de Durango, leur ami Federico Vázquez écrit alors, en 1937 : « Notre situation est lamentable et triste, et entre nos mains, tout cela se termine. La croix nous est trop lourde, Dieu seul sait par quelles angoisses nous sommes passés. Que Dieu nous fasse miséricorde. »

Federico Vázquez mourra lui-même assassiné par un commando de dix fédéraux, le 21 mars 1945. Seize ans après les accords de paix.

Bibliographie sélective

ESTRADA Antonio, *Rescoldo, los últimos cristeros*, Ediciones Encuentro, 2010.

GREENE Graham, *La Puissance et la Gloire*, Le Livre de Poche, 2003.

KÉRALY Hugues, *La Véritable Histoire des Cristeros*, Éditions de l'Homme nouveau, 2006.

MEYER Jean, *La Rébellion des Cristeros. L'Église, l'État et le peuple dans la révolution mexicaine*, CLD Éditions, 2014.

—, *La Cristiada, la guerre du peuple mexicain pour la liberté religieuse. Une histoire illustrée du soulèvement des Cristeros, 1926-1929*, CLD Éditions, 2014.

Filmographie

MEYER Matías, *Los Últimos Cristeros*, d'après le roman d'Antonio Estrada, 2011, DVD en espagnol, sous-titré en anglais.

WRIGHT Dean, *Cristeros,* avec Andy Garcia, Eva Longoria, Peter O'Toole, 2014, DVD.

18

Lorraine, Vosges, juin 1940
Les combattants français de l'honneur

par Rémy Porte

Lors de la dramatique campagne de mai-juin 1940, si l'armée française a été écrasée par la Wehrmacht, il ne faut pas oublier les chiffres : en six semaines de combats, les Allemands ont perdu plus de 210 000 hommes, dont 49 000 tués, tandis que les Français ont déploré 342 000 pertes, dont 92 000 tués, un taux supérieur à celui de la Première Guerre mondiale. L'héroïsme des derniers combattants de 1940 fut donc d'autant plus admirable que la cause était désespérée, en raison de l'ampleur de la défaite. Pourtant, le récit de leurs exploits peine à s'imposer, tant la mémoire collective s'est identifiée à la débâcle, générant une forme de honte partagée, propice à l'oubli. Parmi ces combattants de l'honneur négligés par l'Histoire, le destin des soldats de la ligne Maginot est emblématique d'une soif de combattre interdite par le caractère implacable du désastre militaire.

En dépit de l'image pathético-comique conservée dans l'esprit public par l'armée française de 1940, dont *La 7e Compagnie* est l'illustration emblématique, tous les historiens reconnaissent aujourd'hui que les soldats n'ont pas systématiquement démérité. Dans le cadre général de cette défaite d'une ampleur exceptionnelle, de très nombreux exemples de résistances héroïques, de contre-attaques locales désespérées, de sacrifices sur des positions conservées « sans esprit de recul » peuvent être cités, de la frontière belge à la mi-mai à la région Centre à la mi-juin. Toutefois, la plupart des auteurs s'intéressent essentiellement aux combats qui se déroulent au cours des deux premières phases de la campagne, en Belgique et dans le nord de la France jusqu'à la Somme durant la deuxième quinzaine de mai, puis de la Somme à la Loire au début du mois de juin. Ils semblent considérer qu'à partir de la mi-juin, les armées en déroute se délitent et disparaissent…

Vision tronquée : sur le front des Alpes, c'est bien une armée victorieuse qui arrête les troupes de Mussolini. Dans le centre du pays, des unités – de plus en plus isolées – refusent ici et là de céder du terrain. En Lorraine, les troupes de la ligne Maginot vont livrer de durs combats jusqu'à l'armistice et ne consentent à déposer les armes que sur ordre. Parmi les exemples de résistance militaire française durant le printemps 1940, deux sont particulièrement emblématiques : l'un mettant en valeur les troupes dites « d'intervalle », qui recevront trop tard l'ordre de se replier et seront faites prisonnières après avoir péniblement retraité la nuit et combattu le jour ; l'autre illustrant les troupes de forteresse, en charge de la mise en œuvre des ouvrages de la ligne Maginot.

Tenir la ligne Maginot

Durant les années 1930, à mesure que l'on acheva les principales infrastructures, les ouvrages de la ligne Maginot furent dotés d'« équipages » : fantassins, artilleurs et sapeurs spécialistes. Leur recrutement souvent régional, leur esprit de corps et leurs compétences techniques en font des unités solides. Entre les éléments de fortification permanente sont progressivement déployées des troupes d'« intervalle », très majoritairement des fantassins, qui en assurent à l'extérieur la sécurité. Si les premières sont essentiellement constituées par du personnel de l'armée d'active (unités de type A), les secondes regroupent surtout des réservistes (unités de type B), plus âgés, moins entraînés et surtout moins bien équipés. Par ailleurs, pour celles-ci, l'atmosphère ambiguë de la « drôle de guerre » – entre mouvements browniens des unités, manque de matériels, travaux de terrassement toujours recommencés, question des permissions, etc. – a indiscutablement constitué un facteur défavorable.

Du 10 mai au début du mois de juin, l'activité militaire reste faible en Lorraine, l'effort allemand se portant sur la Belgique et le nord de la France dans le cadre du « plan Jaune », vaste « coup de faucille » conduisant la Wehrmacht en baie de Somme. Après une brève stabilisation, l'offensive reprend le 5 juin et, à partir du 9, s'oriente vers le sud de l'Alsace et la frontière suisse. L'objectif est d'isoler les armées de l'Est (3e armée du général Condé, 5e armée du général Bourret, 8e armée du général Laure), bientôt prises dans la nasse entre trois mouvements ennemis : l'opération « Tiger », sur un axe nord-sud frontalement contre la ligne Maginot ; l'opération « Kleiner Bär », en Alsace après franchissement du Rhin ; et l'opération « Fall Rot », deuxième coup de faucille orienté nord-ouest/sud-est. Le général Bourret se souvient : « Ainsi allaient se retrouver entassés à l'intérieur d'un quadrilatère… trois armées, sept corps d'armée, une trentaine de divisions. »

Du fait de l'effondrement des lignes françaises, Weygand, commandant en chef de l'armée française, donne le 12 juin l'ordre de préparer le repli rapide des unités de Lorraine « pour se rétablir sur une ligne Loire-Doubs », mais il est déjà trop tard. Le général Prételat, commandant le GA 2 (groupe d'armées de l'Est), prévient le général Georges, commandant en chef sur le front du Nord-Est, le surlendemain : « Il est à craindre que les armées de Lorraine et d'Alsace ne subissent le sort de celles des Flandres », enfermées dans le piège de Dunkerque. Les troupes d'intervalle, soit 32 divisions dont une douzaine de divisions de marche, doivent se replier dans les plus brefs délais, tandis que les garnisons des ouvrages de la ligne Maginot doivent tenir sur place.

Essentiellement constituées d'unités de réserve de série B, pauvrement équipées et peu mobiles, les divisions d'intervalle sont supposées effectuer plusieurs centaines de kilomètres à pied après avoir détruit tout le matériel non transportable. Dans le secteur fortifié des Vosges, le 43e corps d'armée de forteresse (CAF) se réorganise aussitôt en divisions de marche pour entamer son mouvement de repli. Commandé par le général de corps d'armée Lescanne, il se compose essentiellement de la division du général Chastanet (trois régiments d'infanterie de forteresse et un régiment d'artillerie) et de la division du colonel Senselme (deux régiments d'infanterie de forteresse, un régiment d'infanterie, un régiment d'artillerie), complétées par des éléments (artillerie et génie) non endivisionnés et quelques services. Les ordres de départ sont donnés dans la nuit du 12 au 13 juin, avec la région d'Épinal pour premier objectif à atteindre.

Le 17 juin, le canal de la Marne au Rhin est atteint au sud de Sarrebourg. Le même jour, le maréchal Pétain annonce à la radio : « C'est le cœur serré que je vous dis aujourd'hui qu'il faut cesser le combat. » Le 20 juin, les premières unités allemandes sont sur la frontière suisse dans la région de Pontarlier : la nasse est refermée. Le lendemain commencent à Rethondes les conversations d'armistice, dont le texte est signé le 22 en fin de journée, mais dont la mise en œuvre ne doit intervenir qu'après un accord parallèle avec l'Italie. Le cadre temporel des combats du 43e CAF est dramatiquement fixé entre la demande d'armistice et sa mise en œuvre effective – alors que pour l'immense majorité de la population, et donc des soldats, les opérations militaires sont, de fait, terminées. Le général Condé lui-même, qui commande la 3e armée avant de partir en captivité, le note : « Nous devons éviter de provoquer des effusions de sang. Résister si on nous attaque : mitrailleuses face à l'ennemi, mais ne tirant que s'il attaque. » Pourtant, face aux assauts allemands et à l'effondrement de ses voisins, le corps d'armée du général Lescanne va tenir ses lignes, puis se replier en bon ordre.

Isolé, il se regroupe sur le massif du Donon, où il mène ses propres combats, tout en engerbant les éléments épars d'autres unités bousculées dans la retraite, comme la 103e division d'infanterie de forteresse ou la 62e division d'infanterie. Contre ces formations qui alignent encore quelques dizaines de milliers d'hommes, les Allemands engagent plus de 70 000 soldats, en six divisions : la 60e DI à l'ouest et au sud, les 252e, 197e et 168e DI au nord, la 215e DI à l'est et la 6e division de chasseurs au sud, unité d'élite.

Derniers combats sur le Donon

À partir du 21 juin au matin, les Allemands prononcent leur effort sur tous les axes, en tentant de progresser par les différentes vallées qui conduisent au cœur du massif, notamment du nord vers le sud par la vallée de Saint-Quirin. Surpris par la résistance des Français, ils multiplient les tirs d'artillerie et engagent leurs réserves. Déjà, pour les hommes du général Lescanne, les pertes se multiplient et les réapprovisionnements en munitions deviennent difficiles. Plus à l'ouest, dans la forêt de Turquestein, le 166e RIF (régiment d'infanterie de forteresse) du lieutenant-colonel Subervie parvient à résister pendant toute la journée du 22 et la nuit du 22 au 23 juin, mais, privés de tout ravitaillement, les survivants épuisés doivent négocier avec les assaillants et se rendre le 24 juin. Les affrontements se succèdent également pour le contrôle du col de la Charaille du 20 au 23, aussi bien qu'au col de la Chapelotte où les Français multiplient les contre-attaques locales, à la grenade et à la baïonnette. À partir du 23, confrontés à la diminution croissante du soutien d'artillerie, les éléments épars sont progressivement contraints de se rendre. Au sud-ouest, la 60e ID (division d'infanterie allemande) exerce son effort par les vallées de la Plaine et du Rabodeau, face à des unités où le découragement, l'indiscipline et les abandons de poste commencent à se manifester. De vifs combats ponctuels se déroulent néanmoins pour le contrôle de Senones les 20 et 21 juin, puis le 22 autour du village de Moussey, avec l'appui de quelques artilleurs. Au sud, un rassemblement hétéroclite d'unités étrillées tient le col du Hantz jusqu'au 22, mais les survivants doivent se rendre ou tenter d'échapper à la captivité en rejoignant des troupes amies à travers bois. À l'est, la vallée de la Bruche est également le cadre d'âpres combats, en dépit de la baisse du moral, sensible au sein des formations françaises confrontées à une unité d'élite allemande, la 6e division de chasseurs. Au total, en à peine plus d'une semaine, le 43e CA a infligé des pertes significatives aux six divisions allemandes – de l'ordre de 800 tués et de 3 000 blessés.

Le 23 juin, les affrontements cessent du fait de la signature de l'armistice franco-allemand. Le général Georges a donné l'autorisation de « demander la cessation de la lutte avec les honneurs de la guerre » ; des trois armées encerclées entre la Lorraine et la Suisse, seul le 43e CA conserve encore une relative cohésion et une certaine liberté de mouvement dans le massif du Donon, sans liaison toutefois avec les autorités supérieures. Les officiers allemands transmettent aux Français l'annonce de la fin des combats et, pour éviter des morts désormais inutiles, les uns comme les autres décident de suspendre les opérations locales.

Le général Lescanne refuse de se rendre, mais accepte de missionner l'un de ses officiers pour négocier les conditions d'une reddition, tout en maintenant ses troupes « en position de combat ». Parallèlement, il tente de joindre télégraphiquement les autorités militaires et gouvernementales françaises :

> Je reçois avis, par autorités allemandes, que l'armistice est signé entre France et Allemagne et que l'une des conditions de cet armistice est la capitulation des 3e, 5e et 8e armées françaises. Je suis coupé entièrement des 3e et 5e armées depuis le 21 juin. Ayant, avec troupes 43e CA, lutté jusqu'à ce matin pour tenir jusqu'à l'armistice et échapper à la capture, je considère que je ne suis pas compris dans cette capitulation, à moins que mon gouvernement ne m'y ait implicitement englobé. Je demande instruction sur conduite à tenir.

La fin de la journée du 23 juin est consacrée à la définition d'une sorte de « ligne de démarcation » locale entre les troupes allemandes et françaises qui « resteront sur leurs emplacements actuels » et à la recherche des modalités d'une fin des opérations. Les conversations achoppent toutefois, d'une part, sur l'exigence allemande de voir les Français rendre toutes leurs munitions et, d'autre part, sur la menace française de reprendre le combat pour tenter de percer vers le sud.

La situation des troupes françaises est toutefois des plus critiques, et la marge de manœuvre du général Lescanne est extrêmement limitée. Au matin du 24 juin, trois officiers allemands se présentent à l'état-major du 43e CA pour négocier la reddition du corps d'armée. En dépit de l'insistance du général, ils refusent de préciser les « conditions honorables » théoriquement consenties par le général von Leeb, ainsi que les modalités d'un transfert ultérieur vers la zone non occupée. Sous la menace pressante d'une reprise de l'offensive par les divisions allemandes, Lescanne est contraint de signer la convention de reddition peu avant midi :

> Du fait de la situation sans espoir de mes troupes, encerclées de tous côtés par un ennemi supérieur en nombre, également par suite du manque de renfort, aggravé par la capitulation des armées voisines survenue dès le 22 juin 1940, il me faut, conscient cependant de voir reconnu par l'ennemi d'avoir commandé jusqu'au dernier moment des troupes plus que vaillantes, accepter l'offre de reddition proposée par le commandement du groupe d'armées C. Des conditions de reddition très favorables m'ont été promises. Je promets de veiller, à partir du moment de la signature de cette déclaration, à ce que les armes, munitions, matériels dont mes troupes peuvent encore être dotées restent intactes et que celles-ci ne quittent pas leur emplacement actuel jusqu'au moment où tous les détails de la reddition auront été arrêtés.

Départ vers la captivité

La conclusion du drame survient dès le 25 juin lorsque tombe la confirmation du devenir des 4 généraux, 1031 officiers, 28444 sous-officiers et soldats qui tiennent toujours le Donon. Les décisions comminatoires des autorités militaires allemandes sont aussitôt transmises :

> Le 43e CA sera prisonnier. Les troupes seront conduites à Strasbourg, l'état-major du CA à Mayence. Toutefois, pour reconnaître la façon de combattre des unités, les officiers conserveront leurs armes. La troupe restera placée sous les ordres de son chef. Officiers et hommes de troupe conserveront leurs bagages et les moyens auto nécessaires pour les transporter.

Le 26 juin, avant le départ pour une captivité qu'il va passer à la forteresse de Koenigstein, le général Lescanne signe un ultime ordre général résumant les dernières semaines de campagne à l'attention de l'ensemble de ses troupes. Il mérite d'être longuement cité :

> Officiers, sous-officiers, caporaux et soldats du 43e CA,
>
> Pendant ces jours de deuil, le 43e CA est resté solide à son poste, comme un roc au milieu d'une mer démontée.
>
> Le 13 juin 1940, obéissant à des ordres supérieurs, il quittait, malgré lui, le ferme appui de la forteresse et entamait, presque sans équipage, la dure retraite. Pied à pied, il disputait à l'ennemi le sol français.
>
> Le 18 juin, il faisait front de Gondrexange à Arzviller sur le canal de la Marne au Rhin sans se laisser entamer, il y tenait ferme tout un jour contre un ennemi plus nombreux, dont il brisait l'élan au prix de lourdes pertes, le 37e RIF s'y couvrait de gloire.
>
> Peu à peu, au prix de prodiges, à travers un pays occupé, les éléments qu'il avait laissés sur le front de la forteresse le ralliaient.

Le 20 et le 21, il faisait front définitivement à la lisière boisée des Vosges, et l'élan des divisions ennemies se brisait contre son rempart.

Sourd aux bruits d'armistice qui, peu à peu, gagnaient en consistance, défendant sans espoir une cause où tout était perdu, sauf l'honneur, privé de toutes relations avec les armées voisines et avec les ressources du pays, réduit aux seules munitions, aux seuls approvisionnements que par des prodiges d'ingéniosité, d'activité, son EM recueillait dans les dépôts épars et oubliés, luttant jour et nuit sans sommeil avec des troupes arrivées à l'extrême limite de l'effort humain, il a tenu bon, encerclé par 16 divisions allemandes, jusqu'à l'épuisement de ses ressources et de ses munitions.

Son chef a refusé de l'associer à la capitulation des 3e, 5e et 8e armées ; le 43e CA a tenu deux jours de plus.

Il a obtenu des conditions qui, en accordant aux officiers leurs armes et bagages, en laissant la troupe aux ordres de ses officiers, étaient un témoignage de la reconnaissance et de l'ordre qui régnait au 43e CA.

Le 43e CA a succombé au Donon, c'est un symbole ; il a tenu, jusqu'au 24 juin 1940, le dernier coin de la terre d'Alsace, le point le plus septentrional du front français, à tirer là-haut le dernier coup de canon.

Le piège des troupes de forteresse

Durant la même période, les unités restées dans les ouvrages de la ligne Maginot ont tenu leurs positions, ripostant ponctuellement aux tirs allemands. Le 24 juin, alors que les divisions du Reich parviennent sur les arrières de l'armée des Alpes, les soldats des secteurs fortifiés du Nord-Est tiennent encore sur l'ancienne frontière de Lorraine.

Les troupes de forteresse, pendant les combats en retraite des armées de campagne, sont restées à leur poste et n'ont pas démérité. En dépit de l'allocution radiophonique du maréchal

Pétain du 17 juin au cours de laquelle il propose au IIIe Reich de « rechercher… dans l'honneur les moyens de mettre un terme aux hostilités », formule qui va pousser de nombreux soldats à éviter tout risque personnel dans l'attente de l'armistice, les combats se poursuivent le long de la ligne Maginot. Les ouvrages progressivement encerclés refusent de se rendre, à de très rares exceptions près, et poursuivent la lutte, comme celui de Fermont qui tire encore le 25 juin en riposte à une dernière attaque allemande. Un commandant d'ouvrage en fait le constat : « À l'heure du cessez-le-feu, nous tenons toujours, nous n'avons pas été vaincus et nous disposons de tous nos moyens de feu. Par conséquent, nous ne sommes pas prisonniers. » Un simple soldat témoigne : « On ne voulait pas sortir des ouvrages les bras en l'air ! » À cette date, les Allemands occupent les installations de l'ancien secteur fortifié de la Sarre, mais ne contrôlent encore que quatre ou cinq petits ouvrages secondaires dans les secteurs de Metz et de la Lauter.

Lorsque les Allemands se présentent devant les ouvrages pour obtenir leur reddition à partir du 25 juin, les réactions des officiers français sont partout identiques : « Nous attendons un ordre explicite du commandement français pour abandonner les installations qui nous sont confiées. » Souvent privés de liaisons directes avec leurs supérieurs, ils tentent de prendre contact par radio, en dépit de l'article 14 de la convention d'armistice qui en interdit l'usage. La tradition militaire considère en effet que les garnisons invaincues lors de l'arrêt des hostilités peuvent rejoindre les leurs après avoir été désarmées et, généralement, avoir reçu « les honneurs de la guerre » de la part des vainqueurs. L'exemple de Belfort en 1870 reste dans les mémoires.

Pour le général von Leeb, qui commande le Heeresgruppe C, dont l'action n'a pas été essentielle pendant la campagne, il est nécessaire d'occuper au plus vite les organisations défensives françaises et de capturer les troupes de forteresse : « Les équipages de la partie de la ligne Maginot qui ont résisté jusqu'à l'entrée en vigueur de l'armistice sont, de même que les éléments qui se sont rendus plus tôt, à considérer comme prisonniers de guerre. »

Dans l'attente de la confirmation par les autorités françaises de l'ordre de rendre les installations, la situation se fige pendant plusieurs jours. Tandis que les Allemands encerclent à quelques distances les ouvrages sur lesquels le drapeau tricolore a été hissé, les soldats français en profitent pour monter sur les superstructures et sortir pour la première fois depuis plusieurs semaines. Localement, des accords sont noués entre Français et Allemands pour déterminer ce que les vainqueurs tolèrent, dans une ambiance étonnante, comme en témoigne le lieutenant Vaillant :

> Le premier soin fut de hisser le mât du drapeau et de faire la cérémonie aux couleurs. La défaite pesait lourd sur chacun de nous, mais nous n'avions pas du tout une mentalité de vaincus et c'était notre fierté de lever les couleurs sur notre frontière de Lorraine, tandis que la Wehrmacht défilait à Bayonne. Pour nous, cela voulait dire mission accomplie.

Ces drapeaux ne seront abaissés que deux ou trois jours plus tard, sous la pression et les menaces du vainqueur.

Faisant confiance aux propos dilatoires du général Wilck, commandant la 161e division d'infanterie, les ouvrages du secteur de Latiremont-Bréhain sont rendus dès le 27 juin, mais l'ensemble des autres installations ne sont cédées qu'entre le 30 juin et le 4 juillet pour les derniers, dans le secteur d'Anzeling, face à la 95e ID (division d'infanterie allemande) du général von Arnim. Il faut que le grand quartier général français, replié à Montauban, missionne le colonel Marion, accompagné des lieutenants-colonels de Souzy et Simon, pour que les officiers qui commandent ces formidables forteresses acceptent de se rendre :

> L'armistice étant signé, le général commandant en chef les forces françaises sur le front du Nord-Est donne l'ordre d'évacuer les ouvrages qui ont vaillamment résisté jusqu'ici sur la ligne Maginot.

En dépit des demandes françaises pour que les garnisons qui ont résisté jusqu'au bout soient directement rapatriées en zone non occupée pour y être démobilisées, les Allemands décident de soumettre la question à la Commission d'armistice. À Wiesbaden, le général Huntziger tente d'obtenir une réponse des autorités allemandes le 28 juin, puis de nouveau le 29. En dépit de l'article 4 de la convention, le général von Stulpnagel, rappelé au service et qui commande sur ce front, interprète à sa façon les conditions d'armistice, expliquant qu'un tel rapatriement ne peut être appliqué qu'aux troupes disposant toujours de leur liberté de mouvement, alors que les garnisons encerclées de la ligne Maginot sont prisonnières de fait. Puis il agite la menace : si les Français ne cèdent pas très rapidement tous les ouvrages, les unités allemandes engagées au sud de la ligne de démarcation ne seront pas retirées. Dès lors, Huntziger cède et accepte au nom du gouvernement français que les équipages des fortifications soient traités comme des prisonniers de guerre. Le capitaine Salomon, à Anzeling, résume : « Nous sommes prisonniers en échange des départements du Rhône et de la Drôme. » Dès le lendemain, les directives sont transmises aux différents commandants de secteurs et d'ouvrages majeurs, et les installations sont progressivement livrées aux Allemands. Le 30 juin, le commandant Rodolphe, dans le secteur d'Haguenau, résume l'opinion de tous lorsqu'ils apprennent leur sort :

> Le commandant du SFH [secteur fortifié d'Haguenau] [...] proteste énergiquement contre le fait de nous déclarer prisonniers cinq

jours après l'entrée en vigueur de l'armistice. L'envoyé du GQG et le chef d'EM allemand sentent bien l'iniquité de cette décision, mais le premier, qui le regrette, ne peut que nous la notifier. Il paraît que nous sommes considérés comme « troupes encerclées » et devant, de ce fait, déposer les armes.

Échec et mat

En Lorraine, la reddition des différents ensembles défensifs est signée le 30 juin et devient effective à partir du 1er juillet. Un artilleur se souvient :

> Le lieutenant Taba, entouré des officiers, nous rassembla pour nous annoncer, la gorge serrée, que nous devions nous considérer, à partir de cet instant, comme prisonniers de guerre. Que nous devions préparer notre paquetage pour prendre la route à pied, le lendemain au lever du jour, pour nous diriger sur Metz. Ainsi, le 2 juillet, l'équipage de Bréhain se mit en route.

Tous les témoignages concordent. Pour le lieutenant Vaillant, déjà cité :

> Et puis est arrivé le colonel français pour nous dire, non pas de nous rendre, mais qu'on nous avait rendus. Nous devions donc quitter les ouvrages du SF [secteur fortifié] de Foulquemont le 2 juillet, mais comme prisonniers de guerre.

Les derniers ouvrages sont évacués le 4 juillet, comme au Hackenberg où le lieutenant Copeaux fait le choix de rester avec ses subordonnés :

> J'étais prévu pour faire la route en voiture, mais j'ai refusé pour rester avec mes hommes jusqu'au bout. La marche commence,

une marche de 35 kilomètres sans entraînement pour des gens qui n'ont pas quitté l'ouvrage depuis dix mois. Et pourtant, ils sont magnifiques. Ils veulent montrer aux autres qu'ils peuvent tenir, et ils tiennent.

L'ensemble des soldats sont désarmés au fur et à mesure de la livraison des ouvrages, puis ils sont conduits vers des camps de regroupement régionaux avant de prendre le chemin de la captivité. Une infime minorité d'officiers, sous-officiers et simples soldats tentent de s'évader avant d'être transférés en Allemagne, et parmi ces braves on peut retenir le nom du lieutenant Touyeras qui, après avoir poursuivi la guerre au sein de la France libre, prendra Berchtesgaden en 1945…

Dès le 1er juillet, un ordre du jour du général Weygand rend hommage à ces combattants injustement oubliés :

> Enfermés et encerclés dans les ouvrages qu'ils avaient pour mission de défendre jusqu'au bout, ils ne furent pas touchés par l'ordre de « cessez-le-feu » et, refusant toute communication de l'adversaire, poursuivirent la lutte jusqu'à ce que le commandement français ait pu les avertir…

La situation des garnisons des ouvrages de la ligne Maginot et du 43e CA est emblématique de la diversité et de la complexité dramatique que l'on retrouve dans toute l'armée française du printemps 1940. On constate, à côté de mouvements d'abandon inspirés par l'atmosphère de défaite générale, la persistance de solides volontés de combattre, autour d'un chef plus motivé, plus présent, plus exemplaire.

Les hommes du 43e CA et des troupes de forteresse furent-ils des héros se battant jusqu'au bout pour l'honneur ? Ni combattants sacrifiés par un haut commandement déconnecté des réalités, ni lâches ne pensant qu'à s'esquiver et à éviter la lutte, ils furent d'abord des citoyens responsables, conscients de l'importance de leur mission. Les chiffres, dans leur dramatique rigueur, témoignent de cet engagement : en six semaines de combats, les Allemands perdirent plus de 210000 hommes, dont 49000 tués, et les Français 342000, dont 92000 tués. Surtout, la France comptait près de 1500000 prisonniers entre les mains allemandes, dont les deux tiers furent pris entre le 16 et le 25 juin. Comme leurs camarades de l'armée des Alpes ou des armées du Centre, les soldats, sous-officiers et officiers du 43e CA ont montré les plus belles qualités militaires et sauvé l'honneur dans la défaite.

Bibliographie sélective

Adenot Jean-Michel, *Juin 1940. L'armistice est signé : au Donon, le dernier corps d'armée français tient toujours*, Pléneuf-Val-André (22), Éditions Jardin David, 2020.

Amouroux Henri, *La Grande Histoire des Français sous l'Occupation*, vol. 1 : *Le Peuple du désastre*, Paris, rééd. Metvox Publications, 2019.

Bruge Roger, *On a livré la ligne Maginot*, Paris, Fayard, 1975.

—, *Juin 1940, le mois maudit*, Paris, Fayard, 1980.

Buffetaut Yves, *Combats sur la ligne Maginot*, Paris, Histoire & Collections, 2005.

Mary Jean-Yves, *Mémorial de la bataille de France*, vol. 4, *Du 17 au 25 juin 1940*, Saint-Martin-des-Entrées (14), Heimdal, 2018.

Ortholan Henri, *La Ligne Maginot*, Paris, B. Giovanangeli éditeur, 2012.

Porte Rémy, *1940, vérités et légendes*, Paris, Perrin, 2020.

19

ALLEMAGNE, 1945
Les derniers bataillons nazis

par Jean LOPEZ

La mort d'Adolf Hitler dans son bunker berlinois le 30 avril 1945 ne mit pas fin aux combats entre les Alliés et les armées allemandes, ni dans la capitale du IIIe Reich, où certains Français firent partie du dernier carré, ni dans plusieurs zones du continent européen. Jusqu'à la capitulation et même au-delà, plusieurs poches nazies refusèrent de baisser le drapeau à croix gammée. Si le célèbre « réduit alpin » relève de la légende, il n'en va pas de même pour certains lieux en Bohême-Moravie, sur les rivages de la Baltique ou dans le Schleswig-Holstein, où plusieurs unités poursuivirent la lutte, animées par l'énergie du désespoir, des rêves d'apocalypse ou… le souhait de négocier une reddition la moins humiliante possible.

Où et quand s'est dressé le dernier carré des défenseurs du IIIe Reich ? La réponse est moins évidente qu'elle n'en a l'air. Parle-t-on d'une ultime division au combat ? D'un régiment ? D'un bataillon ? Rien, ici, qui ressemble à la situation simple de Waterloo, sachant que, au début d'avril 1945, la Wehrmacht est encore forte d'entre 9 et 10 millions d'hommes, répartis en

300 divisions ou squelettes de divisions, plus de 3 000 avions et quelques centaines de navires de toutes tailles, le tout distribué sur un ensemble de territoires fractionnés dont la surface totale avoisine les 700 000 kilomètres carrés – sans parler des espaces océaniques et aériens. À moins que, par « dernier carré », on entende le lieu où a flotté la dernière bannière à croix gammée sans qu'il y ait forcément eu bataille ? À ces deux acceptions s'ajoute celle du dernier carré fantasmé, ce célèbre « réduit alpin » où le Reich était censé se retirer, lécher ses plaies et attendre que ses vainqueurs se désunissent.

La question du réduit alpin est la plus facile à examiner. Il s'agit d'une véritable auto-intoxication des Alliés, surtout des Américains, qui a entraîné des conséquences militaires non négligeables. Le bobard – car c'en est presque un – s'alimente à plusieurs sources. En Suisse, d'abord, où les plans de défense se sont organisés dans l'entre-deux-guerres autour du repli de l'armée dans un « réduit national » montagnard. Les services secrets helvétiques abreuvent leurs collègues américains d'informations qu'ils collectent sur les travaux effectués dans les Alpes bavaroises et autrichiennes. Naturellement, ils les imaginent d'une ampleur semblable à celle de leur réduit national. De ces informations, les journalistes américains reprennent ce qui a filtré, déjà grossi, dans la presse suisse. Dans le cadre de la guerre psychologique, les services secrets allemands puis la propagande de Goebbels se font un plaisir d'alimenter la rumeur d'un inexpugnable réduit alpin en cours d'édification. Résultat : l'hiver 1944-1945 voit pulluler dans les gazettes les visions grandioses d'un ultime État nazi centré sur Berchtesgaden, peuplé de 200 000 SS disposant d'usines d'armements et de terrains d'aviation creusés dans le roc, ainsi que de stocks de gaz de combat et de milliers d'otages. Ce micro-État servirait de base aux raids du *Werwolf* (« loup-garou ») – une milice nazie souterraine – et entretiendrait la flamme nationale-socialiste parmi les Allemands en attendant l'éclatement de la coalition alliée. Ces éléments dystopiques avaient de quoi ravir le romancier de science-fiction Philip K. Dick lui-même.

Mi-mars 1945, ces rumeurs contaminent les états-majors alliés des généraux Bradley et Eisenhower, où elles trouvent une traduction militaire. Seule l'existence de ce réduit expliquerait, raisonne-t-on, que les Allemands envoient leurs meilleures unités en Autriche et en Hongrie occidentale et maintiennent 800 000 hommes en Italie du Nord. À n'en pas douter, ils préparent un repli général de leurs forces sur la Bavière, le Tyrol et les Dolomites. Or, Eisenhower ne désire rien moins qu'une prolongation de la guerre et les lourdes pertes qu'entraînerait la réduction d'une forteresse naturelle. Aussi infléchit-il la marche de ses armées vers le centre et le sud de l'Allemagne plutôt que vers Berlin. On voit les conséquences de cette décision sur l'après-guerre.

Du côté allemand, il existe bien des plans portant sur l'organisation d'une défense durable dans les Alpes, et il y a bien un homme dont c'est la marotte : Franz Hofer, le *Gauleiter* du Tyrol. Mais celui-ci ne rencontre Hitler que le 9 avril 1945, beaucoup trop tard pour que le *ja* du Führer ait un effet. Des travaux de fortification ont certes commencé plus tôt – en septembre 1944 –, sous la supervision du haut commandement, mais seulement en Carinthie autrichienne et le long de la Save, dans le nord de la Yougoslavie. C'est dans un réduit tout à fait virtuel que sont évacués en avril 1945 quelques éléments des administrations civiles et militaires, et où l'entourage d'Hitler se presse par ailleurs de se réfugier. Le 25 avril, symboliquement, un groupe local du NSDAP est fondé sur l'Obersalzberg, le dernier de l'histoire de ce parti. En réalité, le Reich n'a plus les ressources nécessaires pour mettre en défense un vaste massif montagneux. Le système de transport est détruit ; le carburant, les matières premières et les stocks alimentaires n'existent plus. Surtout, dans la troupe et l'encadrement, la volonté de se battre contre les Occidentaux a disparu. La capitulation du groupe d'armées C, qui défendait les Alpes du côté de l'Italie, met à bas toute velléité de défense. Dans la première quinzaine de mai, les combats terminés, les Alliés multiplieront les explorations du massif alpin à la recherche de fabuleuses installations. Ils ne trouveront que quelques complexes de tunnels inachevés, destinés à une usine, comme à Ebensee.

Apocalypse Berlin

On ne trouvera pas plus de « dernier carré » sur le front occidental. La lutte des forces allemandes y perd, en effet, toute cohérence après le passage du Rhin par les Alliés, entre le 22 et le 31 mars 1945. Le point final de la résistance est quasiment posé avec la liquidation du groupe d'armées B (400 000 hommes) dans la poche de la Ruhr, le 17 avril, et le suicide de son chef, le feld-maréchal Walter Model. L'avance alliée se poursuit dès lors sans difficultés, plus ralentie par les destructions et les mines que par la résistance de petites unités isolées. Un chroniqueur de la 4e division d'infanterie américaine écrit : « Nous menons un étrange combat contre un ennemi dont la tactique s'apparente à de la guérilla. On ne peut que conjecturer où se trouve la ligne de front. [...] L'armée allemande conduit à tel endroit un dur combat en retraite pour y renoncer aussitôt dans la localité suivante. » La 11e armée, encerclée dans le réduit du Harz, n'oppose qu'un baroud d'honneur avant de déposer les armes le 20 avril. Le seul endroit où les Américains sentent une opposition organisée à leur progression est le cours moyen de l'Elbe. Le 14 avril, assaillis par quelques bataillons de grenadiers de la 12e armée (général Wenck), ils sont même contraints d'évacuer leur tête de pont de Schönebeck, et ne parviennent pas à s'assurer des débouchés de la Mulde devant l'énergique résistance de la division Hutten, de la 12e armée également. Les forces des 9e, 1re et 3e armées américaines n'insistent pas, sauf en direction de Leipzig, occupée le 19 avril. Aucun GI ne souhaite risquer sa peau si près de la fin du conflit. Par ailleurs, Eisenhower n'a pas donné l'ordre de marcher sur Berlin, qui n'est qu'à 80 kilomètres, et personne ne tient à s'accrocher avec les armées du 1er Front de Biélorussie et du 1er Front d'Ukraine, qui approchent rapidement depuis l'Elbe. Laissée à peu près tranquille par les Américains, la 12e armée se retourne alors vers l'est pour s'opposer à ces forces soviétiques. Les Britanniques, de leur côté, repoussent facilement, le 30 avril, une ultime contre-attaque menée contre leur tête de pont de Schwarzenbeck, sur l'Elbe, sans doute la dernière réaction enregistrée sur le front occidental.

À l'est, face aux Soviétiques, l'avant-dernière grande opération de la guerre se déroule devant et dans Berlin, du 16 avril au 2 mai. Elle est majeure de par le nombre des combattants (3 millions) et des moyens engagés, l'énormité des pertes (de 300 000 à 400 000 tués, selon les estimations) et des destructions, ainsi que par ses conséquences politiques et symboliques. Les combats le long de l'Oder, à 60 kilomètres à l'est de Berlin, sont les seuls qui possèdent une signification militaire – mener une bataille d'arrêt ou de retardement sur une coupure défendue –, même si leur issue ne peut faire de doute. En revanche, aucun chef militaire, et surtout pas le colonel général Gotthard Heinrici, commandant du groupe d'armées Vistule, ne souhaite une bataille dans une ville condamnée à l'encerclement et qui, vu sa superficie – cinq fois Paris *intra-muros* – est impossible à défendre. Si l'on se bat quand même dans Berlin, c'est par la volonté expresse d'Hitler, qui cherche à mettre en scène un finale wagnérien et à rester fidèle à ce qu'il annonce depuis qu'il fait de la politique : il n'y aura pas de capitulation comme en 1918, plutôt périr.

C'est durant la bataille pour la capitale allemande qu'une certaine historiographie, aujourd'hui datée, mais toujours populaire[1], situe le dernier carré. L'affaire est connue, elle a été narrée cent fois[2] : le dernier carré serait celui que forment les défenseurs du bunker où s'est réfugié Hitler. La défense du secteur de la chancellerie et du quartier gouvernemental de Berlin, le « secteur Z », peut à bon droit sembler cruciale… du point de vue d'Hitler. Tant qu'elle tient bon, en effet, le Führer n'est pas contraint au suicide. Les Soviétiques pénètrent dans les faubourgs sud, est et nord le 22 avril, puis marchent concentriquement vers le secteur Z. Le 29 avril au matin, les soldats des généraux Tchouikov (8e armée de la Garde) et Katoukov (1re armée blindée de la Garde) ne sont plus qu'à 1 000 mètres du bunker. La zone est défendue âprement par quelques engins blindés de la 18e division de Panzergrenadiers, des groupes de combat de la SS, des marins et aviateurs à pied, des formations mixtes de Jeunesse hitlérienne et d'hommes âgés du *Volkssturm*. Bon nombre de SS ne sont pas allemands, mais espagnols, lettons ou français. Ces derniers appartiennent au *Sturmbataillon* (« bataillon d'assaut ») Charlemagne. Ses 300 hommes, commandés par Henri Fenet, sont dans la ville depuis le 24 avril. C'est un des leurs, l'*Unterscharführer* Eugène Vaulot – un ex-plombier

1. Voir notammment Jean Mabire, *Mourir à Berlin*, Grancher, 1975.

2. Encore récemment mise en images dans *La Chute*, d'Oliver Hirschbiegel, en 2004.

engagé dans la LVF[3] –, qui reçoit la dernière croix de chevalier de l'ordre de la Croix de fer pour avoir détruit huit chars soviétiques. Vaulot, qui sera tué le 1er mai, peut figurer comme le symbole de la dernière résistance autour du bunker du Führer, celle que mènent la SS (sous son visage « européen ») et la Jeunesse hitlérienne. Le suicide d'Hitler, le 30 avril à 15 h 30, ne marque pas la fin des combats dans Berlin. Ceux-ci se prolongent jusqu'au 2 mai, 15 heures, après que le général Weidling, commandant du LVIe corps Panzer – la formation qui porte le poids de la bataille –, a signé sa reddition devant le général Tchouikov. Entre le 30 avril, 15 h 30, et l'arrêt du feu quarante-huit heures après, une vague de 160 suicides décime l'encadrement des derniers défenseurs de la capitale et l'entourage d'Hitler.

Ce n'est pas à Berlin qu'il faut chercher le dernier carré, malgré le caractère apocalyptique des combats. D'une part, parce que la guerre continue ailleurs et que le IIIe Reich survit, avec à sa tête, depuis le 1er mai, le grand amiral Dönitz. D'autre part, parce que, si elle est importante, l'annonce de la mort du Führer, le 1er mai à 22 h 25 sur les ondes de Radio-Hambourg, atteint peu une population par ailleurs largement apathique et une armée éclatée en poches multiples, dispersées en Europe et privées de moyens d'information.

---

3. Légion des volontaires français, créée au lendemain de l'invasion de l'URSS par l'Allemagne hitlérienne à l'initiative des chefs de la collaboration, comme Jacques Doriot et Marcel Déat. Elle comptera moins de 15 000 hommes et sera intégrée à la division SS Charlemagne sur ordre de Himmler.

Ultimes combats aériens et maritimes

Trouvera-t-on le dernier carré sur les fronts aériens et maritimes ? Le 9 avril 1945, la Luftwaffe revendique encore 3 331 appareils en état de combattre, mais elle n'a presque plus de munitions et de carburant. Face à l'armada anglo-saxonne, voler tient du suicide. Aussi les dernières missions se produisent-elles à l'Est, où la domination est moindre. Les trois dernières victoires seraient datées du 8 mai, si l'on en croit les dires des pilotes. Sur Focke-Wulfe 190, l'*Oberleutnant* Gerhard Thyben (escadrille 7/JG54) aurait abattu un bombardier Pe-2 au-dessus de la Baltique, en Courlande, avant d'aller atterrir en zone britannique. Les deux autres duels se seraient produits en Bohême. L'*Oberleutnant* Fritz Stehle aurait eu raison, avec son chasseur à réaction Messerschmitt 262, d'un Yak-9 au-dessus de Freiberg. Sur Messerschmitt Bf 109 K-4, le major Erich Hartmann, le plus grand tueur que le ciel ait jamais vu (352 victoires homologuées), aurait descendu également un Yak non loin de Prague, avant d'aller se rendre à l'armée Patton. Pour leur part, les milliers d'unités de jeunes gens et de jeunes filles affectées par la Luftwaffe à la DCA continuent à faire feu sur les quadrimoteurs au moins jusqu'au 3 mai, quand la RAF opère son dernier bombardement, sur le port de Kiel.

Du côté de la Kriegsmarine, le dernier carré est sous-marin. Des centaines d'U-Boote demeurent potentiellement capables d'activité fin avril. Dans les premiers jours de mai, ils coulent encore quatre navires alliés. Le 4 mai, Dönitz donne l'ordre de cesser les torpillages. Plutôt que de se rendre, 222 U-Boote se sabordent dans le cadre de l'opération « Regenbogen ». Plusieurs capitaines refusent la reddition et tiennent encore la mer en juin, juillet et août. Sans pour autant combattre, ils forment le dernier carré des systèmes d'armes détenus par des Allemands. Il s'agit du sous-marin U-1277 qui se saborde le 2 juin 1945 au large du Portugal, des U-530 et U-977 qui se rendent aux autorités argentines respectivement le 30 juillet et le 17 août 1945. D'un strict point de vue chronologique, le U-977 et sa vingtaine d'hommes d'équipage sont le dernier carré. Mais ils ne se battaient plus depuis quatre mois, se contentant de fuir durant cent cinq jours, de la Norvège à Mar del Plata.

Sur terre, poursuivre la quête du dernier carré passe par l'examen de la chronologie des redditions militaires et la survie étonnante des institutions nazies autour de la petite ville de Flensburg, dans le Schleswig-Holstein.

Au moment où Hitler se tire une balle dans la tempe, seul le groupe d'armées C s'est rendu, et encore n'est-ce pas officiel. Par l'entremise d'un aristocrate italien, le baron Luigi Parrilli, et du général de la Waffen-SS Karl Wolff, le colonel général von Vietinghoff-Scheel a signé l'affaire en secret avec le général britannique Morgan à Caserte, le 29 avril, sans en référer à son haut commandement. C'est l'opération « Sunrise Crossword », dans laquelle Allan Dulles, patron des services secrets américains en Europe, s'est montré fort actif. La capitulation concerne 800 000 hommes et entre en vigueur le 2 mai 1945 à 14 heures. Les combats cessent dans toute l'Italie du Nord. L'ouverture des cols alpestres aux colonnes du 11e groupe d'armées alliées rend vain tout espoir de tenir dans les Alpes.

Cette première capitulation fait s'écrouler le château de cartes du front occidental. Le groupe d'armées H (une douzaine de divisions), commandé par Johannes Blaskowitz, n'ouvre plus le feu depuis qu'il a négocié, le 29 avril, la mise en place avec les Britanniques et les Américains d'un pont aérien pour soulager la famine (opérations « Manna » et « Chowhound ») qui frappe les civils dans la « forteresse Hollande ». Il dépose finalement les armes le 5 mai, à la suite de l'acte de capitulation de toutes les forces du nord-ouest de l'Allemagne et du Danemark signé à Lüneburg, à 18 h 30, au quartier général du *field marshal* Montgomery. Le groupe d'armées G, commandé par le général de l'infanterie Friedrich Schulz, se rendra le lendemain à midi au 6e groupe d'armées américain commandé par Jacob Devers, après une signature à Haar, près de Munich. Ses 200 000 hommes viennent grossir le flot du million de prisonniers capturés par les Occidentaux depuis la traversée du Rhin. En tenant compte des délais de mise en œuvre de ces diverses redditions, on peut estimer que, face aux armées occidentales, les armes se taisent dès la soirée du 5 mai 1945. À partir du 6 mai, les combats – de vrais combats, avec des milliers de tués – ne se poursuivent qu'à l'est et au sud-est de l'Europe, face aux Soviétiques et aux forces de Tito. Si Britanniques et Américains entendent encore le canon sur les bords de la Baltique et, au centre, sur l'Elbe, ils ne sont pas visés. Il s'agit des tirs des arrière-gardes de la 3e armée Panzer (von Manteuffel) et de la 12e armée (Wenck) qui se retirent à toute vitesse devant les armées de Rokossovski et de Joukov pour se rendre aux Occidentaux.

Le 7 mai, à 2 h 41, l'ensemble de la Wehrmacht, représentée par le colonel-général Jodl, capitule à Reims au quartier général d'Eisenhower. Le feu doit cesser le 9 mai à 00 h 01. Comme on l'a vu, au moment de cette signature, les armes se sont déjà tues à l'ouest et au sud. Seules les armées encore postées face aux Soviétiques peuvent, en pratique, être concernées par cet acte, ainsi que les garnisons isolées. Ces dernières capitulent tardivement parce qu'elles n'ont que de précaires liaisons avec le haut commandement. À l'ouest de l'Europe, les dernières forces allemandes en armes se trouvent dans les îles de la Manche (319e division d'infanterie), à Lorient, La Rochelle, Brest et

Saint-Nazaire : elles seront désarmées entre le 9 et le 11 mai. À l'ouest, donc, du point de vue chronologique, les garnisons des ports français forment le dernier carré des combattants terrestres du Reich. Un ordre d'Hitler les avait clouées sur place en août et septembre 1944 pour priver les Alliés des facilités portuaires françaises et continuer le service des *U-Boote*. Un scénario proche se déroule dans les îles de la mer Égée, notamment Rhodes et la Crète, où les forces allemandes, coupées de tout depuis octobre 1944, se rendent le 11 mai aux Britanniques.

À la demande de Staline, l'acte de capitulation inconditionnelle de la Wehrmacht est répété à Berlin-Karlshorst, au quartier général du maréchal Joukov. Cette fois, c'est Keitel, le chef de l'OKW, qui vient signer. Le maître du Kremlin tient à cette cérémonie pour des raisons politiques et symboliques. À ses yeux, elle doit manifester le fait que l'Union soviétique est le principal vainqueur du Reich. L'acte, signé le 9 mai seize minutes après minuit, n'interrompt pas aussitôt les combats. Vingt-quatre heures après, le drapeau nazi flotte toujours sur quatre réduits : en Bohême-Moravie, à Flensburg, en Courlande (actuelle Lettonie) et de part et d'autre des bouches de la Vistule, en Prusse-Orientale.

En Bohême-Moravie, le maréchal Koniev, commandant du 1er Front d'Ukraine, mène la dernière grande opération en Europe. Son objectif est Prague, la première ville non germanique à avoir été occupée par le Reich, en mars 1939. L'opération débute le 6 mai 1945, alors que, de leur côté, depuis la Slovaquie et la Hongrie, les 4e et 2e Fronts d'Ukraine poussent vers le centre de la Tchécoslovaquie. Koniev a repositionné ses deux armées de chars près de Dresde, à l'extrême droite de son dispositif. Ce sont elles qui mènent un raid de 300 kilomètres vers le sud-est. Dresde tombe le 8 mai, les monts Métallifères sont franchis le même jour. Koniev entre le lendemain dans Prague insurgée, quasiment vide d'Allemands. Les forces du groupe d'armées

Centre du feld-maréchal Ferdinand Schörner (un million d'hommes), dernier commandant en chef de l'armée de terre, se sauvent vers l'ouest pour, ici encore, se rendre aux armées de Patton avancées en Bohême. L'acte de capitulation est signé le 11 mai par Schörner, qui s'enfuit aussitôt par les airs, habillé en civil, avec en poche l'argent de la caisse de son état-major. La veille, le groupe d'armées E, après s'être retiré sur la position « Zvonimir », sur la frontière autrichienne, s'est également rendu aux Soviétiques.

Ultimes résistances en Baltique

Le 11 mai 1945, trois poches n'ont pas encore amené le drapeau quatre jours après la capitulation générale à Reims : à Flensburg, en Courlande et en Prusse-Orientale. Toutes trois sont situées sur les rives de la Baltique. Du strict point de vue des combats terrestres, c'est en Courlande et en Prusse-Orientale qu'il faut chercher le dernier carré. La raison en est simple : les formations allemandes qui y demeurent en armes au début mai ont encore une chance d'échapper par la mer à la captivité en Union soviétique, cauchemar des combattants. Tant qu'elles tiennent un port, elles gardent espoir de rallier le Danemark occupé par les Britanniques. Elles sont donc motivées pour tenir le plus longtemps possible les trois ports de Windau (actuelle Venspils) et Libau (Liepaia), en Courlande, et de Hela, en Prusse. On y lutte pour sa peau, pas pour le Reich.

En Courlande, il y va du destin des 220 000 hommes des 16e et 18e armées qui ont affronté avec succès, dans les six derniers mois, six offensives menées par six armées soviétiques appartenant au 1er Front de la Baltique, puis au Front de Léningrad. Elles sont coupées du Reich depuis octobre 1944. Hitler les a maintenues sur place – tout en acceptant d'y prélever des forces pour étoffer la défense dans d'autres secteurs du front. Si sa décision de clouer trente-trois divisions loin de la mère patrie est une erreur manifeste, ses raisons demeurent obscures. Aucune de celles qu'il a avancées ne soutient l'analyse : empêcher la flotte soviétique de régner en maître en Baltique, fixer des forces rouges loin du Reich, conserver une planche d'appel pour une offensive au cas où la situation se retournerait. Ces troupes se savent vouées à la Sibérie, si l'on ne vient pas les chercher. Le 1er mai, les haut-parleurs soviétiques les ont informées de la mort d'Hitler, puis, le 3 mai, de la chute de Berlin. Le commandant en chef, le général Hilpert, appelle Dönitz à l'aide. Le 5 mai, le grand amiral reçoit la permission du contre-amiral britannique Holt d'envoyer vers Windau, Libau et Hela tout ce qui flotte encore – destroyers, torpilleurs, navires écoles, cargos, barges – et d'évacuer autant d'hommes que possible. Du 4 au 8 mai, 175 navires embarquent 27 700 soldats sous les attaques constantes de l'aviation rouge. Les derniers transports quittent Libau dans la nuit du 8 au 9 mai, Windau dans celle du 9 au 10. Ceux qui restent en Courlande, la rage au cœur, font encore le coup de feu jusqu'à minuit, le 10 mai. Le 11 seulement, les forces du maréchal Govorov viennent leur ôter leurs armes ; 42 généraux, 8 038 officiers et 181 000 hommes partent pour les camps. Quelques centaines de jusqu'au-boutistes, refusant la captivité en Sibérie, tentent une impossible anabase vers l'ouest. Si la plupart des 14 000 volontaires lettons sous uniforme allemand sont exécutés par les Soviétiques, un nombre inconnu rejoignent les maquis antibolcheviques locaux pour une lutte aussi longue que vaine. De même, en Croatie, quelques petites unités SS se battent encore contre les partisans de Tito les 11 et 12 mai aux côtés des 220 000 hommes, femmes et enfants de l'armée de l'État croate. Tous se livrent aux Britanniques, qui les remettent aux titistes le 15 mai. Plus de 100 000 d'entre eux seront massacrés entre Marburg et Bleiburg.

Si l'on se borne au point de vue chronologique, c'est à l'armée de Prusse-Orientale, commandée par le général des troupes blindées Dietrich von Saucken, une « gueule cassée » de la Première Guerre mondiale, que revient, de fort peu, la palme du « dernier carré » terrestre. Cette formation a été constituée le 7 avril 1945 à partir des restes de la 4e armée, environ 150 000 hommes appartenant à cinq corps différents. Après la perte de Dantzig et de Gdynia, fin mars, elle se trouve isolée, sans autre lien avec le Reich que la voie maritime via les ports de Pillau et d'Hela. Un assaut du 3e Front de Biélorussie (maréchal Vassilevski), mené du 10 au 27 avril, lui enlève Pillau et la refoule sur une flèche sablonneuse située à l'embouchure de la Vistule, le Frische Nehrung. Le dernier port à disposition, Hela, se trouve de l'autre côté des bouches de la Vistule, au bout de la péninsule du même nom. Une noria de petits bateaux y transportent plusieurs dizaines de milliers de soldats, de nuit pour échapper aux attaques aériennes et aux tirs d'artillerie soviétiques.

La Kriegsmarine réussit son Dunkerque à Hela, suivant les ordres de Dönitz. Des centaines d'embarcations de tous types, dont les six derniers contre-torpilleurs en état et tout ce qui reste de la flotte marchande, enlèvent 225 000 militaires et 25 000 civils en avril, et encore 50 000 dans la première semaine de mai. Le 5 mai, une masse paniquée de 180 000 soldats s'agglutinent sur les quais. Le 9 mai, la mer en face d'Hela est littéralement couverte de bateaux. En quelques heures, 60 000 soldats et quelques milliers de civils trouvent place à bord. Un seul navire, le pétrolier *Liselotte Friedrich*, est coulé. Le 14 mai, le dernier navire chargé de fugitifs, le *Hoffnung* (« l'Espoir »), une simple barque remorquée par un chalutier, parvient à Flensburg. La résistance du général von Saucken a permis ce rembarquement massif. Il en est récompensé, le 9 mai, par la 27e et dernière croix de chevalier avec brillants, épées et feuilles de chêne. Les Soviétiques n'entrent à Hela que le 14 mai à 14 heures. L'avant-dernier drapeau nazi est amené. Il en reste encore un, à Flensburg.

Le IIIe Reich est mort à Flensburg

Dans son testament, Hitler confie au grand amiral Dönitz la présidence du Reich et le commandement en chef de la Wehrmacht. Celui-ci en est informé par trois radiotélégrammes dont le dernier, reçu à 15 h 18 le 1er mai, est signé Goebbels, éphémère chancelier. Dönitz s'installe dans une école de la Marine à Mürwik, un quartier de Flensburg, dans le Schleswig-Holstein. Le 5 mai, il forme son cabinet, dans lequel figurent un grand nombre de chefs SS. Son programme, chimérique, se situe dans la continuité des derniers actes ou déclarations de Ribbentrop, Himmler, Goebbels et Göring : ne concéder que des capitulations militaires partielles et tenter de signer une paix séparée avec les Occidentaux, continuer la lutte contre les Soviétiques. Au 7 mai, son autorité s'exerce encore sur les îles danoises et en Norvège où les troupes n'ont toujours pas été désarmées par les Alliés, et dans l'enclave de Flensburg sur laquelle les Occidentaux n'ont pas tranché. Dans son journal, il reconnaît qu'il « ignore si le peuple allemand a connaissance de l'existence du gouvernement Dönitz[4] ». Son action réelle se borne à accepter la capitulation générale des 7 et 9 mai, puis à organiser avec sa Kriegsmarine le sauvetage des troupes et du maximum de civils acculés aux côtes de la Baltique, en secteur soviétique. Pour le reste, le grand

4. In *Die Niederlage 1945. Aus dem Kriegstagebuch des Oberkommandos der Wehrmacht*, édité par Percy Ernst Schramm, DTV Dokumente, p. 434.

amiral continue, par ses déclarations, à défendre le bilan du national-socialisme et refuse de supprimer tous les drapeaux à croix gammée et les portraits d'Hitler, comme le demandent les Alliés. Le 11 mai, il note dans son journal ce qui deviendra la légende d'une Wehrmacht propre et d'un peuple ignorant des turpitudes du régime : « Ces derniers temps se multiplient les informations au sujet de conditions intenables et d'événements contraires au droit dans les camps de concentration. [...] Comme ni le peuple allemand ni la Wehrmacht n'ont connaissance de ces conditions, il convient de s'en distancer clairement. »

Le 14 mai, à 1 heure du matin, le capitaine de vaisseau Lüth est abattu par une sentinelle du poste de garde de Mürwik à la suite d'une tragique méprise : le dernier soldat tué par une arme au service du Reich l'est donc par un Allemand. Les Alliés tolèrent le gouvernement fantôme, le temps d'assainir totalement la situation militaire, notamment le repérage des champs de mines. À la suite des protestations soviétiques, le 23 mai, les membres du cabinet Dönitz sont arrêtés par les soldats de la 11e division blindée britannique. Le magazine américain *Time* titre :

> Le Reich allemand est mort ce matin ensoleillé du 23 mai 1945, à proximité de Flensburg, port sur la Baltique.

Si, par « dernier carré », on entend les derniers défenseurs du IIIe Reich, ils sont là. Non pas une troupe harassée brandissant héroïquement des Panzerfaust, mais une cohorte bien rasée de 350 bureaucrates en civil, parmi lesquels 220 membres du Sicherdienst (SD), le service secret de la SS, et une douzaine de criminels de guerre parmi les pires[5].

---

5. Citons le SS-*Obergruppenführer* Paul Wegener, *Gauleiter* du Ems/Weser ; le SS-*Gruppenführer* Herbert Backe, organisateur de la famine en URSS ; Hans-Joachim Rieke, SS-*Gruppenführer* de l'état-major de

Bibliographie sélective

En français

Kershaw Ian, *La Fin. Allemagne 1944-1945*, Seuil, 2012.

Lopez Jean, *Les Cent Derniers Jours d'Hitler. Chronique de l'apocalypse*, Perrin, 2015.

—, *Berlin. Les offensives géantes de l'Armée rouge Vistule-Oder-Elbe (12 janvier-9 mai 1945)*, Economica, 2010.

En anglais

Biddiscombe Perry, *Werwolf! The History of the National Socialist Guerilla Movement, 1944-1946*, University of Toronto Press, 1998.

Fritz Stephen G., *Endkampf. Soldiers, Civilians and the Death of the Third Reich*, The University Press of Kentucky, 2004.

En allemand

Die Niederlage 1945. Aus dem Kriegstagebuch des Oberkommandos der Wehrmacht, Herausgegeben von Percy Ernst Schramm, DTV Dokumente.

Kunz Andreas, *Wehrmacht und Niederlage*, München, Oldenbourg, 2007.

Schiefer Joachim, *Historischer Atlas zum Kriegsende 1945*, Sax-Verlag Beucha, 2006.

Seidler Franz W., *Phantom Alpenfestung ?*, Verlag Plenk, 2000.

Himmler et complice de Backe ; le SS-*Obergruppenführer* Wilhelm Stuckart, qui était présent à la conférence de Wannsee ; le SS-*Gruppenführer* Otto Ohlendorf, chef du SD et du 3e bureau du RSHA, ancien commandant de l'*Einsatzgruppe* D, responsable direct de l'assassinat de 90 000 Juifs sur les arrières de la 11e armée en 1941-1942.

20

Espagne, 1942-1952
Les maquis rouges oubliés

par Emmanuel Hecht

Six ans après la victoire de Franco, en pleine Seconde Guerre mondiale, des foyers de lutte armée ont essaimé dans la « sierra » espagnole. Les guérilleros, anciens soldats de l'armée républicaine passés par les maquis français, n'ont jamais réellement menacé le maître de l'Espagne nationaliste durant les dix années que dura leur combat. Mal équipés, mal ravitaillés, boudés par les Alliés tendus vers la lutte contre l'expansion du communisme en Europe, ils se sont d'abord battus pour leur survie Le dernier épisode de la guerre civile a longtemps été absent de la mémoire nationale espagnole : l'amnésie était le prix à payer pour décréter l'amnistie, condition de la « transition démocratique » ouverte en 1975, après la mort du Caudillo.

Octobre 1944. Depuis le débarquement anglo-américain sur les plages de Normandie, la France se libère chaque jour un peu plus de l'occupation nazie. Tandis que les combats se poursuivent dans les Vosges et en Lorraine, le gouvernement provisoire de la République française (GPRF) confirme le droit de vote accordé aux femmes et met sous séquestre les usines de Louis Renault, accusé de collaboration économique. Le Salon d'automne, rebaptisé « Salon de la Libération », accueille Picasso, Klee, Miró. Du côté de Clermont-l'Hérault, 300 vétérans de l'armée républicaine, rassemblés au sein de la XIe brigade de guérilleros espagnols, prennent leur quartier dans le village de Quillan (Aude). La plupart d'entre eux sont établis en France depuis la *Retirada*, la « retraite » entamée en 1939 par soldats et civils républicains, sous la pression des forces nationalistes du général Franco[1]. Ils ont repris le combat, certains depuis 1942, en rejoignant les maquis de l'Aude, de Dordogne, de Haute-Garonne, du Gers, des Basses-Pyrénées. Depuis que ces territoires *cara a España* (« en face de l'Espagne ») ont recouvré leur souveraineté, ils songent à la prochaine étape, le « front principal » : la « Reconquête de l'Espagne ».

Reconquista. Le terme a une haute valeur symbolique pour ces exilés. Il a été utilisé la première fois lorsque les royaumes chrétiens ont engagé la reconquête de la Péninsule ibérique et des Baléares occupées par les musulmans, entre 722, date de la victoire asturienne de Covadonga, et 1492, chute de Grenade. Narcisse Falguera, chef d'état-major de la XIe brigade, escompte une victoire plus prompte pour s'emparer du val d'Aran, une vallée de la Catalogne pyrénéenne, à la frontière entre la France et l'Espagne. C'est dans cette cuvette que doit être établi un gouvernement provisoire républicain, future base de la libération du pays du joug franquiste. L'idée a germé dans l'esprit des dirigeants de l'Union Espanola (UNE), vaste rassemblement

1. Lors de la *Retirada*, les dix premiers jours de février 1939, 250 000 réfugiés espagnols, dont un tiers de femmes, d'enfants et de vieillards, auxquels s'ajoutent 250 000 soldats de l'armée républicaine, après l'effondrement du front de Catalogne et la chute de Barcelone, franchissent la frontière française.

– sous l'égide des communistes – de républicains, de socialistes et d'anarchistes en rupture avec leurs dirigeants, silencieux dans leur exil russe ou mexicain[2]. Pourtant, elle ne fait pas l'unanimité. Des cadres du parti auraient préféré renforcer les maigres foyers de résistance déjà établis dans les zones montagneuses : León, Asturies, Galice, Cantabrie, Estrémadure, Andalousie, Aragón, Levant.

Préinvasions

Quatre mille guérilleros – 7 000, selon d'autres sources[3] – s'apprêtent à fondre sur Vielha (ou Viella), chef-lieu du val d'Aran et prochaine capitale. Parallèlement, ils doivent établir une ligne de communication avec l'arrière – la France – afin d'acheminer renforts et ravitaillement, et, si la chance vient à tourner, d'engager une retraite en bon ordre. Leur dernier objectif : assurer le contrôle du port de Banaigua, un col à plus de 2 000 mètres, pour bloquer l'arrivée de renforts franquistes. Dans une seconde phase, portés par le ralliement de la population et l'appui de l'armée américaine stationnée en France, ils pourront s'emparer de toute la Péninsule. Tel est leur dessein initial.

Dès le 3 octobre, des « préinvasions » de petites grappes de guérilleros (2 000 au total) sont effectuées le long des Pyrénées, afin de fixer les troupes franquistes et de les tenir à distance du *gran paso* (le « grand passage »), programmé le 19, dès 6 heures du matin. Les troupes de Narcisse Figueira, après une

---

2. Les forces républicaines autres que le PCE créent en novembre 1943, au Mexique, la Junte espagnole de libération, caractérisée par son absence du terrain.

3. Sur cet épisode de l'histoire espagnole, tous les chiffres avancés dans ce texte peuvent varier du simple au double selon les sources…

trentaine d'heures de marche avec chacun un sac de 35 kilos, sont prêtes pour l'assaut final. Leurs équipement et armement sont de bric et de broc – mitrailleuses Colt, mitraillettes Sten et fusils Springfield, deux canons pris à la Wehrmacht, une quinzaine de camions, une douzaine d'automobiles, quelques motos –, mais l'enthousiasme leur fait négliger cet aspect, pourtant crucial. Malgré la précocité de l'hiver – brouillard, neige, gel –, elles occupent rapidement une quinzaine de villages, pratiquement sans coup férir. Elles ont juste le tort d'imaginer l'armée franquiste inerte. Depuis plusieurs mois déjà, Franco a renforcé la défense de la frontière. Il ne redoute pas l'attaque des « rouges », mais celle d'adversaires plus coriaces : les Américains, qui, craint-il, pourraient vouloir en finir avec son régime autoritaire, comme ils l'ont déjà fait avec celui de Mussolini. L'ambiguïté, fondement de la politique extérieure du Caudillo[4], ne risque-t-elle pas de se retourner contre lui[5] ? Les républicains espagnols ne sont pas les seuls à espérer ce scénario. Des généraux favorables à une restauration de la monarchie ont fait valoir ce risque auprès du maître du palais du Pardo. Et ils lui ont suggéré d'abdiquer, afin d'éviter l'occupation étrangère du pays.

Sur le terrain pyrénéen, les forces gouvernementales obtiennent le renfort des troupes de montagne et du Tercio, la fameuse Légion espagnole. À Vielha, les soldats aguerris de José Moscardo, l'ex-commandant de l'Alcázar, l'Académie militaire de Tolède, attendent de pied ferme les envahisseurs. De fait, les

4. *Caudillo* est un terme du Moyen Âge espagnol signifiant « chef de guerre ».

5. Franco a, à la fois, envoyé les troupes de la division Azul sur le front de l'Est – en remerciement de l'aide des volontaires allemands de la légion Condor pendant la guerre civile – et interdit à la Wehrmacht la traversée de l'Espagne pour s'emparer de Gibraltar, sous contrôle britannique.

détachements de la guérilla sont rapidement stoppés et encerclés. Les villageois, qui devaient les accueillir en libérateurs, n'ont pas ouvert leurs portes. Des bergers et des contrebandiers les ont même dénoncés. Quant aux Américains, ils jouent l'Arlésienne. Certes, les États-Unis continuent de bouder le régime autoritaire de Madrid, et ce jusqu'en 1953[6], mais dans l'immédiat, ils ont d'autres priorités : la prise d'Aix-la-Chapelle, dans leur longue marche sur Berlin, et le débarquement aux Philippines, sur leur front du Pacifique. Quant à Churchill, il a fait savoir que « les problèmes politiques intérieurs de l'Espagne sont l'affaire des Espagnols eux-mêmes », soulageant un peu Franco. L'Espagne a beau aborder la *Noche Negra*, cette « nuit noire » que lui vaut sa mise au ban (temporaire) des institutions internationales, son anticommunisme devient un atout majeur, à mesure que s'esquisse la guerre froide. « Qui sait si Dieu ne confie pas à l'Espagne, une fois de plus, la mission de sauver la civilisation chrétienne ? », s'aventure à penser l'amiral Carrero Blanco[7].

Dans le val d'Aran, le 29 octobre 1944, l'état-major de la guérilla sonne la retraite, sur ordre de Santiago Carrillo, chef du parti communiste clandestin[8]. Les républicains viennent de perdre la dernière bataille de la guerre civile – et la seule engagée par la résistance antifranquiste. Entre 200 et 600 guérilleros

---

6. En 1953, l'Espagne signe avec les États-Unis des pactes qui lui garantissent une aide matérielle considérable en échange de la concession de bases militaires. « Il faut se marier avec la plus riche ! », exulte Franco. Deux ans plus tard, l'Espagne est admise à l'Onu.

7. Futur Premier ministre, entre 1967 et 1973, il sera tué le 20 décembre de cette année-là dans un attentat spectaculaire perpétré par les basques de l'ETA.

8. La secrétaire générale du parti, Dolorès Ibárruri, en exil à Moscou, n'a plus de pouvoir réel.

ont péri. Environ 700 prisonniers ont été conduits dans les prisons franquistes. Quelques combattants restent en Espagne, tandis que le gros de la troupe regagne la France *in extremis*. Le général de Gaulle, qui avait rendu quelque temps plus tôt hommage aux Espagnols engagés dans les maquis français, puis reconnu le régime de Madrid, ordonne l'arrestation des fugitifs et leur désarmement.

Naissance des maquis espagnols

Les vaincus sont internés au camp de Gurs, où ils avaient déjà échoué cinq ans plus tôt. À la défaite s'ajoute l'humiliation de devoir côtoyer des soldats allemands, qu'ils avaient parfois faits prisonniers, et leurs adversaires du PPF de Doriot et de la Milice. Santiago Carrillo décide de réorganiser le parti et privilégie désormais les maquis en gestation en Espagne. Quant au toujours prudent Francisco Franco, malgré une victoire incontestable, il lance la construction de la ligne Gutiérrez, la « ligne Maginot des Pyrénées » : plus de 500 kilomètres de casemates, bunkers et nids de mitrailleuses, depuis les hauteurs de Port-Bou, en Catalogne, jusqu'à Guipúzcoa, sur la côte basque.

Le camp de Gurs (Pyrénées-Atlantiques) avait été bâti au printemps 1939 pour recueillir les 23 000 soldats de l'armée républicaine et les 7 000 volontaires des Brigades internationales de la *Retirada*. Implanté sur 28 hectares et 5 kilomètres de long, il est divisé en « îlots » d'une trentaine de baraques chacun, sans fenêtre ni aération, pouvant accueillir jusqu'à soixante personnes. Lavabos collectifs, latrines alignées sur une plate-forme à deux mètres de hauteur, sacs de paille à même le sol en guise de couches, nourriture rare et médiocre : un camp d'internement, même s'il n'a pas la dureté d'un camp de concentration, n'est pas une sinécure. Qu'importe ! À peine enfermés, les cadres communistes ont reconstitué les structures du parti. Peu de temps après leur arrivée, au printemps 1939, dans le cadre de l'effort de guerre à venir et de la relève des appelés, le gouvernement Daladier forme les Compagnies des travailleurs étrangers (CTE), dédiées principalement aux tâches agricoles et travaux forestiers. Dans le sud-ouest de la France, les Espagnols représentent l'immense majorité des effectifs. Le régime de Vichy reconduira les CTE en les rebaptisant Groupements de travailleurs étrangers (GTE). Les exploitations forestières et les chantiers de construction de barrage constituent le cadre idéal pour la formation des futurs guérilleros antifranquistes[9]. Bientôt, ils pourront rejoindre le 14e corps d'armée guérillero, reconstitué par le PCE clandestin sur le modèle d'un ex-bataillon républicain.

Les réfugiés espagnols sont surveillés de près par les Renseignements généraux. En septembre 1942, une vaste opération est lancée contre eux dans le Lot-et-Garonne pour « reconstitution de ligue dissoute et de distribution de tracts ». La plupart des arrestations aboutiront à l'abandon des poursuites, à des non-lieux ou des condamnations à de faibles peines de prison. Les moins chanceux, une minorité, seront déportés dans les camps politiques de Dachau et Mauthausen.

En 1944, l'échec de l'invasion du val d'Aran est une chance pour les opposants au régime de Franco réfugiés dans les montagnes, car ils sont rejoints par les guérilleros de l'expédition ratée. Ces « fugitifs » (*huidos*), également nommés *escapados* (« échappés »), *fugados* (« fugueurs »), *emboscados* (« embusqués »), *los del monte* ou *los de la sierra* (« ceux de

---

9. De la même manière que les chantiers de la jeunesse de Vichy constitueront un vivier pour la Résistance française.

la montagne »), *marxistas huidos* (« fugitifs marxistes »), se cachent d'abord pour survivre. Le Caudillo avait promis « la liquidation à jamais de la gauche », et ils craignent d'être abattus. Les faits confirmeront leurs craintes : entre 1939 et 1952, 50 000 personnes seront exécutées.

Guérilla pluraliste

À partir du printemps 1942, certains de ces foyers isolés se regroupent, à l'instar de la Fédération de León-Galice, première organisation de ce type. Cette guérilla a la particularité d'être pluraliste. Y cohabitent communistes, socialistes et anarchistes. Afin de maintenir cohérence et discipline, le prosélytisme y est interdit. Pas question de ressusciter cette guerre civile dans la guerre civile que fut la lutte à mort entre le parti communiste, épaulé par le NKVD soviétique, et les autres formations de gauche – notamment les anarchistes et les trotskistes. L'activité de ces combattants de la *sierra* est subordonnée au soutien d'une partie de la population. Les *enlaces*, les agents de liaison, et autres *guerilleros del llano* (« guérilleros de la plaine ») se chargent du ravitaillement, des vivres, de l'acheminement du courrier, exceptionnellement d'armes, qui font cruellement défaut. Sans l'aide de ces milliers de civils, les guérilleros sont nus. Bientôt, le PCE prendra pour modèle la *Federación de Guerrillas de León-Galicia* pour l'organisation des *Agrupaciones Guerrilleras*, les groupements de guérillas rassemblés sous sa coupe.

Fin 1944, dans la foulée de l'échec de l'invasion du val d'Aran, la guérilla antifranquiste – le « brigandage communiste », dans la rhétorique franquiste – débute véritablement, avec une organisation politique et militaire. Son activité se déploiera au plus haut entre 1945 et le début de 1947. Ses « buts de guerre » ? La

« libération » du pays. Ses moyens ? Ils sont limités : sabotage de voies ferrées et de pylônes, lutte armée contre la Guardia Civil, la gendarmerie rurale. Les guérilleros auront peu recours à ces actions. Faute de mieux, et à court d'argent, ils devront se contenter de *hold-up* et d'enlèvements.

Les Espagnols de France, passés par les maquis, apportent leur savoir-faire militaire et leur expérience de la clandestinité. Leur première mission, c'est de recruter des autochtones. La tâche n'est pas aisée. De sensibilité anarcho-syndicaliste, proches de la CNT[10], ayant, pour certains, participé à des « collectivités agricoles » sur des terrains confisqués à leurs propriétaires, les nouveaux venus se méfient des maquisards communistes qui veulent les encadrer. Malgré des règlements de compte internes allant jusqu'à des liquidations ponctuelles, les « rouges » et les « noirs » feront un bout de chemin ensemble. L'*Agrupación Guerrillera de Levante y Aragón* (AGLA), l'une des plus puissantes organisations de guérilla, opérant dans les montagnes de Teruel, Cuenca et Castellón, en est une illustration parlante. Lors de son « offensive du printemps » de 1947, cette formation multiplie avec un relatif succès les sabotages et les attaques contre les forces de l'ordre. Mais dans les villages, où tout le monde se connaît, les meurtres engendrent un cycle de vengeances et de représailles, sur fond de vieux litiges liés à la propriété et à l'usage des terres. Dans cette guérilla composée à 90 % de paysans, les *partidas* (groupes de maquisards) s'imaginent libérer le pays, ils ne font que ressusciter la vendetta. Aussi celles-ci se contentent-elles de plus en plus d'opérations de ravitaillement,

10. La *Confederación nacional del Trabajo* est une organisation anarcho-syndicaliste fondée en 1910 à Barcelone. En 1936, au début de la guerre civile, elle constitue la plus importante confédération syndicale.

pour survivre, ou de séquestrations de notables, pour obtenir des rançons.

En face, la Guardia Civil s'est adaptée à la nouvelle donne. Des officiers, tel Eulogio Limia, théorisent la contre-guérilla. Ce lieutenant-colonel a structuré des petits groupes de cinq ou six gardes civils volontaires, vêtus comme des guérilleros : ce sont les *contrapartidas*, parfois rejoints par des guérilleros ralliés. Ils vont jusqu'à piller et à commettre des exactions en tout genre, pour semer un peu plus la confusion dans les villages, qui risquent à tout moment d'être rendus responsables des actions des « rouges ». La Guardia Civil n'hésite pas à ordonner l'évacuation de la population de certaines zones montagneuses afin de couper net tout approvisionnement. En dehors de ces territoires, les Espagnols ne sont pas informés de cette guerre de faible intensité. Une presse aux ordres se contente de notifier régulièrement l'arrestation ou l'exécution de *bandoleros* (« bandits »).

La dernière phase de la guérilla (1948-1952) est un lent déclin. Le parti socialiste espagnol (PSOE), sceptique sur le recours à la lutte armée, a déjà assuré le repli de ses militants engagés à titre individuel. À leur tour, les dirigeants du PCE, sur ordre de Staline, commencent à familiariser leurs troupes à l'idée d'un abandon prochain de la guérilla. Pour la forme, ils continuent, certes, de célébrer les vertus de la lutte armée, mais l'heure est à « l'entrisme » au sein du seul syndicat autorisé, l'*Organización Sindical Española*. Preuve supplémentaire de ce tournant, les *Agrupaciones guerrilleras*, les groupes de guérilleros, sont rebaptisés « Comités de résistance », nom qui sonne moins belliqueux. L'évacuation générale est sifflée en 1952 par le parti communiste clandestin. Sur 8000 guérilleros, la moitié ont trouvé la mort, le plus souvent dans le cadre de la *Ley de fugas*. Cette loi sur le délit de fuite, promulguée à la fin du

XIXe siècle pour lutter contre les bandits de grand chemin, autorise à tirer sans sommation.

Fin de partie

La guérilla se poursuivra encore une dizaine d'années sous une forme urbaine et marginale, surtout à Barcelone et, dans une moindre mesure, à Madrid, Málaga, León, Grenade. En Catalogne, elle est dominée par quelques figures : José Luis Facerías, qui braquera l'Usine Hispano-Olivetti ; Francesc Sabaté Llopart, dit « Quico », expert en sabotages... Politiquement, ce sont des anarchistes, passés par la CNT ou la FAI (Fédération anarchiste ibérique), voire les deux. Ils ne vivent pas tous en permanence en Espagne, préférant multiplier les allers-retours entre leur pays et la France, afin d'assurer leur sécurité. Le plus souvent, ils forment des groupes ponctuels pour une mission, avant de s'autodissoudre une fois celle-ci exécutée. Ils tentent de compenser leur isolement par des actions spectaculaires, mais sans lendemain. À Grenade, le groupe des frères Querero tient tout de même sept années, jusqu'en 1947, en multipliant les attaques à main armée, les prises d'otages et les courses-poursuites jusque sur les toits de la ville. Ils finissent tragiquement, la moitié d'entre eux préférant se suicider plutôt que de se rendre à la police. D'autres militants anarchistes ont une plus grande longévité, puisqu'ils ne tomberont sous les balles de la Guardia Civil qu'au début des années 1960. Ainsi, Ramón Vila Capdevila, dit « Face brûlée » (*Caracremada*), mineur de la FAI, passé par les maquis du Limousin, spécialiste en explosifs, est abattu le 7 août 1963, vers 1 heure du matin, dans la commune catalane de Castelnou de Bages. Vêtu d'un pantalon bleu, d'une chemise kaki et de chaussures de montagne, il était lourdement chargé. Outre une scie à métaux et une perceuse, on trouva sur lui quatre gourdes d'eau, une outre de vin, une gamelle remplie de purée de pois chiches et de pommes de terre, une boîte de Nescafé, un transistor, du tabac et un briquet, un parabellum de calibre 9 mm et un chargeur de 39 balles, un Colt de 11,43 mm équipé de trois chargeurs. Autour de sa ceinture : une grenade, un rouleau de mèche noire à combustion lente, du ruban adhésif isolant. Il portait aussi dans ses *impedimenta* un sac de couchage et un imperméable. L'ultime guérillero antifranquiste, selon le quotidien *El País*[11], sera pourtant un communiste en rupture de parti : le Galicien Jose Castro Veiga – dit « El Piloto » parce qu'il fut caporal dans l'aviation –, abattu le 10 mars 1965.

Pour beaucoup d'Espagnols, il s'agit de faits divers. La guerre civile est de l'histoire ancienne : place au tourisme ! « L'Espagne est différente » : simple, voire simpliste, le slogan du ministre Manuel Fraga Iribarne fait mouche. Le tourisme sera l'une des clefs du développement d'un des pays européens les plus pauvres, et de son ouverture au monde. Franco est au sommet de sa popularité. Le décollage économique (jusqu'à 7 % de croissance par an), l'essor d'une classe moyenne, les contacts avec l'étranger suscitent de nouvelles aspirations démocratiques, en particulier la liberté de la presse. Les « vieux républicains », observe Michel del Castillo, sont « enlisés dans leurs rivalités, englués dans leurs rancœurs ». « Les survivants, ajoute l'écrivain, rentreront un jour dans leur pays, mais ce sera pour s'apercevoir que la nouvelle Espagne n'a plus besoin d'eux. »

11. Édition du 10 mars 1986.

Le pacte du silence

« La guerre est finie. » C'était le titre d'une déclaration – prématurée – de Franco le 1er avril 1939. C'est aussi celui, plus en phase, du film d'Alain Resnais, sorti en 1966, d'après un scénario de l'ex-communiste Jorge Semprún. Pourtant, trente ans plus tard, en 1996, ce ne sera toujours pas l'avis des derniers guérilleros et des membres de l'*Asociación Archivo, Guerra y Exilio* (AGE). Ils préparent leur ultime coup de main, pacifique celui-là : sauver de l'oubli leurs anciens frères d'armes. À force de rencontres et d'hommages, conclus par une « Caravane de la mémoire » à travers le pays, ils obtiennent du Congrès des députés, le 16 mai 2001, le vote à l'unanimité moins une voix de leur réhabilitation morale. Ils ont brisé le silence : ce sera leur seule victoire. La « Transition démocratique espagnole », engagée après la mort de Franco, en 1975, a été scellée sur un pacte du silence. Amnistie contre amnésie. Victoire de la démocratie contre défaite de la mémoire. Ni le parti socialiste (PSOE), au pouvoir pendant quatorze ans (1982-1996), ni le parti communiste (PCE), légalisé dès 1977, n'ont évoqué une seule fois le dernier carré des combattants antifranquistes. De peur de remuer un passé trouble, de rouvrir des plaies peut-être plus anciennes qu'ils ne l'imaginaient. Car les ultimes combattants de la feue république espagnole sont les héritiers des premiers guérilleros espagnols : les 50 000 hommes qui ont harcelé, lors de la guerre d'indépendance (1808-1814), les troupes de Murat et les *afrancesados*, les partisans des Français. Peut-être aussi des combattants des guerres carlistes[12]. Lorsqu'ils se sont levés contre le soulèvement militaire du 18 juillet 1936 des généraux

12. Le carlisme est un mouvement politique légitimiste, attaché au catholicisme et aux vieux privilèges locaux, revendiquant le trône pour

Mola, Sanjurjo et Franco, savaient-ils qu'entre 1814 et 1868, quarante coups d'État avaient été perpétrés, le plus souvent par des militaires libéraux ? Que l'exil politique en France avait été expérimenté avant eux par les carlistes et les premiers républicains ? Que l'histoire de l'Espagne n'a cessé d'être ensanglantée, entre le régime d'ordre de Primo de Rivera (1923-1930) et les exactions anarchistes, l'insurrection ouvrière dans les Asturies (1934) et le meurtre du monarchiste Calvo Sotelo (1936) ?... Et si la guerre d'Espagne, appréhendée aujourd'hui comme la guerre civile par excellence, n'était en réalité que l'« épine dorsale » d'une guerre fratricide commencée au XIXe siècle ? C'est que « l'Espagne a une réputation bien méritée de violence politique », tempérée par « quelques périodes d'interruption [...] imposées par les gouvernements dictatoriaux et par l'épuisement mutuel des forces combattantes », déplorait avec lucidité Jorge Semprún.

---

la branche aînée des Bourbons d'Espagne, qui en avait été privée par un détournement de la loi salique.

Bibliographie sélective

En français

CASTILLO Michel DEL, *Le Temps de Franco*, Le Livre de Poche, 2008.

LAHARIE Claude, *Le Camp de Gurs (1939-1945)*, Atlantica, 1985.

MARTINEZ-LOPEZ Francisco, « El Quico », *Guérillero contre Franco. La guérilla antifranquiste du Léon (1936-1952)*, Syllepse, 2000.

MARTINEZ-MALER Odette, « Les guérillas antifranquistes (1939-1961). À propos d'une amnésie », *Mouvements* 20002/1, n° 19.

ORTIZ Jean (dir.), *Rouges : maquis de France et d'Espagne. Les Guérilleros*, Atlantica, 2006.

PESCHANSKI Denis, *La France des camps. L'internement 1938-1946*, Gallimard, 2002.

TÉLLEZ SOLA Antonio, *Sabaté. Guérilla urbaine en Espagne (1945-1960)*, Éditions Repères-Silena, 1990.

En espagnol

CANAL Jordi, GONZÁLEZ Eduardo (dir.), *Guerras civiles. Una clave para entender la Europa de los siglos XIX y XX,* éd. Casa de Velázquez, 2012.

SERRANO Secundino, *Maquis. Historia de la guerrilla antifranquista*, Ediciones Temas de Hoy, 2001.

SOLER Andrés, *La Guerrilla antifranquista. La historia del Maquis contada por su protagonistas*, Txalaparta, 2002.

YUSTA RODRIGO Mercedes, *La Guerra de los vencidos*, Saragosse, Institución Fernando El Católico, 1999.

21

Lituanie, 1944-1965
L'épopée des « Frères de la forêt »

par Jean-Christophe Buisson

En 1944, l'Armée rouge libère de l'occupation allemande les républiques baltes, qui sont intégrées de force à l'URSS. En Lituanie, un puissant mouvement indépendantiste antisoviétique s'organise et harcèle les nouveaux maîtres du pays : les Frères de la forêt, qui opèrent principalement dans les campagnes boisées. Malgré la férocité de la répression, qui s'abat aussi sur les populations locales accusées de leur apporter leur aide, l'ampleur de la mobilisation des forces militaires engagées contre eux (près de 100 000 soldats et miliciens) et l'absence de soutien de la part de l'Occident qui ignore jusqu'à leur existence, ces partisans lituaniens patriotes tiendront héroïquement leurs positions jusqu'au début des années 1950 – voire au-delà pour certains.

Le 13 juillet 1944, l'Armée rouge fait son entrée dans Vilnius. Comme quatre ans plus tôt… En vertu d'une clause secrète du pacte germano-soviétique signé par Ribbentrop et Molotov en août 1939, l'URSS avait avalé, au printemps 1940, la partie orientale de la Pologne et les trois républiques baltes. Comme ceux de l'Estonie et de la Lettonie, le gouvernement de la Lituanie, indépendante depuis plus de vingt ans[1], avait été chassé au profit d'une administration communiste inféodée à Moscou. Son armée avait été fondue dans l'Armée rouge, non sans que ses principaux cadres aient été emprisonnés ou exécutés. Près de 20 000 citoyens jugés « suspects », car liés à « l'ancien régime » par les nouvelles autorités, avaient été déportés dans le nord de la Russie soviétique.

Cette occupation avait provoqué immédiatement l'apparition de mouvements armés de résistance, comme le Front activiste lituanien (LAF). Peu efficaces durant les premiers mois, ils avaient pris de l'ampleur à l'été 1941 au moment de l'invasion de l'URSS par les troupes d'Hitler, l'Armée rouge étant désormais moins occupée à les pourchasser qu'à faire face à l'ennemi extérieur. Une armée de libération de la Lituanie avait été créée. Sans aide allemande, le LAF avait contraint les autorités soviétiques de Kaunas, alors capitale du pays, à s'enfuir. Des casernes du NKVD (ministère soviétique de la Sécurité d'État) avaient été prises d'assaut et bientôt un nouveau gouvernement lituanien avait été proclamé. Il n'avait duré que quelques semaines, jusqu'à l'arrivée de la Wehrmacht, qui n'avait pas voulu entendre parler de ces rebelles, fussent-ils opposés aux mêmes ennemis qu'elle. Les partisans lituaniens avaient été désarmés, le LAF avait été dissous, l'administration locale provisoire priée de céder la place à celle du IIIe Reich – ou de collaborer avec elle. À partir du 5 août, la Lituanie avait été intégrée au Reichskommissariat Ostland, avec une autonomie relative.

---

1. Intégrée à la Russie tsariste, la Lituanie passe en 1915 sous contrôle de l'Allemagne, dont elle se libère pour se proclamer indépendante en février 1918. En 1919, l'Armée rouge – déjà – conquiert la région, mais elle en est chassée par les Corps francs de Courlande avant que la Pologne ne s'empare, provisoirement, de la région de Vilnius. Enfin souveraine, la Lituanie se donne un gouvernement autoritaire corporatiste à partir de 1926.

En février 1944, devant l'avancée inexorable de l'Armée rouge, les occupants avaient tenté de réinitialiser le mouvement de résistance lituanien qu'ils avaient si mal considéré trois ans plus tôt : en vain. Même devant la terrible perspective de voir leur pays retomber sous le joug soviétique, les Lituaniens avaient refusé, à quelques exceptions près, de se battre aux côtés des Allemands. Bien qu'une partie de ses habitants eussent activement participé à la Shoah[2], la Lituanie n'avait pas formé de bataillon SS national, faute d'un nombre de volontaires suffisant. Un corps de 30000 volontaires antisoviétiques avait néanmoins été constitué avec l'autorisation des Allemands, mais il avait fait long feu. Invité à rejoindre un front hors de Lituanie pour épauler l'armée allemande en déroute, son commandant, le général Plechavicius, avait refusé tout net. En conséquence de quoi, lui et ses hommes avaient été envoyés dans le camp de concentration de Salaspilis et leur unité avait été dissoute[3].

Une libération en forme de nouvelle occupation étrangère

Après être passés de Charybde en Scylla, les Lituaniens ont donc le pénible sentiment de regagner Charybde avec le retour de l'Armée rouge en juillet 1944. Quoique enfin débarrassés de l'occupation nazie et quoi qu'affirme la propagande communiste qui s'impose dans toute l'Europe (à l'ouest comme à l'est), peu d'entre eux éprouvent le sentiment d'être « libérés ». Une occupation en remplace une autre, un totalitarisme se substitue

2. On estime à moins de 5 % le nombre de Juifs de Lituanie ayant survécu aux exterminations de masse perpétrées dans le pays entre 1941 et 1944.

3. Ceux ayant accepté se retrouveront pour certains parmi les derniers combattants du IIIe Reich, dans « la poche de Courlande » (voir le chapitre 19 de Jean Lopez).

à un autre, et le rouge ne vaut guère mieux que le noir. La politique de collectivisation ordonnée immédiatement par les nouvelles autorités n'a rien d'une « libération », pas plus que l'épuration enclenchée dans le même temps, qui vise certes des milliers de collaborateurs du régime nazi, mais aussi de simples « suspects », dont le seul crime est d'être des « bourgeois » ou des cadres de la Lituanie d'avant guerre ; tous sont déportés en URSS (peu reviendront vivants).

À tous les hommes en âge de combattre, il est exigé d'intégrer les unités militaires soviétiques stationnées dans le pays[4]. La majorité refuse. Devant cette résistance passive, arrestations et rafles se multiplient, y compris à l'encontre des membres d'anciens mouvements de partisans antinazis. Pour forcer les incorporations, la population subit un régime de terreur. Durant l'automne 1944, des fermes et des immeubles sont brûlés, des familles entières tuées. Non sans une certaine efficacité : plus de 80 000 Lituaniens de 18 à 45 ans finissent par rejoindre l'Armée rouge, bientôt appelée à reprendre sa marche victorieuse vers l'ouest – la Pologne, l'Allemagne, le Danemark. Mais des milliers d'autres s'évanouissent dans la nature et rejoignent les forêts. D'abord pour se cacher, dans l'attente d'une conférence internationale sur la paix qui leur permettrait, espèrent-ils, de faire valoir leur volonté d'autodétermination face à « l'invasion rouge » ; ensuite pour mettre sur pied et structurer un mouvement de résistance contre les nouveaux maîtres, russes ou prorusses, tous communistes, de la Lituanie. Ils se font appeler « les Frères de la forêt[5] » et ils vont maintenir pendant près de

4. La plupart sont des troupes spéciales affiliées au NKVD.

5. Le terme a été forgé dès août 1940 par l'Estonien Alfons Rebane pour qualifier tous les partisans des maquis antisoviétiques créés dans les trois républiques baltes occupées par l'URSS : Estonie, Lettonie et Lituanie.

dix ans la flamme de la résistance antisoviétique au nord d'une Europe orientale passée intégralement sous bannière stalinienne. Seuls, dans l'indifférence du monde occidental qui ignore leur combat désespéré, avec presque pour seule arme leur foi patriotique à opposer à une machine totalitaire implacable.

Une guérilla qui dure

Le choix de rejoindre la forêt pour organiser une guérilla correspond, en Lituanie boisée, à une évidence topographique, mais elle renvoie aussi à un symbole historico-politique. Le pays est encore imprégné de traditions religieuses, chrétiennes[6] et païennes. Converti tardivement – à partir du XVIIe siècle –, il possède des espaces sylvestres abritant encore de nombreuses croix rayonnantes qui évoquent de vieux mythes baltes ou des totems immenses sculptés dans les troncs des arbres et symbolisant l'harmonie entre hommes et animaux. L'immense majorité des noms de guerre choisis par les chefs de la Résistance pour éviter les représailles contre leurs familles sont des noms d'oiseaux, de plantes ou d'arbres : « le Faucon », « l'Aurochs », « la Chouette », « le Saule », « le Chêne »…

La résistance antisoviétique lituanienne se découpe en trois phases. Après une suite de combats frontaux relativement classiques (1944-1945), où les insurgés – 50 000 combattants actifs – affrontent leur ennemi en s'appuyant sur des forces de la taille de régiments, parfois dotés d'une artillerie légère, s'ouvre une période de guérilla intensive (1946-1949) qui va mobiliser jusqu'à 80 000 hommes du côté soviétique. Pour venir à bout de

6. Ainsi qu'en témoignent les armoiries des principales villes, où l'on retrouve fréquemment la figure du chevalier ou la croix à deux traverses.

ces nouveaux partisans, l'Armée rouge met en place des unités mobiles et des commandos d'extermination. Leur commandant en chef, le général Victor Abakoumov, ordonne de détruire des zones forestières entières à l'aide de bombardements incendiaires pour débusquer les chouans baltes. De son côté, le Politburo autorise les déportations des populations civiles vivant à proximité des régions les plus tenaces – près de Vilnius et de Šiauliai –, afin d'inciter les combattants locaux à déposer les armes. En tout, ce sont entre 250 000 et 500 000 Lituaniens (de 10 à 20 % de la population du pays en 1945) qui seront déportés hors du pays. Rien que pendant la semaine du 22 au 27 mai 1948, 40 000 habitants sont expulsés au cours d'une opération à laquelle participent 30 000 membres du MGB et du MVB[7], appuyés par 11 000 militants du Parti communiste lituanien. En mars 1949, ils seront 29 000 à subir le même sort.

La troisième et dernière phase s'achève autour de 1952 quand les dernières poches de résistance, coupées de leurs liens avec les villes ou les villages qui leur assuraient une aide logistique, toujours privées de toute aide étrangère[8], cèdent les unes après les autres. Quelques dizaines de Frères de la forêt poursuivront cependant le combat jusqu'au milieu des années 1960.

---

7. Début 1946, le NKVD disparaît au profit de deux structures : le ministère des Affaires intérieures (MVD) et le ministère de la Sécurité d'État (MGB).

8. Anglais et Américains dédaignent cette résistance dans les années 1945-1949, malgré les efforts d'un de ses chefs comme Juozas Lukša qui, passé provisoirement à l'Ouest, rencontra des dirigeants occidentaux et fit remettre une lettre (en latin !) au pape Pie XII pour réclamer de l'aide. Ce n'est qu'au début des années 1950 que la CIA commence à s'y intéresser et projette de lui apporter une aide logistique, mais il est trop tard. Quant aux Anglais, toutes leurs opérations échouent en raison de leur sabotage par le célèbre espion britannique soviétique Kim Philby.

Guerre psychologique

Dès janvier 1945, avec la destruction des principaux QG urbains de l'Armée lituanienne de libération et de son chef et fondateur, Kazys Veverkys[9], bientôt suivi dans la mort par ses deux successeurs, il apparaît aux résistants que leur mouvement ne pourra survivre que si son commandement lui-même s'installe au cœur des forêts protectrices, parmi une population paysanne hostile au nouveau régime collectiviste. Des abris de taille modeste, puis de véritables bunkers éclosent sous terre, à proximité de fermes dont les occupants font office de guetteurs. Le pays est structuré en neuf régions militaires, subdivisées en districts et en communes auxquels sont rattachés des escadrons, des compagnies, des pelotons et des détachements. L'idée-force est de faire combattre dans chaque région des hommes qui en sont originaires. Même si l'absence de relief défavorise la stratégie de guérilla, une connaissance aiguë du terrain donne aux forces « contre-révolutionnaires » une supériorité tactique évidente sur une armée étrangère composée de soldats provenant d'autres terres (notamment d'Estonie, de Lettonie, de Russie et de Biélorussie). Pour entretenir le moral des troupes, de nombreux journaux clandestins sont édités – plus d'une cinquantaine, tirant parfois jusqu'à 50 000 exemplaires. Le plus important, *Le Son de la cloche*, comptera 176 numéros, publiés entre 1946 et 1953 ; le dernier à paraître, *L'Écho des coups de*

9. Âgé de 27 ans quand l'URSS a envahi la Lituanie, il a créé l'Armée lituanienne de libération en 1941 pour lutter contre le nouvel occupant allemand. Après le départ des armées nazies, il poursuit le combat contre les Soviétiques qui parviennent à l'abattre dans une embuscade près de Kaunas, à Raudondvaris. Sa mère réussit en toute clandestinité à enterrer religieusement son fils avec la complicité du prêtre local.

feu partisans, ne disparaîtra qu'en 1957. De nombreux écrivains et poètes y collaborent. Ainsi Bronius Krivickas, Mamertas Indriliūnas ou Diana Glemžaitė – ils seront tous tués. Quant à l'armement, il provient essentiellement de celui récupéré sur les Allemands au moment de leur fuite… ou sur l'ennemi soviétique.

Jusqu'en 1946, les opérations militaires d'envergure lancés par les Frères de la forêt sont audacieuses, souvent couronnées de succès, mais sanglantes – 10 000 pertes environ. Elles ont pour objectif de renforcer leurs effectifs en libérant prisonniers ou déportés de retour des camps de concentration allemands. Une guerre psychologique est aussi lancée, qui fera ses preuves : retourner les collaborateurs du régime soviétique et en faire des agents doubles qui leur livreront des informations sur les mouvements de troupes du NKVD et de l'Armée rouge. Les résistants exécutent aussi les plus zélés des fonctionnaires ralliés au nouveau pouvoir – plus de 10 000 « collabos » périront entre 1945 et 1952. Leur organisation et leur fonctionnement, comme les uniformes et la hiérarchie imposés en leur sein, sont calqués sur ceux de l'armée de la Lituanie indépendante des années 1920-1930. Des cellules spécialisées (discipline, mobilisation, information, etc.) voient le jour. Le serment d'obéissance est obligatoire. Un statut du combattant, un code pénal et une liste de devoirs sont édités dans des documents distribués à chaque partisan.

La dimension politique du mouvement n'est pas négligeable. Le 5 mai 1946, les forces des régions de la zone sud (Tauro et Dainavos) s'unissent pour publier une déclaration commune fixant les principes d'une restauration de l'indépendance de la Lituanie, débarrassée à la fois de l'occupant russe et du régime communiste. Un mois plus tard est créé un état-major clandestin des forces unies, le VGPS, qui coordonne l'action politique de la résistance. Il parvient à prendre des contacts avec des groupes émigrés en Pologne, et même de l'autre côté du rideau de fer.

Répression féroce

Pour se défendre contre cette rébellion insurrectionnelle qui perdure, les dirigeants de la République socialiste soviétique lituanienne font feu de tout bois. À l'instar de leurs homologues d'autres pays d'Europe de l'Est passés sous contrôle communiste, comme la Yougoslavie de Tito confrontée à la résistance royaliste de Mihailović jusqu'à sa capture en mars 1946[10], elle use d'armes à la fois politiques, psychologiques et militaires. Des récompenses sont offertes aux habitants dénonçant les secteurs où se cachent les rebelles qui, eux-mêmes, se voient régulièrement proposer une amnistie totale en échange de leur reddition. Sous la menace, des prêtres et des partisans « repentis » font circuler des suppliques demandant aux insoumis de déposer les armes. Une politique de la carotte qui alterne avec celle du bâton : « déplacements » de populations, interrogatoires musclés des familles de supposés « terroristes ». Les insurgés sont traités de « koulaks[11] ».

L'Administration de la répression du banditisme, l'Armée rouge et surtout le NKVD (puis le MVD et le MGB), qui s'appuie sur des régiments entiers, finissent par s'adapter à la situation en favorisant la création de milices autochtones qu'ils

10. Voir Jean-Christophe Buisson, *Mihailović (1893-1946). Héros trahi par les Alliés*, Perrin, « Tempus », 2011.

11. Alors que seulement 6 % des paysans du pays possèdent plus de 30 hectares de terres, seuil à partir duquel s'applique l'appellation infamante de « koulak » qui vaut condamnation à mort dans la Russie stalinienne depuis les années 1930.

se contentent de faire encadrer par des officiers détachés. Parmi elles, de redoutables « bataillons de destruction » (*Stribai*), unités paramilitaires formées d'hommes et de femmes (15 % des effectifs) préposés à la collecte de renseignements, à la diffusion de propagande et à la destruction d'infrastructures des partisans. Pour décrédibiliser leurs opposants aux yeux de la population, leurs membres n'hésitent pas à piller et assassiner des paysans en se faisant passer pour des Frères de la forêt. Au fil des mois, les autorités communistes réussissent par ailleurs à infiltrer les structures rebelles, parvenant à les démanteler ou à les affaiblir en empoisonnant leurs responsables. Plus le temps passe, plus l'administration soviétique se met en place, plus son réseau d'informateurs grandit, plus la résistance décline.

En 1949, l'Estonie et la Lettonie voient leurs propres mouvements de lutte antisoviétique quasiment réduits à néant. Pas celui de la Lituanie. Même si les chiffres des effectifs des Frères de la forêt ont chuté de plusieurs milliers en raison de la répression, leur organisation demeure. Le 16 février, date anniversaire de la déclaration d'indépendance en 1918, le capitaine Jonas Žemaitis[12], commandant de la résistance armée occidentale, convoque dans un bunker du village de Minaičiai les chefs militaires de toutes les régions du pays. À son initiative est créé, en remplacement du VGPS, décapité et démantelé par l'action d'une taupe du MGB infiltrée en son sein (Juozas Markulis), un commandement suprême unifié des partisans : le Présidium du conseil du mouvement de lutte pour l'indépendance de la Lituanie (LLKS). Ses membres se définissent désormais unilatéralement comme des « combattants de la liberté ». Au côté de

12. Né en 1909, cet officier formé à l'école militaire de Kaunas a été élève de l'école d'application de d'artillerie de Fontainebleau en France entre 1936 et 1938 et a rejoint la résistance lituanienne antisoviétique en 1945.

Žemaitis, nommé général, on retrouve au sein de la direction du LLKS Adolfas Ramanauskas (responsable des forces armées du sud) et Juozas Šibaila (qui dirige les troupes orientales).

C'est le chant du cygne. Traqués comme des animaux, les quelques centaines de guerriers encore actifs sont isolés les uns des autres : les messagers (souvent des jeunes femmes vivant sous une fausse identité) ne parviennent plus à circuler entre les zones de résistance, rendant impossibles des actions communes. La plupart des combattants ne peuvent plus sortir de leurs cachettes. Construits sur les berges des rivières, sous les racines d'arbres immenses ou dans les abris souterrains où sont stockées les pommes de terre des paysans, les bunkers sont camouflés par des entassements de bois mort ou des meules de foin : dérisoires murailles face aux moyens mobilisés par l'ennemi. La vie à l'intérieur y est terrible : l'air est rare, la promiscuité souvent insupportable, la nourriture et l'eau manquent, et il faut parfois rester des jours et des nuits dans le silence le plus complet. Seuls les plus déterminés tiennent bon. Quand ils se savent découverts, la plupart préfèrent se suicider en prenant soin de rendre leurs visages méconnaissables pour éviter à leurs familles d'être persécutées. Parfois, ils se manquent, comme Monika Alūzáitė, 21 ans, dont la balle qu'elle espérait mortelle ne fait que lui arracher une partie du visage : elle sera condamnée à vingt-cinq ans de goulag.

La lutte que mène le pouvoir communiste lituanien a des allures de chasse à l'homme. À cent contre un. Avec armes modernes et chiens pisteurs[13]. Des gaz anesthésiants sont diffusés dans les hameaux suspects – quand ils ne sont pas réduits en flammes. Les moyens mis en œuvre sont considérables pour éteindre toute

13. Les Frères de la forêt enduisent leurs semelles de kérosène afin de chasser leur odeur corporelle et empêcher les molosses de les tracer.

étincelle de rébellion. Entre mars et mai 1951, ce sont deux régiments entiers du MVD qui tentent d'attraper Žemaitis, dont la présence est avérée dans les districts de Kėdainiai et Raseiniai. De son côté, Juozas Lukša, à son retour de l'étranger où il a vainement tenté de mobiliser les gouvernements occidentaux, est poursuivi par 2000 hommes du MVD dans la forêt de Kazlų Rūda entre avril et mai 1951. Un autre millier d'hommes sont mobilisés à l'automne 1952 pour tenter de capturer Jonas Kimštas, le recruteur en chef des partisans de la Lituanie de l'Est.

Les derniers héros

Même si les insurgés continuent à infliger des pertes sensibles chez leurs bourreaux, le mouvement s'affaiblit de plus en plus. En décembre 1951, Žemaitis est blessé dans un bombardement : il passe les dix-huit mois suivants à demi paralysé dans un bunker de la forêt de Šimkaičiai, avant d'être capturé le 30 mai 1953. C'est le nouveau terrible ministre de l'Intérieur Lavrenti Beria[14] qui conduit en personne son interrogatoire à Moscou, avant son exécution le 26 novembre 1954. Sibaila et d'autres commandants comme Bakšys et Staniskys sont capturés et fusillés à la même période. Il ne reste bientôt plus que Ramanauskas à tenir tête au pouvoir communiste lituanien.

« Le Faucon » (*Vanagas*), Adolfas Ramanauskas, est né en mars 1918 aux États-Unis où sa famille avait émigré à l'époque tsariste avant de revenir en Lituanie dans les années 1920. De

14. Chef historique du NKVD de 1938 à 1945, stalinien pur jus, il est un des principaux responsables jusqu'en 1953 de l'administration des goulags. Il est aussi le fondateur du réseau de contre-espionnage soviétique, le SMERSH. En apparence tout-puissant à la mort de Staline, il ne demeure à l'Intérieur qu'une centaine de jours avant d'être arrêté, puis exécuté.

taille moyenne, sec, sportif, ce séducteur au regard pénétrant et au charisme affirmé se destine à l'enseignement quand survient l'invasion soviétique. En 1941, il rejoint la résistance avant que les troupes nazies n'occupent à leur tour sa ville, Alytus, dans le sud-ouest du pays. Durant quatre ans, il enseigne les mathématiques et l'éducation physique, puis reprend les armes quand l'Armée rouge fait son retour, en 1944. Il rejoint la région de Suvalkija, dans le Sud, où le mouvement rebelle est le plus puissant. Il prend rapidement la tête d'une section, puis s'attelle à unifier les groupes d'insurgés dispersés dans les régions méridionales de Nemunaitis et Alovė, qu'il connaît bien car elles sont proches d'Alytus. Son courage et sa détermination, associés à ses assauts victorieux contre les forces d'occupation, lui valent d'être nommé commandant de trois bataillons en 1945, puis de toute la zone sud en 1947. Outre son activité militaire, il participe à plusieurs journaux, dont *Le Son de la cloche*, ainsi qu'à une feuille en russe destinée aux soldats de l'Armée rouge afin de les rallier à la cause indépendantiste lituanienne ! En février 1949, il est nommé chef du LLKS pour le Sud. Il est aussi signataire de la déclaration proclamant la naissance de la république démocratique de Lituanie, « pays souverain ». Après le retrait de Žemaitis en 1952, il se retrouve seul à la tête du LLKS, mais les lourdes pertes subies dans les mois précédents le forcent à ordonner la fin de la lutte armée au profit d'une résistance passive. Lui-même part se cacher à Vilnius… dans un ancien bâtiment du KGB. Sous une fausse identité, il y demeure plusieurs mois, écrivant notamment ses mémoires[15]. Traqué par une trentaine d'agents du KGB dont c'est la seule mission, il est trahi par un ancien compagnon

15. Laissés à des amis sûrs, ils resteront cachés durant près de quarante ans et ne seront publiés qu'en 1991, une fois que la Lituanie aura recouvré son indépendance.

d'armes et capturé le 11 octobre 1956. Après plusieurs jours de torture, il est jugé et condamné à mort. La sentence est exécutée le 29 novembre 1957. Sa femme, elle, est condamnée à huit ans de goulag. Mais il n'est pas le dernier à avoir combattu.

Ce n'est que le 17 mars 1965 qu'Antanas Kraujelis-Siaubūnas, encerclé dans son bunker de la région de Molėtai, dans le nord du pays, finit par rendre les armes… en se tuant pour échapper à ses bourreaux. Quatre mois plus tard, Pranas Končius, dit « Adam », qui vit depuis 1956 sous une fausse identité dans le district de Kretinga après trois ans passés dans la clandestinité en Lettonie, est abattu par les forces de sécurité dans un des derniers combats des Frères de la forêt.

Durant l'hiver 1986, quelques semaines seulement avant que Mikhaïl Gorbatchev n'accède au secrétariat général du PCUS et n'enclenche sa politique de perestroïka, Stasys Guiga meurt, lui, de maladie dans son abri souterrain. Libre. Il avait échappé pendant plus de quarante ans au NKVD, au MVD, au MGB, au KGB, aux mouchards, aux traîtres et aux membres zélés du PC lituanien.

Bibliographie sélective

Anušauskas Arvydas (dir.), *The Anti-Soviet Resistance in the Baltic States*, Akreta, 2001.

Daumantas Juozas, Lukša Juozas, *Fighters for Freedom. Lithuanian Partisans Versus the USSR, 1944-1947*, Manyland Books, 1975.

Lukša Juozas, *Forest Brothers. The Account of an Anti-Soviet Lithuanian Freedom Fighter, 1944-1948*, Central European University Press, 2009.

Remeikis Thomas, *Opposition to Soviet Rule in Lithuania, 1945-1980*, Institute of Lithuanian Studies Press, 1980.

Statiev Alexander, *The Soviet Counterinsurgency in the Western Borderlands*, Cambridge University Press, 2010.

22

Alger, 1962
Le crépuscule de l'Algérie française

par Jean-Pax Méfret

Le 5 juillet 1962, l'Algérie proclamait son indépendance, obligeant plus de un million de pieds-noirs, mais aussi d'Algériens ou de Berbères qui avaient choisi la France, à être rapatriés sur le continent dans des conditions souvent effroyables. Dans les mois qui précédèrent et même dans ceux qui suivirent, des hommes et des femmes refusèrent cette perspective et prirent les armes pour que l'Algérie reste française. Pourchassés à la fois par le pouvoir indépendantiste algérien en train de se mettre en place et les autorités policières et militaires françaises obéissant aux ordres du général de Gaulle, ils se regroupèrent notamment au sein de l'OAS (Organisation armée secrète) dont certains membres s'engagèrent dans une fuite en avant meurtrière et désespérée. Entre le cessez-le-feu du 18 mars et « l'été du malheur », arrestations, assassinats et attentats auront rythmé la vie des habitants d'Alger, plongée dans une atmosphère de véritable guerre civile franco-française.

Dès la tombée de la nuit, les youyous de victoire ont redoublé d'intensité dans les quartiers à majorité musulmane de la périphérie d'Alger. Les pieds-noirs ont répondu par un vacarme de casseroles en faisant résonner sur leurs balcons, à leurs fenêtres, le fameux « ti-ti-ti ta-ta » pour « Al-gé-rie fran-çaise ». Mais le cœur n'y est plus, les mains tremblent, les yeux sont chargés de larmes. L'horizon s'obscurcit sur l'avenir du pays de leurs racines, où ils vivent depuis plusieurs générations. Ce 19 mars 1962, la proclamation du cessez-le-feu, signé la veille à Évian entre autorités françaises et représentants du mouvement rebelle algérien, vient de déclencher le compte à rebours de la fin de l'Algérie française.

Du djebel à la ville, la mort rôde sur le territoire. Dans Alger, sillonnée par les blindés légers de la gendarmerie, des scènes de guerre paralysent les passants qui se risquent encore sur les trottoirs où des corps sans vie attendent le passage du camion de la morgue. Des rafales sèches de pistolets-mitrailleurs, des explosions de pains de plastic résonnent dans le lointain. Dans la ville, tapissée d'affiches vantant la « Paix en Algérie », on tue au faciès. Balle dans la nuque ou poignard dans la gorge. C'est souvent sans mobile, mais chaque mort en appelle une autre. L'assassinat au couteau d'une jeune mère de 25 ans qui sortait de la maternité avec son bébé de cinq jours dans les bras a provoqué une riposte meurtrière de la part de sa famille. Même réaction chez un pied-noir de Belcourt qui a vengé l'égorgement de ses parents en mitraillant un groupe de musulmans attendant l'autobus : dix morts, six blessés.

Venues de Paris, les équipes de barbouzes du Mouvement Pour la Coopération se déchaînent, grâce à leur fichier des personnes suspectées d'appartenir à l'OAS[1]. La PJ d'Alger collabore

1. L'Organisation armée secrète a été fondée en Espagne en février 1961, à l'initiative de Jean-Jacques Susini et Pierre Lagaillarde. Son objectif était de

avec cette police parallèle armée par la Sécurité militaire et chargée de lutter contre les partisans de l'Algérie française. Les policiers travaillent aussi avec les terroristes du FLN[2] en fin de cavale ou libérés de prison. Le chef FLN Si Azzedine, 27 ans, commandant la Zone autonome d'Alger, a repris du service sous la fausse identité de « Georges Serrano, gendarme auxiliaire en permission ». Il est assisté de plusieurs combattants algériens bénéficiant, eux aussi, de faux papiers fournis par les autorités françaises. Ces pseudos gendarmes mènent les arrestations de suspects pieds-noirs dont les noms et adresses figurent sur les fiches remises par la PJ. Les corps de ces malheureux, déchiquetés à la tenaille, seront éparpillés dans les buissons épineux du lieu-dit « Ravin de la femme sauvage », à Birmandreis, dans la banlieue d'Alger. Entre le 19 mars et le 10 juin 1962, il y aura 1535 pieds-noirs enlevés dans Alger. Disparus à jamais ou retrouvés exsangues et affreusement mutilés.

Une guerre civile française en Algérie

Le cessez-le-feu du 19 mars n'en finit pas de tuer. Bombes, grenades, mitraillages... Dans le centre d'Alger, des tireurs anonymes hantent les rues pour « faire des cartons » sur de pauvres hères. Le commandement de l'OAS a donné ordre à ses commandos de faire cesser, par les armes, ces actes injustifiés. Mais la mesure est inapplicable. L'Organisation est dépassée par ces initiatives meurtrières et provocatrices qui ont pour conséquence

---

s'opposer au « bradage » de l'Algérie par le régime gaulliste et de préserver la présence française par tous les moyens, y compris militaires et terroristes.

2. Le Front de libération nationale a été créé en octobre 1954 avec pour objectif de libérer par les armes l'Algérie de « l'occupation coloniale » française.

de briser définitivement toute tentative de rapprochement des deux communautés. L'état-major de l'armée secrète est partagé sur la conduite à tenir. Certains sont pour l'embrasement total, une guerre civile qui obligerait l'armée française à intervenir pour sauver la population européenne. Le général putschiste Raoul Salan[3], chef de l'OAS, y est opposé. Son principal objectif est de réaliser une alliance avec Messali Hadj[4], père du nationalisme algérien, fondateur de l'Étoile nord-africaine en mars 1937, du Parti du peuple algérien et créateur du drapeau vert et blanc[5]. Militant pour une « Assemblée constituante souveraine, élue au suffrage universel, sans distinction d'origine ni de religion », il a fondé un parti politique en 1954, le Mouvement nationaliste algérien (MNA), concurrent du FLN qui lui livre une guerre sans merci. Au point qu'un représentant messaliste a fait savoir à l'entourage de Salan qu'un projet de maquis OAS-MNA sur le territoire algérien était envisageable. Le général a confié cette mission improbable au prestigieux colonel Château-Jobert, *alias* Conan, un parachutiste auréolé de gloire[6] qui vient de rejoindre

3. Le 1er avril 1961, quatre généraux d'armée (cinq étoiles) – Maurice Challe, 56 ans, André Zeller, 63 ans, Edmond Jouhaud, 56 ans, et Raoul Salan, 62 ans – ont effectué un putsch à Alger avec l'aide d'un régiment de la Légion. Dénoncés par le général de Gaulle, 71 ans, comme « un quarteron de généraux en retraite », ils ont abandonné le « pouvoir » au bout de quelques heures et sont entrés depuis dans la clandestinité.

4. Après l'indépendance de l'Algérie, Messali Hadj sera interdit d'accès sur le territoire algérien ! Son passeport ne lui sera délivré que quelques mois avant sa mort, en avril 1974 dans l'Oise. Il est enterré à Tlemcen, sa ville de naissance.

5. Confectionné en 1935 par son épouse Émilie Busquant. Il est devenu celui de la nation algérienne.

6. Pupille de la nation – son père est mort au front en 1915 –, âgé de 50 ans, il est commandeur de la Légion d'honneur et compagnon de la Libération, croix de guerre 39-45 avec onze citations, dont dix palmes, croix du Distinguished Service Order, croix de guerre des Théâtres d'opérations extérieurs.

l'OAS. Salan tient à la création de ce maquis et à cette union avec les messalistes qui pourrait permettre de créer des zones insurrectionnelles sur tout le territoire. Il veut développer les contacts entre les deux organisations. Dans le même temps, il envisage sérieusement la possibilité de poursuivre la lutte à partir d'un pays d'Europe.

En ce début de printemps, Alger est en ébullition. En plein centre-ville, dans la soirée du 22 mars, un commando de l'OAS a attaqué au fusil-mitrailleur un convoi de half-tracks de la gendarmerie mobile qui sortait du tunnel des Facultés : 18 gendarmes ont été tués. Le lendemain, un camion de la même unité est mitraillé par les Delta[7] : 7 soldats tués, dont 5 appelés. La tension est forte chez ces militaires particulièrement visés par les partisans de l'Algérie française. Leur patron, le colonel Debrosse, a transformé sa caserne de gendarmerie en centre d'interrogatoire et de torture de leurs nervis. Ses subordonnés en payent les conséquences.

Le colonel a échappé à un attentat de l'OAS, quelques jours plus tôt – une erreur de trajectoire a projeté les six roquettes qui lui étaient destinées en plein milieu de la paisible place du Gouvernement, faisant 29 morts et 54 blessés, tous musulmans. Dans les ruelles de la casbah, toute proche, c'est l'hystérie. Les Européens du quartier sont sur le qui-vive. Les Algériens crient vengeance. Ils refusent de croire à une bavure. Le sang des chibanis[8] a coulé sur « la place du cheval[9] ».

7. Fondés notamment par Roger Degueldre et le colonel Godard, les commandos Delta forment la branche armée la plus active de l'OAS.

8. Vieux hommes dignes à cheveux blancs.

9. Surnommée ainsi en raison de la présence au centre de la place de la statue du duc d'Orléans à cheval. Le fils aîné de Louis-Philippe avait joué un rôle de premier plan dans la conquête de l'Algérie, au même titre que son cadet le duc d'Aumale.

La tragédie de Bab-el-Oued

Le sang va couler aussi le 23 mars à Bab-el-Oued dont l'OAS décide d'interdire l'accès à l'armée française. Après une brève résistance, une première patrouille de la coloniale est désarmée par le commando de Jo Giner, *alias* Jésus, un enfant du quartier. Dix armes sont récupérées. Un peu plus tard, vers 10 heures, c'est le drame. Lors du contrôle d'un camion transportant des appelés d'un régiment de transmission, l'un d'eux arme et épaule son fusil. La fusillade éclate : 6 morts dont le jeune appelé, musulman, et 6 blessés. C'est le point de départ de trois jours effroyables.

Un déluge de feu s'abat sur ce quartier où vivent 60 000 Européens et où sont embusqués avec bazookas et fusils-mitrailleurs une cinquantaine de commandos Alpha de l'OAS appuyés par quelques dizaines de civils : 120 hommes au total.

La troupe avance derrière les blindés qui mitraillent à la 12,7 les balcons des immeubles et détruisent les façades au canon de 37 à quinze coups par minute. Un hélicoptère survole les terrasses en lâchant des grenades. Dans l'après-midi, quatre avions T6 prennent le relais en criblant les toits. Les soldats tirent pour tuer. Dans les appartements, les familles tentent de se protéger sous les lits, derrière des matelas. Les enfants hurlent de terreur, les vieillards pleurent de désespoir, priant la Vierge de Notre-Dame d'Afrique qui domine la ville. En début de soirée, après avoir fait exploser quelques pains de plastic pour empêcher la progression des gendarmes, les commandos de l'OAS quittent la zone des combats en passant par les égouts et franchissent le blocus, en ambulance, grâce à la complicité d'un officier qui contrôle un point de passage.

La bataille de Bab el-oued fait 15 morts et 71 blessés chez les militaires, et 20 morts, dont 5 enfants touchés à l'intérieur des appartements, et 60 blessés chez les civils. Parmi les morts pieds-noirs, trois seulement appartenaient à l'OAS.

Le quartier est totalement bloqué. Couvre-feu permanent, lignes téléphoniques coupées, eau et électricité rationnées. Les pharmacies sont autorisées à ouvrir de 6 à 8 heures. Seules les femmes peuvent circuler et tout rassemblement de plus de cinq personnes est interdit. On ne peut ni entrer à Bab-el-Oued ni en sortir, même pas les médecins. Les rues sont dévastées par les combats : carcasses fumantes de véhicules, tapis de douilles de différents calibres, trous béants sur les façades des immeubles ravagées par les rafales des fusils-mitrailleurs. Des plaintes s'échappent des fenêtres aux vitres brisées, un morceau de drapeau français pend dans le vide. Symbolique.

Après la bataille, un gigantesque ratissage est mis en place. Immeuble par immeuble, maison par maison, les gardes mobiles fouillent le quartier sans ménagement. Avec fureur et violence. Ils saccagent plus qu'ils ne cherchent. Ils humilient plus qu'ils n'interrogent. Ils laissent derrière eux des appartements dévastés, des enfants terrorisés, des familles en larmes. Ils perquisitionnent 7 418 appartements, arrêtent 3 309 hommes, saisissent 631 armes de poing, 43 armes de guerre, 579 armes de chasse, 260 grenades et 3 kilos de plastic.

Nicolas Loffredo, le maire de Bab-el-Oued qui demande de l'aide à un commandant de gardes mobiles pour des bébés qui risquent de mourir d'inanition, s'entend répondre : « Tant mieux ! Plus il en crèvera, mieux ça vaudra ! Il y en aura moins pour nous tirer dessus. » Et lorsqu'il réclame qu'on enlève au moins les morts, veillés chez eux par leurs familles, l'officier explose : « Vos cadavres ? Mangez-les ! »

Des excès de haine qui marqueront désormais tous les rassemblements à venir. À commencer par la manifestation du lendemain, 26 mars, justement orchestrée en soutien à la population du quartier martyr.

Arrestations et fusillades

C'est une longue nuit qui commence à Alger. Les engins blindés progressent au milieu des rues désertes. Leurs projecteurs balaient les trottoirs et leurs canons suivent les faisceaux lumineux qui glissent sur les façades, s'attardent sur les fenêtres, redescendent vers les porches. Dissimulés par les véhicules, les soldats avancent, enserrant leur arme des deux mains. Derrière les persiennes de leurs logements, les familles algéroises suivent dans l'angoisse le mouvement des hommes casqués. Le moral est au plus bas. Ils viennent d'apprendre par téléphone l'arrestation à Oran, vers midi, du général Jouhaud, adjoint de Salan et patron OAS de l'Oranie. Dans un appartement du 17ᵉ étage du Panoramic, le grand immeuble dressé sur le boulevard du Front-de-Mer, au centre de la ville, Jouhaud était en réunion avec quelques membres de son état-major, dont Claude Raymond, sa secrétaire de 19 ans, et l'officier légionnaire Julien Camelin. Les policiers, qui recherchaient l'émetteur de la radio pirate de l'Organisation, ont perquisitionné l'appartement et trouvé une importante somme d'argent ainsi que deux permis de conduire vierges portant sceau et signature. Ils ont donc conduit tout le monde au commissariat pour une vérification d'identité. Et c'est là qu'un policier qui venait d'arriver d'Orléans a immédiatement reconnu le fugitif dont le visage lui était familier depuis des années. Son médecin de famille, ami de Jouhaud, avait la photo du général dans son salon !

L'arrestation du numéro 2 de l'OAS, aussitôt remplacé par le général légionnaire Paul Gardy, 61 ans, n'est pourtant qu'au second plan des conversations des pieds-noirs qui rejoignent la Grande Poste d'Alger. Ce sont les récits des témoins de la bataille de Bab-el-Oued, tous effrayants, qui focalisent les esprits et nourrissent la colère. Face à eux, le 4e régiment de tirailleurs algériens qui a participé aux premières opérations est « une unité composée à 60 % de jeunes engagés musulmans âgés de 18 à 20 ans. Ils sont bien entraînés, mais frustes. Ils sont arabophones et intimidés par les grandes villes. Ils sont conditionnés à riposter immédiatement au feu adverse. En aucun cas, ce régiment ne peut être utilisé dans des opérations de maintien de l'ordre[10] ». Et pourtant !

« Halte au feu, mon lieutenant ! »

Ce 26 mars, à 13 h 30, les soldats du 4e RTA sont justement positionnés devant la Grande Poste, lieu de rassemblement du cortège qui doit marcher pacifiquement sur Bab-el-Oued. Le chef de bataillon Poupat, qui commande le groupement de trois compagnies fortes de 340 tirailleurs, installe son PC boulevard Carnot. Ce qu'il est en train de faire ne lui plaît pas. Il sait, lui aussi, que ses hommes, à la détente facile, ne sont pas adaptés à ce genre de situations. Il prend connaissance des ordres qui lui indiquent où placer sa troupe, mais qui le somment surtout d'« arrêter la manifestation, au besoin, par le feu[11] ». Il demande une confirmation écrite au corps d'armée d'Alger. On la lui refuse. Il décide de ne pas transmettre la consigne à ses soldats

10. Déclaration à l'auteur du général Goubard, commandant le 4e RTA.
11. Entretien avec l'auteur.

et se limite à leur dire : « Riposte immédiate vers le haut en cas de tirs venant des fenêtres. »

À l'entrée de la rue d'Isly, là où doit arriver le cortège fleuri de drapeaux tricolores et devant la Grande Poste, le lieutenant Ouchène, jeune officier berbère, a déployé ses sections qui reçoivent l'ordre de « laisser passer ». La foule s'engage. Le cortège est compact. Le passage ouvert par Ouchène est trop étroit. Les premières bousculades déséquilibrent quelques soldats. Des injures fusent. Des slogans résonnent. Certains tirailleurs semblent terrorisés. Le lieutenant reçoit l'ordre de bloquer la voie. Il aligne ses quarante-trois hommes sur la largeur de la rue. Dans le ciel, à basse altitude, un hélicoptère largue des grenades lacrymogènes pour disperser la foule qui chante *Les Africains*[12].

Il est 14 h 45. Une rafale de fusil-mitrailleur est tirée de la fenêtre du 4e étage d'un immeuble de la rue Alfred-Lelluch, à 60 mètres à vol d'oiseau du cortège bloqué par les soldats. Les balles ricochent, sans toucher personne, sur le bitume d'une petite rue occupée par les tirailleurs du lieutenant Saint-Gal-de-Pons, qui donne l'ordre de riposter. Le mystérieux tireur ne se manifeste plus. Quelques minutes plus tard, un homme en uniforme de gardien de la paix apparaît au balcon de l'immeuble. Une ambulance arrive. L'inconnu au fusil-mitrailleur, dont la rumeur dira qu'il était de type vietnamien, ne sera jamais identifié.

Est-ce l'écho de cette rafale ou les ricochets de balles qui font supposer à Ouchène que lui et ses tirailleurs sont pris pour cibles ? En tout cas, le lieutenant rend compte immédiatement

12. Ce chant militaire a été créé durant la Seconde Guerre mondiale pour l'armée d'Afrique qui en a fait son hymne et le symbole de sa gloire. Depuis le début des « événements » en Algérie, il est devenu *la Marseillaise* des pieds-noirs. En raison de sa « récupération » par les jusqu'au-boutistes et l'OAS, il sera interdit pendant plusieurs années après 1962.

à son capitaine qui se trouve à l'opposé de sa position et sans contact visuel avec lui[13]...

Les examens des blessures ne confirment pas la thèse de tirs venus des toits visant les tirailleurs et les civils. À l'exception d'un tirailleur atteint effectivement d'une balle tirée de haut en bas, toutes les victimes de la fusillade ont été touchées horizontalement ou de bas en haut.

Deux mille cartouches tirées en douze minutes sur une foule sans arme[14] : 11 blessés chez les tirailleurs algériens, dont 8 de façon bénigne ; 80 morts, 200 blessés chez les civils[15]. Et la voix d'Armand Luxo, cet ancien combattant pied-noir s'adressant au malheureux Ouchène tétanisé en criant : « Halte au feu ! Halte au feu, mon lieutenant ! » qui résonne encore dans la mémoire des témoins de cette fusillade.

Le soir même du 26 mars, la place de la Grande Poste devient un sanctuaire pour les Algérois. Des fleurs sont déposées en hommage aux victimes de cette abomination. Mais le gouvernement refuse que les pieds-noirs honorent leurs morts. Le préfet Vitalis-Cros fait installer des blindés devant les façades pour empêcher l'accès des familles des défunts.

---

13. « Ouchène m'a dit : "On nous tire dessus. Qu'est-ce que je fais ?" Je lui ai répondu : "Vous ripostez !" Je ne peux pas préciser comment sont partis les coups de feu. Je n'étais pas sur place ! Je peux simplement vous dire ce que j'ai répondu. Je ne me reproche rien. Il ne faut pas poser trop de cas de conscience à l'officier qui a rempli sa mission. Ma conviction est que l'incident était voulu. Était-ce l'OAS ? Était-ce le pouvoir ? Je n'ai pas de réponses » (déclaration du capitaine Técher à l'auteur, février 1992).

14. Rapport d'enquête de la gendarmerie.

15. Selon une évaluation du personnel médical des hôpitaux Maillot et Mustapha.

La valise ou le cercueil

Au lendemain de cette tuerie, plus rien n'est pareil à Alger. Certains commencent à douter de l'avenir sur leur terre de naissance. Ils n'en parlent qu'en petit comité pour ne pas être accusés de défaitisme, voire de trahison. Pour éviter les départs en masse, l'OAS a mis en place un service d'« autorisation » de voyage. Les agents des compagnies aériennes et maritimes ont été avertis. Il faut désormais un visa de l'Organisation pour quitter le territoire.

Pour rassurer les plus tièdes, l'OAS donne un grand retentissement à son premier maquis mis en place dans l'Ouarsenis avec le concours du Bachaga Boualam, vice-président de l'Assemblée nationale. Sous le commandement du colonel Gardes et avec la complicité des Chemins de fer algérois, plus d'une centaine d'hommes sont engagés dans l'opération conduite par des officiers paras. Tout se passe bien durant les trois premiers jours. La population des djebels ne manifeste pas d'hostilité. Les postes militaires tenus par des soldats du contingent tombent sans combattre. Mais les officiers des Affaires indigènes ne rejoignent pas comme promis le mouvement, et l'armée française, appuyée par l'aviation, réagit avec force. Les fellaghas aussi. Le contingent fait cause commune avec eux contre les maquisards esseulés. Des morts, des blessés, des prisonniers : l'opération est un échec. L'OAS a perdu un grand nombre d'officiers, dont le commandant Paul Bazin, mort au combat. Plusieurs officiers, notamment Pierre Montagnon et Pierre Delhomme, sont capturés.

Le mois d'avril est sombre pour l'Organisation, dont deux membres – le légionnaire Albert Dovecar, 24 ans, et le pied-noir Claude Piegts, 28 ans – sont condamnés à mort pour l'assassinat du commissaire central d'Alger, Roger Gavoury[16]. Le lieutenant du 1er REP, Roger Degueldre, chef des commandos Delta, est arrêté sur dénonciation. Transféré à Paris, condamné à mort, il sera fusillé le 6 juillet 1962. Son exécution est une boucherie. Onze minutes à mourir. Il faudra six coups de grâce pour l'achever. Jouhaud est lui aussi condamné à la peine capitale par le haut tribunal militaire. Il passera sept mois à attendre son exécution, dans une cellule de condamné à mort, avant d'être gracié par de Gaulle, le 28 novembre 1962, sous la pression de plusieurs de ses ministres qui menaçaient de démissionner[17].

À Alger, Salan prépare son départ pour l'Espagne avec son aide de camp, le capitaine Ferrandi. Le grand argentier de l'organisation a organisé le financement de l'opération, et le voyage se fera par la mer, sur un cargo chargé de charbon. Auparavant, le général doit recevoir un certain Lavanceau qui lui a été recommandé parce que « très proche des milieux messalistes ». Cet ancien adjudant à la retraite, employé à la préfecture de police de Paris, a réussi à infiltrer l'entourage du chef de l'OAS en gagnant la confiance d'un ami du général. Au bout de quelques minutes, Salan comprend que son visiteur n'a rien d'intéressant à lui dire et lui signifie qu'il le congédie. Celui-ci se précipite alors vers la porte d'entrée et l'ouvre en criant aux gendarmes rassemblés sur le palier : « Entrez ! Ils sont là ! »

Le soir même de ce 20 avril 1962, Salan est transféré à Paris et incarcéré à la prison de la Santé. Jusque-là partagée entre les partisans de la terre brûlée et les promoteurs de négociations pour espérer sauver ce qui peut encore l'être, l'OAS choisit

16. Chargé de mener l'enquête sur les complicités civiles ayant permis la réussite du putsch du 21 avril, il a été poignardé à mort à son domicile. Ses deux meurtriers seront fusillés le 7 juin 1962, au fort du Trou-d'enfer, à Marly-le-Roi.

17. Georges Pompidou, Pierre Sudreau, Valéry Giscard d'Estaing, Louis Joxe, Pierre Messmer, Edgard Pisani.

la deuxième option. Signés au terme de pourparlers entre Jean-Jacques Susini pour l'OAS et le docteur Mostefaï puis Abderrahmane Farès pour le FLN, en présence d'un ancien maire d'Alger, Jacques Chevallier, les accords serviront à sauver les vies des familles pieds-noirs bloquées dans les villages du bled par les fellaghas et l'Armée de libération nationale.

Exils forcés

L'OAS lève l'interdiction aux hommes pieds-noirs de quitter le territoire. La faculté d'Alger est en flammes. Les familles rassemblées sur les quais attendent d'embarquer à fond de cale sur des cargos qui affichent complet. En ce début d'été 1962, tous les quais d'Algérie vibrent aux mêmes scènes de douleur. Pire : dans certains ports, des officiers français suivent les ordres du FLN qui exige le débarquement des harkis des bateaux en partance pour la France. À Philippeville, une centaine d'entre eux sont ramenés à quai et fusillés devant leurs anciens compagnons d'armes. L'indignation est telle que de nombreux officiers enfreignent les ordres pour ramener en France ces hommes qui ont combattu à leurs côtés. En définitive, les deux tiers des 150000 « supplétifs » de l'armée française seront abandonnés – sinon livrés – aux autorités algériennes. Les Français d'Algérie aussi sont rejetés. À Marseille, les dockers de la CGT ont tracé en lettres géantes à l'entrée du port : « PIEDS-NOIRS, RETOURNEZ CHEZ VOUS ! » Le 26 juillet, dans une interview au quotidien *Paris-Presse*, Gaston Deferre, maire socialiste de la ville, livre le fond de sa pensée : « Que les Pieds-noirs aillent se réadapter ailleurs ! [18] »

18. Neuf ans plus tard, le 14 février 1971, ce même Gaston Defferre fera ériger un monument sur la corniche Kennedy, précisant sur sa face

Pendant ce temps, sur les quais d'Oran, sous un ciel chargé d'une épaisse fumée noire qui se dégage des citernes en feu, les déracinés s'entassent devant les grilles qui bloquent l'accès au port. Le soleil brûle les visages. Deux navires à pavillon espagnol ont jeté l'ancre dans les eaux internationales. Ils viennent évacuer leurs ressortissants. Sans fournir d'explications, la France leur a refusé l'accès aux quais. Le 30 juin, deux autres bateaux, de guerre cette fois, parviennent à Oran et les forces aériennes espagnoles sont en état d'alerte. La raison l'emporte. Des pleurs de joie et des « *¡Arriba España !* » saluent les marins aux bras chargés de boissons fraîches. Sans que personne ne comprenne pourquoi le gouvernement français a mis cinq jours pour autoriser le *Victoria* et la *Virgen de Africa* à accomplir leur mission. Des chalutiers aux allures de boat-people prennent également la direction de l'Espagne. De nombreux membres de l'OAS suivent le même chemin de l'infortune. En tout, ce sont un million d'hommes et de femmes (dont 100 000 israélites) qui seront rapatriés dans l'Hexagone, 200 000 faisant le choix (parfois provisoire) de rester, souvent au péril de leur vie. La plupart débarquent à Marseille, Nice et dans le Languedoc-Roussillon, et devront affronter la méfiance, l'indifférence ou l'hostilité d'une population étonnée ou choquée par leur accent et leur mode de vie outre-méditerranéen. Tout cela après avoir subi les interminables contrôles de police considérant chaque passager comme un fugitif de l'OAS, et rempli, en tant que « Français de catégorie pied-noir », un long « questionnaire de situation » leur permettant d'obtenir une fiche de couleur. Bleue, elle

---

principale : « La ville de Marseille aux rapatriés d'Afrique du Nord et d'outre-mer, à tous ceux qui ont pour dernière demeure un sol maintenant étranger sur lequel ils ont vécu, travaillé et qu'ils ont aimé. Salut à vous qui êtes revenus, notre ville est la vôtre. »

signifie qu'ils disposent d'un logement ; blanche, de ressources. La majorité d'entre eux se voient délivrer une fiche rose : « sans moyens ». Ils seront dirigés vers des chambres insalubres ou des campements de fortune. Le temps de se reconstruire un avenir.

« Il faut tuer de Gaulle »

Le 5 juillet à Oran, les célébrations de l'indépendance de l'Algérie donnent lieu à un pogrom de pieds-noirs. Des groupes au comble de l'excitation jaillissent des cortèges pour tuer au hasard des passants européens. Des Oranais sont accrochés, encore en vie, à des crocs de bouchers. Tout pied-noir circulant en ville est abattu au bâton, au couteau ou à l'arme automatique. Le général Katz, chef du corps d'armée d'Oran qui a encore autorité sur les 12 000 soldats français consignés dans leurs casernes[19], n'intervient pas. Dans les bâtiments administratifs, les fonctionnaires sont les cibles de la foule en furie qui donne l'assaut de la poste principale, égorgeant la bibliothécaire, contraignant les employés à avancer à genoux jusqu'à leur lieu de détention. Les magistrats et le personnel du tribunal auraient subi le même sort sans l'arrivée de fusiliers marins que l'amiral commandant la base de Mers el-Kébir envoie à leur secours, malgré les directives. Deux autres actes de désobéissance d'officiers évitent la mort à de nombreux pieds-noirs. Un capitaine du 2e zouaves obtint la libération de 400 Oranais entassés dans le hall du commissariat central. Et le lieutenant Rabat Khélif réussit à sauver plusieurs centaines d'enfants, de femmes et de vieillards regroupés en colonnes pour être égorgés. De retour à son régiment, Khélif sera mis aux arrêts pour avoir enfreint les

19. Dix-huit mille en comptant la marine et l'armée de l'air.

ordres. « Si vous n'étiez pas arabe, je vous casserais », dira Katz à cet ancien de Diên Biên Phu.

À Paris, un jeune lieutenant-colonel de 35 ans, Jean-Marie Bastien-Thiry, polytechnicien, ingénieur en chef de l'Air, suit avec souffrance et colère la tragédie de l'Algérie française. L'abandon par la France de ses 100 000 harkis le révolte. Il considère que le général de Gaulle est responsable de ce meurtre de masse, touchant des combattants exemplaires qui ont fait le choix de servir « l'amère patrie ». Le 22 août 1962, au carrefour du Petit-Clamart, il organise le mitraillage de la voiture du chef de l'État, qui sort miraculeusement indemne de cet attentat. Arrêté quelques semaines plus tard, Bastien-Thiry sera condamné à mort et fusillé le 11 mars 1963.

Le 15 août 1964, au mont Faron à Toulon, un dernier attentat – raté – contre le président de la République viendra clore les actions violentes de l'Organisation rebaptisée « nouveau Conseil national de la résistance[20] » et présidée par Georges Bidault. À l'exception de l'Espagne et de l'Italie, l'Europe entière ferme ses frontières aux membres du CNR. Quelques-uns des plus célèbres fugitifs s'envolent pour l'Amérique du Sud. Pour Bidault, c'est le Brésil. Le général de légion Paul Gardy, ses quatre filles et ses gendres partent pour l'Argentine, accompagnés du colonel Gardes. L'Espagne, où les pieds-noirs sont déjà très nombreux, en accueille d'autres. Et c'est dans ce pays que la France, dès juillet 1963, avec son envoyé spécial, le directeur des Renseignements généraux Michel Baroin, accomplira les premiers pas de réconciliation vers l'OAS oranaise pour un retour à « la tranquillité publique ». Cela aboutira au vote d'une première loi d'amnistie en décembre 1964, d'une seconde

20. Georges Bidault, Jacques Soustelle, Antoine Argoud, Pierre Sergent, Jean Brune, Guy Ribeaud et André Rossfeld.

en 1966 et d'une amnistie générale en 1968, qui n'effaceront pas la mélancolie ni la nostalgie de ceux estimant que la terre d'Algérie, conquise cent trente-deux ans plus tôt pour en chasser ses occupants ottomans, aurait pu rester française.

Bibliographie sélective

Conesa Gabriel, *Bab-el-Oued, notre paradis perdu*, Balland, 1970.
Dard Olivier, *Voyage au cœur de l'OAS*, Perrin, 2005.
Ferrandi Jean, *600 jours avec Salan et l'OAS*, Fayard, 1969.
Jordi Jean-Jacques, *Un silence d'État. Les disparus civils européens de la guerre d'Algérie*, Soteca, 2011.
Kauffer Rémi, *OAS. Histoire d'une guerre franco-française*, Seuil, 2002.
Méfret Jean-Pax, *1962. L'été du malheur*, Pygmalion, 2007.
Monneret Jean, *La Tragédie dissimulée. Oran, 5 juillet 1962*, Michalon, 2006.
Montagnon Pierre, *L'Honneur, pas les honneurs. Mémoires*, Bernard Giovanangelli, 2018.
Sévillia Jean, *Les Vérités cachées de la guerre d'Algérie*, Perrin, « Tempus », 2021.

23

Asie du Sud-Est, 1949-1975
Les guérillas de la liberté

par Jean-Louis Tremblais

Entre 1954 et 1975, les puissances occidentales sont chassées de la péninsule indochinoise. Diên Biên Phu, Hanoi, Vientiane, Saigon et Phnom Penh tombent, l'un après l'autre, sous la coupe sanglante des partis communistes régionaux. En Chine, les nationalistes de Tchang Kaï-chek avaient dû, eux, se retirer sur l'île de Formose (Taïwan) dès 1949, sauf une poignée d'irréductibles qui, depuis le Yunnan, avaient rejoint la Birmanie pour lancer des raids réguliers sur la Chine maoïste, tout en aidant Rangoon à lutter contre le parti communiste local. De même des mouvements de guérilla Hmongs, Radhés, Jaraïs, Khmers ou Thais poursuivront-ils, au Viêt Nam, au Cambodge et au Laos, dans des conditions extrêmes et héroïques, un combat désespéré contre les nouveaux régimes mis en place avec le concours de Moscou et Pékin. Et ce, parfois, jusque dans les années... 1990.

Diên Biên Phu et l'opération « D »

Diên Biên Phu, 7 mai 1954, 17 h 30. De Hanoi, le commandement supérieur de l'armée ordonne au général de Castries (responsable du camp retranché français) de cesser le feu. Le communiqué se termine ainsi : « Ne pas lever le drapeau blanc. » Précision superflue, voire insultante, pour les 14 000 hommes qui se battent comme des lions depuis l'offensive lancée par le Viêt-minh le 13 mars 1954. Cinquante-sept jours et cinquante-sept nuits à repousser les assauts des 80 000 *bo doi*, qui déferlent des collines dominant la cuvette. Cinquante-sept jours et cinquante-sept nuits à se terrer dans des bunkers pour se protéger du déluge de feu craché par les canons viêt-minhs logés sur les sommets. De toute façon, les dés sont jetés : les PA (points d'appui) sont tombés les uns après les autres. Ces bastions présentés comme imprenables par l'état-major (celui-là même qui interdit le drapeau blanc !) portaient des prénoms féminins, fleurant bon la mère patrie ou la femme aimée : Anne-Marie, Béatrice, Claudine, Dominique, Éliane, Gabrielle, Huguette et Isabelle. Le dernier lien avec la France. Ou plutôt avec l'Union française. En effet, le contingent sacrifié à Diên Biên Phu est un des ultimes reflets de l'Empire colonial. Il y a là les légionnaires, qui feront à Diên Biên Phu ce que leurs aînés avaient accompli à Camerone, au Mexique, en 1863. On trouve aussi l'armée d'Afrique, avec ses Tabors, ses tirailleurs marocains, algériens et sénégalais (moins nombreux et non regroupés en formation). Sans oublier les premiers concernés par la catastrophe qui se profilait : les Vietnamiens, fantassins du 301e bataillon ou parachutistes du Baouane, les supplétifs Thais[1], les artilleurs autonomes laotiens…

1. Ethnie du Tonkin.

Le bilan est effroyable pour l'armée française : 2293 morts et 5195 blessés, qui rejoindront une cohorte de milliers de prisonniers. Commence la marche de la mort vers les camps du Viêt-minh, situés 600 kilomètres plus au nord. Après l'enfer, le calvaire. Le funèbre cortège serpente à travers montagnes et forêts, sous-alimenté, maltraité par les gardiens. Car les *bo doi* imposent un rythme forcené à ces survivants harassés ou éclopés : « *Maolen ! Maolen !* » (« Plus vite ! »). Les coups pleuvent sur les détenus trop diminués pour avancer. L'historien Roger Bruge raconte :

> La condition de prisonnier de guerre n'a jamais été enviable, mais celle de prisonnier de la RDVN [République démocratique du Viêt Nam] est plus proche de la déportation dans les camps de concentration nazis que de la privation de liberté dans les oflags et autres stalags. Les médecins de Diên Biên Phu le soulignent tous : en arrivant dans les camps, la presque totalité des blessés graves avait disparu.

Sur les 11721 déportés, puis internés, seulement 3290 rentreront vivants en France, cachectiques et squelettiques, ainsi qu'en témoignent les clichés de l'époque. Ces « libérations », grossièrement médiatisées par la propagande viêt-minh, faisaient partie des accords de Genève, paraphés le 21 juillet 1954 entre Pierre Mendès France et Hô Chi Minh. Le taux de mortalité donne le frisson : 72 %. Chez les Indochinois servant dans les rangs de l'armée française, ils ne seront que 6 % à avoir survécu.

Au cours de ces mois d'agonie se déroula un épisode méconnu qui aurait pu modifier l'issue du conflit : l'opération « D » (pour « Desperado »). Pendant la guerre d'Indochine, le SDECE[2] avait structuré des groupes mobiles, constitués de partisans

2. Service de documentation extérieure et de contre-espionnage français.

autochtones, commandés par des officiers français et coordonnés par le GCMA[3]. On ne les appelait pas encore les Forces spéciales, mais le GCMA en fut le précurseur et le prototype. Sa mission : s'infiltrer derrière les lignes, renseigner, saboter, frapper vite et fort. Un travail efficace, mais toujours clandestin : créature des services spéciaux, il devait rester confidentiel. Au Laos, le GCMA recrutait essentiellement chez les montagnards hmongs[4]. Habiles et frondeurs, les Hmongs se battent quand ils veulent et où ils veulent. Agiles et rapides, ils connaissent la jungle comme leur poche. Surtout, ils détestent les « gens de la plaine » (Han chinois, Viêt ou Lao), qui, de leur côté, les considèrent comme des primitifs et cherchent depuis des siècles à les acculturer, les assimiler. Des qualités idéales pour la contre-guérilla que le corps expéditionnaire français expérimente alors en Indochine. Ils ont beau disposer d'un arsenal hétéroclite (arbalètes, mousquetons ou arquebuses avec poires à poudre en corne de buffle, MAS 36, etc.), ingurgiter de l'opium et croire aux *phi* (les « esprits »), les résultats sont là – même s'ils ne font jamais l'objet d'aucun rapport !

L'un des maquis hmongs les plus actifs du Laos, le GC (Groupement de commandos) n° 200, basé sur le plateau du Tran Ninh, au nord-est de la plaine des Jarres, est celui du capitaine Sassi. Le 28 avril 1954, après avoir – très impatiemment ! – attendu le feu vert de ses supérieurs pendant quinze jours, il prend la tête d'une colonne de 2 000 Hmongs afin de porter secours aux assiégés de Diên Biên Phu[5], pourtant

3. Groupement de commandos mixtes aéroportés, renommé par la suite GMI (Groupement mixte d'intervention).

4. Également appelés Miaos par les Chinois et Méos par les Laotiens : des termes péjoratifs qui signifient « sauvages ».

5. Où se trouvaient aussi quelques partisans hmongs du GC n° 8, affectés au renseignement et commandés par le capitaine Hébert.

situé à 200 kilomètres de son PC. Dans son autobiographie, il déclare : « Nous n'avions pas la prétention d'attaquer en force et en masse. L'objectif était de harceler les ravitaillements viets, qui arrivaient depuis la Chine, afin d'affaiblir leur dispositif d'encerclement et de communication ; de mener des actions spéciales permettant de créer des couloirs d'exfiltration pour les assiégés. » Le 8 mai, après une semaine de marche forcée, la colonne parvient aux abords de Diên Biên Phu. Vingt-quatre heures trop tard ! Elle peut quand même recueillir entre 150 et 200 Français rescapés et évadés du champ de bataille. Les Hmongs de l'opération « D » refusent d'être payés en barres d'or, ainsi que l'a proposé le commandement. Ils méritent bien le surnom que leur donne le capitaine Sassi : les « seigneurs aux pieds nus ». La IVe République les remerciera à sa manière : quelques semaines plus tard, les officiers du GCMA recevront l'ordre d'évacuer et de désarmer leurs fidèles hmongs ! Épilogue de Pierre Schoendoerffer :

> Les Hmongs nous avaient choisis pour alliés dans cette guerre, de préférence au Viêt-minh [...] Et puis il y a eu Diên Biên Phu. La fin de notre guerre. On est partis avec honte et rage, les laissant tomber.

Les Hmongs : de l'« armée secrète » à l'armée fantôme

Au moment où les militaires combattaient, les diplomates négociaient. Les accords de Genève prévoient un cessez-le feu et le partage du Viêt Nam au niveau du 17e parallèle : au nord, la république démocratique du Viêt Nam (communiste) ; au sud, la république du Viêt Nam (pro-occidentale). Le royaume du Laos, déclaré État neutre, est sommé d'intégrer des cadres du Pathet Lao (le parti communiste laotien, pseudopode du

Viêt-minh) au sein du gouvernement et de l'armée nationale. Erreur fatale : dès 1959, cette alliance contre-nature vole en éclats et le Pathet Lao prend le maquis. Les incursions nord-vietnamiennes se multiplient. Pour Hanoi, le Laos est vital : la piste Hô Chi Minh, qui achemine personnel, matériel et munitions chez les Viêt-congs du Front national de libération du Sud-Viêt Nam (FNLSV), transite le long de ses frontières. Officiellement, les Américains n'ont pas le droit d'intervenir sur le territoire laotien : le Pentagone n'a pas l'accord du Congrès. Pourtant, le « royaume du million d'éléphants » ne doit pas tomber dans l'escarcelle communiste… C'est donc la CIA qui est dépêchée sur place. Les Forces armées royales laotiennes ne brillant ni par leur valeur ni par leur courage, c'est vers les Hmongs que se tournent les Bérets verts des Forces spéciales. Et notamment vers un « vétéran » du GCMA : le commandant Vang Pao, chevalier de la Légion d'honneur et croix de guerre des TOE[6], le meilleur officier du capitaine Sassi. Les Français l'appellent le « Tigre », tant les subjuguent son instinct et sa bravoure. Les Américains – qui vont le propulser général à 34 ans ! – le baptiseront White Star (l'« Étoile blanche »).

Bill Lair, l'agent traitant de la CIA auprès de Vang Pao, tombe sous le charme : « Les Hmongs étaient les meilleurs guérilleros du monde. Ils grimpaient les montagnes à une telle allure qu'on aurait juré qu'un hélicoptère les transportait ! » Vang Pao accepte de coopérer avec ces nouveaux mentors qui lui promettent l'autonomie pour son peuple. L'« armée secrète » du Laos est née. Vang Pao confiera à Jean Lartéguy :

> Le grand problème venait des Viets, Les Pathet n'étaient que des marionnettes dont ils tiraient les ficelles. Les Viets déjà ne

6. Théâtres d'opérations extérieurs.

> pensaient qu'à s'emparer du Laos pour en faire une province vietnamienne. [...] Ils voulaient rassembler les montagnards dans des villages de la plaine, faciles à contrôler, supprimer leurs chefs traditionnels, séparer les familles. [...] Nous voulions seulement conserver le droit d'être nous-mêmes, de vivre avec nos chamans sur nos montagnes, au-dessus des nuages, loin des vallées où nous attrapions toutes les maladies.

En fait, l'oncle Sam ne fait qu'imiter le coq gaulois : même concept, mêmes acteurs, même endroit (la plaine des Jarres où se dérouleront la plupart des affrontements sérieux pendant la « guerre secrète »). « Cela ressemblait beaucoup à ce que faisait le GCMA, dira Vang Pao. Je pense que les Américains s'en étaient inspirés. » Y compris pour le nerf de la guerre : comme avec les services français en Indochine, c'est la culture du pavot (traditionnelle chez les Hmongs qui utilisent l'opium dans leur pharmacopée, comme antalgique ou médicament), transporté à Vientiane par les avions d'Air America, qui financera l'« armée secrète ».

En revanche, contrairement au SDECE, l'agence de Langley met les moyens. Sauf que quantité n'est pas synonyme de qualité, comme l'indique cet aveu fait par Vang Pao en 1970 à Pierre Darcourt, grand reporter au *Figaro* : « Les Américains ont trop de matériel et font la guerre comme des mécanos. [...] Le capitaine Sassi, ses officiers et ses hommes avaient de la tête, du cœur et des c... » Entre 1962 et 1973, 200 aérodromes de fortune sont construits par les ingénieurs yankees et les ouvriers hmongs entre Sam Neua et la plaine des Jarres. Le PC est installé à Long Cheng, centre névralgique des opérations militaires – 300 atterrissages ou décollages par jour ! Dans le même temps, 40 000 Hmongs sont sélectionnés, équipés et entraînés par les forces spéciales US ; 14 bataillons (comprenant aussi des Laos et des Khmous) sont placés sous la férule de Vang Pao, qui mène la vie dure aux divisions nord-vietnamiennes. Mais la roue tourne. Comme les Français autrefois, mais plus piteusement, les Américains quittent l'Indochine au printemps 1975. À Saigon, Phnom Penh et Vientiane, les communistes triomphent et s'emparent du pouvoir. La défaite et la débâcle. Pour les Hmongs, trahis pour la deuxième fois en vingt ans et qui ont perdu 20 000 des leurs pendant la « guerre secrète », c'est l'heure du glas. Long Cheng est évacué, mais les appareils américains n'emmènent que Vang Pao[7] et 250 de ses officiers. Pour les 80 000 autres, aucun espoir : l'organe officiel de la république populaire démocratique du Laos (fini « le royaume du Million d'éléphants » !) titre le 9 mai 1975 : « Il faut exterminer jusqu'à la racine la minorité Méo. » Aussitôt dit, aussitôt fait : liquidation des « mercenaires de la CIA » [*sic*], massacres des civils, arrestations, déportation, rééducation, etc.

Entre 100 000 et 150 000 fuyards (Hmongs, mais aussi opposants laotiens) traversent le Mékong – parfois à la nage – pour s'entasser dans les camps de réfugiés thaïlandais et demander l'asile en Occident (les États-Unis en hébergeront 300 000 et la France 25 000). Restent les irréductibles, ceux qui n'ont pas déposé les armes en 1975 : 20 000 combattants se sont dispersés dans les provinces du Xhieng Kouang et du Xaisombun (où culmine le mont Phu Bia, à 2 800 mètres d'altitude). De 1975 à 1977, ils résistent vaillamment aux attaques terrestres lancées pour les déloger. Puis l'armée de l'air entre en scène pour l'acte (supposé) final : napalm et épandage de produits chimiques.

---

7. Exilé en Californie, Vang Pao a été arrêté par la police américaine en 2007 pour « avoir tenté d'acheter des fusils d'assaut, des lance-missiles, des lance-roquettes, des mines et des grenades afin de renverser le gouvernement laotien » avec 5 000 insurgés ! L'inculpation a finalement été abandonnée en 2009 : le vieux fauve avait 80 ans… Il s'est éteint en 2011 à Clovis, non loin de Los Angeles.

Un génocide à huis clos, méthodiquement exécuté par la soldatesque laotienne et ses conseillers vietnamiens. Malgré tout, ils sont encore une poignée de spectres (entre 8 000 et 10 000, selon les sources), se déplaçant en microtribus et en familles, se terrant dans la jungle, où ils sont réduits à l'état de chasseurs-cueilleurs[8]. Coupés du reste du monde, affligés de maladies, couverts de vermine et de pustules, traînant des blessures par balles ou par schrapnels, les Hmongs manquent de tout. Un armement disparate (datant des années 1970 : US M1, M16, M79…), plus de munitions, pas de médicaments. Des racines et des écorces, des rongeurs ou des cafards les jours de chance : tel est leur ordinaire, car le nomadisme imposé par la traque du régime exclut toute forme de culture. Pourtant, à en croire les autorités communistes de Vientiane, il ne se passe rien au Laos : « La guerre est finie depuis 1975 », martèle-t-on en haut lieu. Pas pour l'« armée secrète », devenue l'armée fantôme…

Le Fulro ou la révolte des montagnes

Les Hmongs ne sont pas la seule minorité persécutée de l'ex-Indochine. Loin s'en faut. En effet, l'histoire du Viêt Nam précolonial se résume à un grignotage progressif et implacable du territoire par l'ethnie majoritaire : les Kinhs (86 % de la population), qui se voient comme les « purs » Viets. Les aborigènes, c'est-à-dire les Austronésiens des hauts plateaux du Centre-Annam, sont traités de Moïs, autrement dit de « sauvages ».

---

8. Il faudra le courage de quelques journalistes pour les sortir de l'oubli, au milieu des années 2000. Sans Philip Blenkinsop, Roger Arnold, Grégoire Deniau ou Cyril Payen et leurs récits, leurs photos et leurs vidéos, ils agoniseraient toujours dans l'indifférence.

En 1931, l'*Encyclopédie par l'image de l'Indochine française*, clichés à l'appui, ne les décrit pas autrement : des chasseurs nomadisant à moitié nus dans la forêt, idolâtres et animistes, « réfractaires à l'école et à l'hygiène », « pratiquant le totem et le tabou », et chez qui « le personnage le plus puissant est le sorcier ». Selon cette revue, « ils ne connaissent pas l'écriture ; bien qu'ils forment parfois des tribus – les Rhadés, les Jarais, les Bahnars, les Sedangs –, ils n'ont pas dépassé, en fait d'organisation politique, le stade du clan ». Ils sont belliqueux autant que querelleurs, s'entretuent pour un oui ou pour un non, parlent des dialectes différents, mais le seul lien qui les unit est leur haine pour le Viet. Toujours le même antagonisme : les cimes contre la plaine, l'identité montagnarde contre celle des Annamites et des Tonkinois, qui cherchent depuis des lustres à les dompter et à les dresser au nom de la civilisation ! Pour cette raison précise, les rares étrangers qui les ont apprivoisés et (bizarrement) convertis sont les missionnaires catholiques et protestants, très prosélytes dès le XIXe siècle, avant même la colonisation. Le goût du surnaturel et du miraculeux, sans doute.... Pour les Moïs, l'homme blanc est donc un moindre mal, comparé à l'oppresseur vietnamien. Ce préambule est nécessaire pour comprendre leur sort tragique pendant la guerre du Viêt Nam.

Après la scission du pays en 1954, le Premier ministre Ngo Dinh Diêm, anticommuniste et ultranationaliste, s'autoproclame président de la république du Viêt Nam (le Sud-Viêt Nam, en langage courant), dont la capitale est Saigon. L'une de ses premières mesures est de supprimer le statut d'autonomie accordé en 1949 à l'hinterland moï par l'empereur Bao Dai. Faute matricielle. Dans la foulée, il entreprend une politique de « vietnamisation » : expropriation et colonisation des terres par des Vietnamiens. C'est le signal de la révolte dans tous les villages moïs de la cordillère annamitique et de la province du Dak Lak :

Kontum, Dak To, Pleiku, Ban Me Thout, etc. En 1955, le FLM (Front de libération des montagnards) voit le jour. Il deviendra successivement le Bajaraka (pour Bahnars, Jaraïs, Rhadés, Kohos, les quatre tribus fondatrices) en 1958 et le Fulro (Front uni de libération des races opprimées) en 1964. Son leader est le Rhadé Y Bham Enuol. Plus étoffé et plus structuré, le Fulro regroupe également le FLC (Front de libération du Champa[9]) et le FLKK (Front de libération du Kampuchea Krom[10]). Dans une première phase, ces peuplades aux aspirations pas forcément compatibles s'en prennent aux *younes* (terme khmer insultant qui désigne les Vietnamiens), qu'ils soient du Sud ou du Nord. Leur QG est installé au Cambodge ami, dans les provinces frontalières de Ratanakiri et de Mondolkiri. À partir de ce sanctuaire, escarmouches et embuscades sont organisées contre l'armée sud-vietnamienne, mal à l'aise dans les brumes et la brousse des hauts plateaux. De plus en plus audacieux, le Fulro attaque les bases sud-vietnamiennes et va même jusqu'à prendre des conseillers américains en otages. Afin d'éviter que la situation ne dégénère et en vue de concentrer toutes les forces contre l'armée nord-vietnamienne et les Viêt-congs qui se font de plus en plus menaçants, Washington fait pression sur Saigon. Obligé de composer, le gouvernement sud-vietnamien écoute les revendications montagnardes, lâche du lest et crée (pour la forme) un ministère des Minorités ethniques en 1967.

---

9. Dirigé par le colonel Les Kosem, le FLC a le très ambitieux projet de ressusciter le royaume du Champa, civilisation hindouiste dont les cités sacrées (My Son, par exemple) rivalisent en beauté avec Angkor, et qui fut anéantie au XVe siècle par l'expansionnisme sino-annamite.

10. Soutenu par le prince Norodom Sihanouk, le mouvement exige de récupérer le delta du Mékong et Saigon, qui appartenaient autrefois aux Khmers, repoussés par la conquête vietnamienne au Cambodge.

Même symbolique, cette sage décision change la donne, puisque le Fulro bascule *de facto* dans le camp américain. L'hinterland moï, que traverse la piste Hô Chi Minh, est âprement disputé par les deux belligérants. Tandis que les bombes des B-52 (les « petits soleils », disent les autochtones, poètes tragiques qui s'ignorent) et l'« agent orange » rasent toute forme de vie, humaine, végétale ou animale, les montagnards défendent leurs villages contre les raids viêt-congs. En 1967, à Dak To, on se bat des semaines durant pour la colline 875. En mai 1972, le général Giáp doit lancer ses bataillons les plus aguerris (interarmes : infanterie, artillerie, blindés) à l'assaut de Kontum, seulement défendu par 2 000 hommes du Fulro et une division sud-vietnamienne. Les assiégés tiennent bon. Ce n'est qu'un sursis : en mars 1975, les communistes s'emparent de Pleiku et de Kontum : la route de Saigon leur est grande ouverte ! Ce succès des Nord-Vietnamiens déclenche un exode affolé et meurtrier en pays jaraï. Sur le million de Moïs vivant dans la région avant 1967, 200 000 ont été tués pendant le conflit et 85 % des villages n'existent plus. Réfugiés à l'ambassade de France de Phnom Penh, Y Bham Enuol et ses proches en sont exfiltrés *manu militari* par les Khmers rouges, le 20 avril 1975. Ils sont abattus quelques heures après.

Dix jours plus tard, c'est au tour de Saigon de tomber : 150 000 Nord-Vietnamiens ont raison des dernières défenses de la ville. Tandis que les Américains organisent le départ de leurs effectifs civils et militaires par voie aérienne et que s'écroule l'armée nationale sud-vietnamienne, certains éléments de celle-ci lancent d'héroïques barouds d'honneur. Ainsi des parachutistes menés par des cadres formés par l'armée française, dont un officier saint-cyrien, tentent-ils de s'opposer à l'avancée des tanks (russes) de la 203e brigade devant les murs de la cathédrale Notre-Dame – ils sont tous tués ou blessés.

La victoire communiste et la réunification du Viêt Nam ne calment pas les ardeurs du Fulro : 10 000 montagnards prennent le maquis et, avec l'aide de la Chine maoïste (ennemie du Viêt Nam prosoviétique, elle leur fournit 5 000 fusils), ils poursuivent la guerre contre les *bo doi*. Un baroud d'honneur au cours duquel ils perdent 85 % de leurs effectifs entre 1975 et 1979. Entre-temps, Hanoi envoie un million de colons s'implanter sur les hauts plateaux. La zone restera interdite aux étrangers pendant deux décennies. Silence, on nettoie !

Le dernier groupe armé du Fulro, 407 Rhadés et Jaraïs (femmes et enfants compris), s'est rendu à un bataillon uruguayen de l'Apronuc (Autorité provisoire de l'Onu pour le Cambodge) en septembre 1992 ! Dans leur campement improvisé, au milieu de la forêt de Mondolkiri, ces chrétiens évangélisés par des pasteurs et des curés avant 1975 avaient construit six églises en bois où ils priaient inlassablement pour leur salut. Les pauvres hères vivaient comme des zombies. Au correspondant américain du *Phnom Penh Post*, Nate Thayer, qui les avait retrouvés, leur commandant, Y Peng Ayun, complètement hors du temps et hors du monde, lui avait posé cette question hallucinante : « S'il vous plaît, pouvez-vous nous aider à trouver notre président, Y Bham Enuol ? Savez-vous où il est ? » L'inoxydable vétéran, tout comme ses compagnons d'infortune, ignorait que le chef du Fulro avait été exécuté par les Khmers rouges à Phnom Penh dix-sept ans plus tôt…

L'ultime combat des Khmers libres

Le 17 avril 1975, lorsque les Khmers rouges pénètrent à Phnom Penh, l'horreur s'abat sur le Cambodge. On connaît l'œuvre de Pol Pot et de sa clique : un tiers de la population

(3 millions de personnes) exterminé, les deux autres tiers condamnés à l'esclavage. La toute-puissance de l'Angkar[11] est telle que nulle résistance ne peut émerger dans ce pays prison – jusqu'à l'intervention armée du Viêt Nam en décembre 1978 (à la suite de litiges frontaliers et d'incursions cambodgiennes sur le sol vietnamien), qui chasse les Khmers rouges et instaure la république populaire du Kampuchéa, qui lui est inféodée. Mais l'aversion des Cambodgiens pour les *younes* reprend le dessus. En 1979, Son Sann, ex-gouverneur de la Banque nationale, fonde le FLNPK (Front de libération nationale du peuple khmer), d'inspiration nationaliste et républicaine. De son côté, le prince Norodom Sihanouk regroupe ses partisans au sein du FUNCINPEC (Front uni national pour un Cambodge indépendant, neutre, pacifique et coopératif), émanation politique de l'ANS (Armée nationale sihanoukiste). Chacun de ces deux mouvements, dont l'ennemi principal et déclaré est l'occupant vietnamien, a l'espoir de se frayer une troisième voie, entre le gouvernement collaborateur et les Khmers rouges toujours actifs sur le terrain. Las ! La supériorité militaire des maquisards de Pol Pot est telle que Son Sann et Norodom Sihanouk forment en 1982 une alliance tripartite avec eux : le GCKD (Gouvernement de coalition du Kampuchéa démocratique).

Reste que « la vérité de la vérité, c'est la guerre » (Michel Foucault). Le GCKD a beau être soutenu et financé par les États-Unis de Ronald Reagan, la Chine populaire et les Européens, ses troupes (exception faite des Khmers rouges) ne font pas le poids face aux *bo doi* aguerris par quarante ans de belligérance ! Les nationalistes et les royalistes campent sur des positions disséminées le long de la frontière thaïlandaise, entre

11. L'Angkar (« l'Organisation ») est le nom donné au parti sous le régime khmer rouge. Aucun patronyme ne circulait.

Pailin, Poipet et les monts Dangrek[12]. La très anticommuniste Thaïlande, qui redoute l'expansionnisme vietnamien, entraîne les commandos du FLNPK et fournit la logistique nécessaire. En vain. Lors de la saison sèche de 1984-1985, l'offensive vietnamienne (chars T-54 et artillerie lourde) est foudroyante. C'est la déroute pour le FLNPK, qui perdra là environ 5 000 hommes (morts au combat ou déserteurs). Les dissensions et les divisions au sein du gouvernement de coalition antivietnamien mettent un point final à l'aventure. En 1989, bien que militairement indélogeables, les Vietnamiens se retirent du Cambodge pour des raisons politico-diplomatiques. En 1991, les différentes factions cambodgiennes signent les accords de Paris, qui amorcent une transition sous l'égide de l'Onu et le retour de la monarchie. Finalement, dans cette partie de mah-jong où tout le monde trichait, les seuls perdants sont les 8 000 Khmers libres tombés pendant le conflit.

Les soldats perdus du Kuomintang chinois

1949 : après quatre ans de guerre civile contre le Kuomintang (KMT, nationaliste), Mao prend le contrôle de toute la Chine. Tchang Kaï-chek[13] et ses soldats s'exilent sur l'île de Formose (devenue Taïwan), où ils créent la république de Chine (la seule qui siégera à l'Onu jusqu'à la reconnaissance de la Chine populaire, en 1971). Pour échapper aux rouges, le général Li Mi,

12. C'est dans ces montagnes du septentrion cambodgien, à Anlong Veng, que Pol Pot est passé de vie à trépas en 1998. Les Khmers rouges tenaient toujours la zone…

13. Généralissime de l'armée du KMT, il se bat contre les communistes jusqu'en 1949, avant de se réfugier à Formose (l'ancienne Taïwan), qu'il présidera jusqu'à sa mort en 1975.

qui commandait la province méridionale du Yunnan avec la 93e division du KMT, se replie dans l'État shan[14] de Birmanie et dans le nord de la Thaïlande. Encouragé par Tchang Kaï-chek et dans l'impossibilité géographique de rejoindre Taïwan, il va mettre ses guerriers oubliés à la disposition de l'anticommunisme. Pour la CIA, en pleine stratégie de *containment*, c'est une aubaine : pourquoi ne pas utiliser cette force de frappe pour monter des coups de main en Chine maoïste ? Elle imagine donc l'opération « Papier », qui consiste à utiliser la Thaïlande alliée comme voie de transit pour l'armement et les munitions. Le transport aérien est assuré depuis les États-Unis par la compagnie CAT (Civil Air Transport)[15], dirigée par le général Claire Lee Chennault[16]. De 1949 à 1953, la 93e division effectue plusieurs tentatives infructueuses pour reprendre le Yunnan. À son apogée, elle comptera jusqu'à 20 000 hommes. Sous couvert de lutte anticommuniste et pour payer ses soldats (dont beaucoup sont des Shans), Li Mi reprend à son compte la culture du pavot et le commerce de l'opium.

Plus le temps passe et plus s'estompe la perspective de reprendre la mère patrie. D'autant qu'à la fin de la guerre de Corée, Washington sonne la fin de la partie et « conseille » à Taïwan de rapatrier ses soldats perdus. L'heure n'est pas encore à la détente, mais presque. Discipliné, le général Li Mi

---

14. L'une des 135 minorités ethniques de Birmanie.

15. La CAT deviendra Air America pendant la guerre du Viêt Nam, mais continuera à travailler comme faux nez pour la CIA, notamment chez les Hmongs du Laos.

16. Conseiller militaire de Tchang Kaï-chek avant Pearl Harbour, cet aviateur chevronné crée les Tigres volants en 1941. Il s'agit d'une flottille irrégulière, pilotée par des volontaires américains et qui participe aux combats contre les Japonais, en Chine et en Birmanie. Cette unité sera intégrée à l'US Air Force en 1942.

s'exécute. Ce n'est pas le cas de tous ses subordonnés, dont plusieurs centaines choisissent de faire souche, bien décidés à faire prospérer un business plein d'avenir : la drogue, qui inondera sous peu l'Occident. En 1961, l'armée birmane parvient à expulser ces *desperados* qui ont rompu tout contact avec Taïwan et qui opèrent en absolue illégalité du fond de leur jungle. Les débris de la 93e division – 4 000 hommes – se réfugient dans le nord-ouest de la Thaïlande, où les autorités vont les employer contre les insurgés communistes du cru. Sous commandement de l'armée thaïlandaise, les débris du KMT deviennent les « Forces irrégulières chinoises », une unité qui restera active jusqu'en 1982. En échange de leurs bons et loyaux services, les renégats chinois obtiennent le droit de s'installer (ils ont même leur propre village, à Santhikiri) et de continuer leurs douteuses affaires, sous le parapluie des militaires thaïlandais – qui prélèvent, bien sûr, leur dîme au passage – et des agents de la CIA. Selon la DEA (Drug Enforcement Administration, les services antistupéfiants américains), entre 1974 et 1994, c'est dans ces collines du Triangle d'or qu'étaient produits 80 % de l'héroïne consommée à New York ! Les temps changent : aujourd'hui, on y cultive du thé, et les touristes en mal d'exotisme viennent admirer ce petit bout de Chine qui fait rêver après avoir été l'antichambre d'un cauchemar.

Bibliographie sélective

En français

Bergot Erwan, *Les Petits Soleils*, France-Empire, 1966.
Bruge Roger, *Les Hommes de Diên Biên Phu*, Perrin, 1999.
Caply Michel, *Guérilla au Laos*, Presses Pocket, 1966.
Charuel Marc, *Les Cercueils de toile*, Éditions du Rocher, 1998.
Lartéguy Jean, *Les Centurions*, Presses de la Cité, 1960.
—, *Enquête sur un crucifié*, Flammarion, 1973.
Michelland Antoine, *Marie Ier, le dernier roi français*, Perrin, 2012.
Payen Cyril, *Laos. La Guerre oubliée*, Robert Laffont, 2007.
Pouget Jean, *Le Manifeste du camp n° 1*, Fayard, 1969.
Sassi Jean (colonel), Tremblais Jean-Louis, *Opérations spéciales, vingt ans de guerres secrètes*, Nimrod, 2009.

En anglais

Bank Aaron, *From OSS to Green Berets. The Birth of Special Forces*, Pocket Books, New York, 1987.
Thayer Nate, « Trail of Tears : Lost Montagnard Army Vows to Fight On », in *Far Eastern Economic Review*, 10 septembre 1992.
—, « Montagnard Army Seeks UN Help », in *Phnom Penh Post*, 12 septembre 1992.

24

Liban, 2000
Le baroud désespéré des soldats chrétiens

par Jean-René Van der Plaetsen

En mai 2000, vingt-cinq ans après le début de la guerre du Liban, 7 500 chrétiens, pour la plupart maronites, quittent pour toujours le pays qui les a vus naître. Ce sont les derniers miliciens (et leurs familles) de l'Armée du Liban-Sud (ALS) qui, jusqu'au bout, ont tenté de protéger leur terre des groupes armés palestiniens ou chiites téléguidés par la Syrie, l'Iran, voire le Liban. Pour avoir joint leurs forces à celles d'Israël qui, dès 1978, avait pénétré au pays du Cèdre pour empêcher les fedayin de s'y installer durablement, ils sont contraints de suivre les camions de Tsahal qui évacuent le pays. Parce que leurs chefs n'ont pas réussi à s'unir contre l'ennemi commun – soit que les querelles personnelles et claniques aient pris le dessus, soit qu'ils aient été éliminés physiquement, comme Bachir Gemayel –, ces hommes qui avaient combattu pour une certaine idée du Liban étaient devenus des parias, considérés comme des « traîtres » par leurs propres gouvernants, désormais liés au Hezbollah pro-iranien.

Vaincus. Il fallait bien l'admettre : ils étaient vaincus. Au fil des années, ils avaient vu tomber, l'une après l'autre, les dernières poches de résistance où combattaient encore leurs frères, cousins ou camarades, miliciens des Phalanges et des Forces libanaises, pourtant bien plus nombreux qu'eux au début de la guerre civile, et aussi plus riches et mieux armés. À la différence de leurs homologues issus de la capitale du pays du Cèdre qui, au début des années 1980, paradaient le long de la corniche de Beyrouth dans des Jeep dernier cri, une paire de Ray-Ban d'aviateur sur le nez, vêtus de treillis camouflés flambant neufs, le fusil d'assaut dans une main, un chapelet dans l'autre, les miliciens de l'Armée du Liban-Sud (ALS) avaient tenu et conservé leurs positions, tant bien que mal, sans jamais faire parler d'eux dans les journaux télévisés, puisque la communauté internationale avait décidé de les ignorer. Et ils avaient tenu, ces soldats obscurs et oubliés de tous, pendant vingt-cinq ans, jusqu'en ce milieu de l'année 2000, qui marquait non seulement le changement de millénaire, mais aussi la fin de leur présence sur cette terre qui était la leur, et celle de leurs ancêtres, depuis plus de mille cinq cents ans.

Ils étaient là depuis la nuit des temps, en vérité. Dans son acception traditionnelle, la Terre sainte ne s'étendait-elle pas jusqu'à Tyr et Sidon, ces deux villes qui symbolisaient autrefois la puissance et le rayonnement des Phéniciens ? Leur pays n'était-il pas cité dans l'Ancien Testament ? Dans les casernes et les check-points tenus par l'Armée du Liban-Sud, ils connaissaient presque tous par cœur ce passage du Cantique des Cantiques, au verset 8 du chapitre IV : « Viens avec moi du Liban, ma fiancée, viens du Liban avec moi. » Ainsi que les deux versets suivants, où il était écrit : « Tes lèvres, ma fiancée, distillent le miel ; sous ta langue, il y a du miel et du lait, et l'odeur de tes vêtements est comme l'odeur du Liban. » Oui, les soldats de l'ALS connaissaient ces lignes, qui célébraient la beauté de leurs femmes, puisqu'ils étaient chrétiens pour la plupart d'entre eux – même si, au cours des dernières années, ils avaient été rejoints en nombre important par des combattants chiites, plus attirés par le montant de la solde que par la raison d'être de cette milice, quand ils n'étaient pas infiltrés par des hommes du Hezbollah.

Vaincus, ils étaient vaincus, donc, et il flottait dans l'air un couplet de tragédie intime et un refrain d'injustice historique. Comme dans les alexandrins de Victor Hugo décrivant la retraite de Russie par la Grande Armée, ils étaient vaincus. Non pas défaits, et encore moins battus, mais vaincus. Ils se prénommaient Pierre, Antoine, Georges, Luc, Eddy, Charles, Émile ou Camille. Ils avaient entre 20 et 40 ans, voire 50, et ils arboraient encore, quelques mois plus tôt, un sourire plein de confiance et de certitudes sous la moustache qui ornait leur lèvre supérieure, comme c'était alors la mode chez les chrétiens du Liban. Ils devaient pourtant quitter leur terre, abandonner leurs maisons et leurs églises, leurs kalachnikovs et leurs M16, leurs commerces, leurs troupeaux de chèvres ou de moutons qui pâturaient là-haut, sur les collines et les monts pelés, emmener avec eux femmes et enfants, emporter leurs pauvres richesses et leurs souvenirs des jours heureux au pays du miel, du lait et du vin, plein de soleil et d'alcool, des moines de Kefraya. Ils partaient, pour Israël ou ailleurs, l'Afrique ou le Canada lorsqu'ils en avaient les moyens, et ils savaient qu'il leur faudrait réapprendre à vivre, à vivre autrement, et sans doute pour toujours. N'ayant pas perçu ni pris le vent de l'Histoire, ils étaient chassés par leurs propres compatriotes, contraints à l'exil, étant devenus des parias dans leur pays, eux dont les familles avaient, depuis des siècles, empierré les chemins, défriché les collines, planté orangers, citronniers et bananiers dans la si belle plaine de Tyr. Des hommes vaincus font toujours peine à voir : il semble qu'ils portent toute la douleur du monde sur leurs épaules. « Mon Dieu, pourquoi nous as-tu abandonnés ? » Ce printemps-là, juste après les fêtes de Pâques, les prières des chrétiens de l'Armée du Liban-Sud avaient tourné à la supplique…

Au côté des Phalanges chrétiennes contre les fedayin

Alors que l'armée israélienne venait de procéder par surprise au retrait soudain de toutes ses forces stationnées au Liban, quelque 7500 Libanais allaient être contraints de partir, en ce mois de mai 2000 et ceux qui suivraient, s'installer dans l'État hébreu, sans armes, mais avec bagages, femmes et enfants. Nombre d'entre eux seraient par la suite accusés de trahison par le gouvernement de leur pays – ce qui leur retirait tout espoir de pouvoir un jour rentrer chez eux – au motif qu'ils avaient collaboré avec Israël, l'ennemi juré du Hezbollah, qui les avait vaincus, avec l'appui tacite de la communauté internationale, restée passive devant le malheur des chrétiens du Liban, tout comme elle l'est aujourd'hui devant la détresse des Arméniens du Haut-Karabakh. La messe était dite pour les maronites, les grecs-orthodoxes et les grecs-catholiques, les Arméniens et les syriaques, les protestants et les Assyriens du Liban : ils avaient perdu la guerre. Au moins les anciens miliciens de l'ALS pouvaient-ils se dire, car ils connaissaient l'histoire de France aussi bien que celle de leur pays, qu'Israël était resté fidèle à sa troupe de supplétifs, acceptant bon gré mal gré de les accueillir ou de les accompagner en leur distribuant un pécule, à la différence de la Ve République qui avait abandonné les harkis à leur sort, laissant le FLN et la populace algérienne les massacrer. C'était un maigre réconfort.

Au plus fort de sa puissance, l'ALS tenait et contrôlait pourtant tout le sud du Liban, formant alors une force de plus de

5 000 hommes, disposant de 70 chars d'assaut, dont une trentaine de T-54 et T-55, parfois baptisés Tiran-5 par les acteurs locaux. Cette milice avait fait son apparition sur la scène libanaise peu après la sinistre journée du 13 avril 1975, qui avait marqué le début de la guerre civile, moment de cristallisation historique où, soudain, quelles que fussent les confessions religieuses ou les partis politiques des uns et des autres, les scissions avaient succédé aux divisions, et les schismes aux ruptures. Signe de la décomposition très rapide des institutions libanaises : l'armée régulière, en crise comme tout le reste du pays, s'était scindée aussitôt en plusieurs fractions – de nombreux soldats et officiers chrétiens rejoignant le Front libanais, agrégat de formations politiques constitué autour des Kataëb, l'autre nom des Phalanges créées par Pierre Gemayel en 1936[1] –, tandis que leurs homologues musulmans se regroupaient dans l'Armée du Liban arabe (ALA), milice au service du camp dit « palestino-progressiste[2] ». Dès le début de l'année 1976, le major Saad Haddad, un grec-catholique qui commandait un bataillon de 700 hommes,

1. Les Phalanges libanaises, parfois aussi appelées Kataëb (de l'arabe *al-Katā'ib*), sont le nom du parti politique, essentiellement composé de maronites, créé en 1936 par Pierre Gemayel et quelques autres leaders chrétiens. Les Phalanges ont toujours été les rivales du Bloc nationaliste indépendantiste (dirigé par la famille Eddé) et du Parti national libéral (tenu par la famille Chamoun). Les Phalanges sont à distinguer des Forces libanaises, milice créée en 1977 par Bachir Gemayel, fils de Pierre, et devenu depuis un parti politique.

2. L'Armée du Liban arabe est née en 1976. Cette force d'intervention armée, à laquelle a été parfois accolé le qualificatif de « casques verts », est née de la volonté des pays arabes de contenir les visées expansionnistes de la Syrie sur le Liban. Ayant pénétré en masse cette année-là au pays du Cèdre, les Syriens se sont alors trouvés opposés, à l'issue d'un renversement d'alliances comme le Liban sait si bien en produire, aux « progressistes libano-palestiniens ».

pour la plupart maronites, dont le casernement se trouvait dans la ville chrétienne de Marjayoun, avait donc créé l'ALS. Avec une feuille de route précise : combattre les fedayin palestiniens qui comptaient s'emparer du Liban-Sud afin de l'utiliser comme base de repli et rampe de lancement pour attaquer l'État hébreu.

Après l'opération militaire d'envergure lancée en mars 1978 par Tsahal[3], la situation s'était, si l'on peut dire, clarifiée. Le Conseil de sécurité de l'Onu avait, sous mandat de la Force intérimaire des Nations unies au Liban (Finul[4]), dépêché sur place des « casques bleus » pour s'interposer entre les belligérants, tandis qu'Israël abandonnait aux hommes du major Haddad la charge de surveiller les territoires conquis au cours de son offensive éclair. À compter de cette date, l'ALS passa sous contrôle direct de Tsahal qui, dès lors, fournirait chaque année à sa milice des fonds, des armes et des uniformes afin de mener à bien sa mission. Une mission qui évolua au cours des ans : après avoir, dans un premier temps, contenu avec succès les offensives des milices palestiniennes contre Israël, les soldats de l'Armée

3. Déclenchée le 14 mars 1978 par l'armée israélienne, l'opération « Litani », du nom de la rivière qui sépare symboliquement le nord du sud du Liban, avait pour but de repousser les forces armées de l'OLP au-delà de la limite formée par ce cours d'eau. Trois mois plus tard, en juin 1978, Tsahal se retirera du Liban, laissant à l'ALS la lourde et difficile tâche de tenir cette zone vitale pour sa sécurité.

4. Créée le 19 mars par les résolutions 425 et 426 des Nations unies, la Force intérimaire des Nations unies au Liban a pour mission de former une zone tampon entre le Liban et Israël et d'y faire respecter la paix. Les « casques bleus » de la Finul sont encore déployés aujourd'hui dans le sud du Liban. Traditionnellement, la France lui fournit le plus gros contingent de soldats. Pour deux raisons : l'une, sentimentale et historique, est fondée sur l'ancienneté de son amitié, qui remonte à Saint Louis, avec le Liban; l'autre est politique, puisque l'impôt du sang que la France est ainsi prête à payer lui assure une prééminence au sein du commandement de la Finul et lui permet de réduire le montant de sa contribution financière.

du Liban-Sud verront apparaître au milieu des années 1980 un nouvel ennemi, bien plus redoutable : les « fous de Dieu » du Hezbollah, qui harcelèrent les chrétiens alliés des Juifs à coups de roquettes Katioucha[5] et systématisèrent contre leurs check-points les attentats à la voiture piégée.

Le sort tragique des chrétiens du Liban se noua sans doute au cours de ces années-là, entre 1978 et 1982, qui vit Israël envahir de nouveau son voisin en juin dans le cadre de l'opération « Paix en Galilée », poussant son offensive jusqu'à Beyrouth afin d'en chasser l'OLP (Organisation de libération de la Palestine) de Yasser Arafat[6]. En effet, les maronites, très largement majoritaires parmi les chrétiens au pays du Cèdre, scellent alors, sous l'impulsion de Bachir Gemayel, leur chef charismatique élu président de la République libanaise en août 1982, une alliance historique avec l'État hébreu. Une alliance conclue pour le meilleur – la lucidité politique rejoignant pour une fois la nécessité stratégique – et pour le pire, qui fut le massacre de Sabra et Chatila, en septembre 1982, au cours duquel périrent des centaines de civils palestiniens. Cette tuerie, destinée à venger l'assassinat de Bachir Gemayel survenu deux jours auparavant, et perpétrée par une fraction de phalangistes aux ordres d'Élie Hobeika (dont la famille et la fiancée avaient été sauvagement mises à mort par les milices palestiniennes en 1976, lors du massacre de Damour[7]),

5. D'origine soviétique, ou s'en inspirant, les roquettes Katioucha ont été beaucoup utilisées par les miliciens de l'OLP et du Hezbollah pour attaquer les positions de l'ALS et détruire les villages israéliens les plus proches de la frontière libanaise.

6. L'opération « Paix en Galilée », déclenchée le 6 juin 1982 par l'armée israélienne, avait pour objectif de mettre un terme aux agissements de l'OLP contre l'État hébreu depuis le Liban. Par le nombre et l'ampleur de ses conséquences, elle constitue un point culminant de la guerre au Liban.

7. Ce triste épisode de la guerre civile libanaise se déroula du 9 au 20 janvier 1976. Après avoir assiégé, coupé l'eau, l'approvisionnement et

indigna la communauté internationale. Sûrs de leur bon droit et sujets à l'indolence du Levant, les chrétiens du Liban avaient déjà perdu le combat sémantique en conservant le vocabulaire des années 1930 (les « Phalanges »), tandis que leurs adversaires s'emparaient du lexique à la mode (le camp « palestino-progressiste »). En provoquant une réprobation planétaire à Sabra et Chatila, ils allaient être battus sur le terrain de l'image. Ils venaient, sans le savoir, de perdre la nouvelle mère des batailles : celle de la communication. Car, à la fin du XXe siècle, avec l'accélération de l'information en continu, la communication est devenue une arme décisive, souvent plus efficace que les canons.

Déchirements fatals

Après la mort de Bachir Gemayel, dont le courage politique et le sens de l'intérêt national avaient suscité un immense espoir bien au-delà d'Achrafieh et des quartiers est de Beyrouth[8], les chrétiens allaient commettre l'erreur fatale de s'entre-déchirer, travers fréquent dans les sociétés traditionnelles régies par un patriarcat puissant. Il faut admettre que le système d'organisation politique et sociale du pays du Cèdre, fondé sur la domination de quelques grandes familles et un partage des pouvoirs entre les principales confessions, encourage les logiques de féodalité et peut inciter aux escalades fratricides. Au Liban, les querelles

l'électricité de cette ville uniquement composée de chrétiens, les milices palestiniennes assassinèrent près de 600 hommes, femmes et enfants, dont ils démembrèrent les corps, au point qu'il fallut compter les têtes décapitées pour dénombrer les morts. Ce crime de masse commis contre les adeptes de la Croix est l'un des plus graves à mettre au bilan macabre de l'OLP et du Fatah de Yasser Arafat dans leurs actions au Liban.

8. Bastions des chrétiens dans la capitale libanaise.

finissent presque toujours par des rafales d'armes automatiques et des explosions dévastatrices. Ainsi les dynasties des Gemayel, Eddé, Frangié, Chamoun, et les familles des nouveaux chefs de guerre, les Geagea ou Hobeika, toutes chrétiennes, se livrèrent-elles à des règlements de comptes sanglants avec l'objectif de prendre le contrôle des Phalanges et des Forces libanaises, ces deux puissantes organisations à vocation politique et militaire que Bachir Gemayel avait su réunir et aguerrir. Les vieilles ou influentes lignées sunnites, chiites ou druzes (les Karamé, Salam, Solh, Berri, Joumblatt), qui n'en demandaient pas tant, tirèrent profit de cette surenchère de violence.

Le calvaire des chrétiens du Liban ne faisait, en réalité, que commencer. Après la mort de Bachir Gemayel, qui marque de tous les points de vue un tournant dans la guerre du Liban, les interventions extérieures vont modifier et compliquer la donne d'une partie déjà très confuse, où les retournements d'alliances et les trahisons semblent être la règle. Tandis que les grandes puissances (États-Unis, Union soviétique, France) tentent de calmer le jeu, les principaux acteurs régionaux (Syrie, Iran, Israël) s'efforcent de réaliser des gains territoriaux au détriment du Liban. Les partis libanais et leurs milices armées vont s'allier successivement avec ces pays ou les trahir en fonction d'intérêts purement tactiques et de visées à court terme. Les combats de Tripoli[9], la bataille du Chouf[10], la guerre des camps

9. Entre octobre 1982 et janvier 1983, de violents affrontements éclatent dans la grande ville du nord du Liban, contrôlée par la Syrie. Ils opposent la milice islamique sunnite du Mouvement d'unification islamique, vite rejointe par le Fatah de Yasser Arafat, à une coalition composée du parti communiste libanais, du parti nationaliste social syrien et d'Alaouites proches du leader syrien Hafez el-Hassad.

10. La bataille du Chouf, du nom de ces montagnes habitées par des chrétiens, des sunnites et des druzes, vit, de 1982 à 1984, l'affrontement

palestiniens[11], le conflit Amal-Hezbollah[12] : entre 1982 et 1990, les métastases de la haine et de la violence se diffusent dans toutes les parties de la société libanaise. C'est dans ce contexte instable et hautement inflammable que le général Michel Aoun, chrétien maronite commandant les Forces armées libanaises, appelle, en mars 1989, à une « guerre de libération nationale » pour chasser l'armée syrienne qui occupe alors une grande partie du territoire de son voisin. Une entreprise, hélas !, vouée à l'échec, qui provoquera la division du camp chrétien entre partisans d'Aoun et miliciens des Forces libanaises, unis derrière leur nouveau chef, Samir Geagea[13].

---

sanglant de l'armée régulière libanaise, alliée aux phalangistes chrétiens, contre les combattants druzes de Walid Joumblatt et la milice chiite Amal de Nabih Berri. L'attentat du 23 octobre 1983 contre l'immeuble Drakkar, où campait une partie des troupes françaises de la Force multinationale de sécurité à Beyrouth, est l'une des conséquences indirectes de cette meurtrière bataille des montagnes.

11. De mai 1985 à février 1987, la milice chiite Amal, appuyée par la Syrie, entreprend d'éradiquer la présence de l'OLP au Liban. C'est le début de la guerre dite « des camps », qui verra Sabra totalement détruit, Chatila à 85 % et Bourj el-Baranieh à 50 %.

12. Avec le temps, les deux puissantes milices chiites libanaises ont vu leurs stratégies et leurs intérêts diverger – Amal prenant le parti de la Syrie et donnant la priorité à la lutte contre l'OLP, tandis que le Hezbollah préférait poursuivre le combat contre Israël. Entre 1988 et 1989, ces deux milices vont s'affronter très durement. En novembre 1990, Amal et le Hezbollah parviendront à un accord aux termes duquel ils se répartissent le pouvoir au Liban-Sud.

13. Aujourd'hui, les deux hommes se sont réconciliés. Michel Aoun a été élu président de la République, tandis que Samir Geagea est resté le chef des Forces libanaises. Incarnant l'un et l'autre la résistance à la mainmise syrienne sur le Liban, ils se sont alliés au… Hezbollah !

Soldats perdus d'une guerre maudite

Les accords de Taëf, signés le 22 octobre 1989, mettent officiellement fin à la guerre civile et entérinent le contrôle du Liban par la Syrie. C'est l'armée de Hafez el-Assad qui va dès lors faire régner l'ordre syrien à Beyrouth et, assistée pour l'occasion de son homologue libanaise, confisquer au cours de l'année 1990 les armes lourdes de la plupart des milices – à l'exception de celles qui combattent encore au sud du fleuve Litani, et qui ne sont autres que le Hezbollah et l'Armée du Liban-Sud, commandée, depuis la mort du major Haddad en 1984, par un officier maronite, le général Antoine Lahad. Comme ses hommes, ce dernier sera contraint de s'exiler au printemps 2000 en Israël, ayant été condamné à mort pour trahison par le gouvernement libanais, puis se retirera en France, où il s'éteindra en septembre 2015, à Paris, sans jamais avoir pu revoir son village natal de Kfar Atra, au Liban-Sud.

Bachir Gemayel, chez qui ses coreligionnaires avaient décelé de nombreuses analogies avec le général de Gaulle (celui de 1940 à 1945), considérait que l'alliance des siens avec Israël répondait à une triple logique (évidence théologique, réalité historique, nécessité stratégique), et qu'elle constituait le seul moyen de résister à la volonté de conquête d'un islam belliqueux qui, au Liban, prit successivement le visage de l'OLP, puis du Hezbollah. Allant jusqu'au bout de l'intuition politique de ce grand chef de guerre que fut « Bachir » (tous ses hommes l'appelaient ainsi), les miliciens de l'Armée du Liban-Sud auront été les derniers chrétiens du Liban à combattre. Ils sont sortis de l'histoire si longue et mouvementée de leur pays – une histoire âpre, parfois difficile et complexe à l'image de cette région, trop souvent violente, certes, mais toujours belle et tristement émouvante – par une petite porte dérobée. Ironie amère : celle-ci s'appelle la « porte de Fatma »

– du nom d'un étroit point de passage sur la ligne bleue[14] qui sépare désormais le Liban d'Israël.

Affligés d'une aussi mauvaise réputation que les phalangistes de la famille Gemayel, considérés comme des traîtres par une partie de l'opinion libanaise, condamnés à l'exil tant que le Hezbollah restera associé à la conduite des affaires du pays du Cèdre, les volontaires chrétiens de l'Armée du Liban-Sud incarnent, dans l'imaginaire collectif de leurs compatriotes et contemporains, les soldats perdus d'une guerre que tout le monde veut oublier. Bien que défaits par le cours de l'histoire et vaincus par le sort qui s'acharne si souvent contre leur communauté dans cette partie du monde, ils n'en méritent pas moins une forme de reconnaissance. Celle que l'on accorde aux hommes qui, stoïques et dignes, se battent jusqu'au bout et forment, alors que tout s'effondre autour d'eux, les derniers carrés.

Bibliographie sélective

Baron Xavier, *Le Liban, une exception menacée*, Tallandier, 2020.
Corm Georges, *Le Liban contemporain*, La Découverte, 2003.
Ménargues Alain, *Les Secrets de la guerre du Liban*, Albin Michel, 2004.
Neriah Jacques, *L'Ascension et la Chute de Bachir Gemayel*, VA Press, 2019.
Péroncel-Hugoz Jean-Pierre, *Une croix sur le Liban*, Lieu commun, 1984.
Van der Plaetsen Jean-René, *Le Métier de mourir*, roman, Grasset, 2020.

14. La ligne bleue a été tracée en juin 2000 par l'Onu, après le retrait israélien du Liban le 25 mai précédent, afin de marquer officiellement la nouvelle frontière entre les deux pays. Cette ligne court également le long de la partie du Golan annexée par Israël.

25

Kobané, 2014
Le Stalingrad kurde

par Patrice Franceschi

En septembre 2014, après s'être emparés de la capitale du nord de l'Irak, Mossoul, les djihadistes de l'État islamique en pleine conquête du Levant donnent l'assaut à une ville de Syrie adossée à la frontière turque, dans la plaine du Rojava : Kobané. Le siège va durer cent trente-cinq jours. À l'intérieur de la ville pilonnée par l'artillerie de Daech et martyrisée par des dizaines de camions-suicides, ses défenseurs kurdes, regroupés en petites unités d'hommes et de femmes héroïques, vont se défendre à un contre cinq. Quartier par quartier, rue par rue, immeuble par immeuble, ils vont reculer pendant huit semaines apocalyptiques, gardant tous dans leur arme une dernière cartouche pour ne pas tomber vivants dans les mains de l'ennemi. Finalement, leur vaillance exceptionnelle et un (tardif) appui aérien des puissances occidentales leur permettront néanmoins de résister jusqu'au bout et de sauver leur ville, au prix de milliers de victimes. Leur victoire inattendue marque le début du déclin militaire du califat islamique.

À l'été 2014, le paroxysme est atteint dans la guerre au Levant – Irak et Syrie. Les différentes organisations militaires relevant de l'islamisme sont toutes en expansion, parfaitement équipées et armées par le Qatar, la Turquie ou l'Arabie saoudite, chacun de ces pays manipulant les factions qu'il s'est inféodées. Ces dernières ont deux objectifs : prendre le pouvoir au profit de leurs mentors respectifs – en lutte les uns contre les autres – et frapper l'Occident dans la profondeur de son territoire par les moyens du terrorisme. Face à ces organisations islamistes d'une férocité inédite, les armées syriennes et irakiennes sont en recul constant et menacées d'effondrement. Les Kurdes résistent mieux, mais uniquement en Syrie, où ils sont néanmoins sur la défensive faute d'un armement suffisant – aucun pays ne les soutient encore.

Dans cette période critique, les Kurdes d'Irak – les fameux Peshmergas – manquent de pugnacité et abandonnent à son sort le petit peuple yézidi que les djihadistes décident d'exterminer dès la fin du mois de juillet, non pour ce qu'il aurait fait, mais pour ce qu'il est, un reliquat du zoroastrisme antéislamique – des hérétiques, donc. Ce sont les combattants kurdes de Syrie, appelés Yapagués pour les hommes et Yapajas pour leurs sœurs d'armes, qui vont, pour la première fois, démontrer leur capacité militaire en volant à leur secours. Bousculant les colonnes djihadistes venues du sud de l'Irak, ils ouvrent par les armes un corridor entre les montagnes du Shingal, où vivent ces Yézidis, et les plaines du nord de la Syrie, où se trouvent leurs bases arrière. Ils sauvent des dizaines de milliers de civils dans des combats rendus dantesques par la chaleur et la poussière suffocantes.

Cet été 2014 est une date charnière car elle voit aussi la naissance officielle de l'État islamique sous son nom actuel, Daech, qui lance son offensive générale dans le nord du Levant au détriment des autres factions djihadistes. En une guerre éclair parfaitement menée, Daech parvient à établir son califat de Mossoul à Raqqa, à cheval entre la Syrie et l'Irak. Du jamais vu. Les djihadistes se montrent déterminés, motivés, compétents et d'une rare résilience. Ils ne seront stoppés dans leur élan que par les Kurdes au cours de la bataille de Kobané à partir du mois de septembre. Pour sauver leur cité emblématique, Yapagués et Yapajas se montreront aussi résolus que leurs ennemis et se battront pendant cent trente-cinq jours à un contre cinq, dans des conditions épouvantables. Malgré leur infériorité numérique, ils feront mentir les prévisions et finiront par vaincre, la ténacité de leur résistance convainquant les Occidentaux de leur venir en aide par des frappes aériennes, déterminantes dans ce type de conflit. Elles seront effectuées par une coalition internationale menée par les États-Unis. Cette coalition, au sein de laquelle la France joue un rôle important, comprend nombre de pays arabes, ce qui fracture les soutiens sur lesquels les islamistes croyaient pouvoir compter sur le temps long. De tout cela résulte une défaite si cinglante pour l'État islamique qu'il ne s'en remettra jamais. Car après avoir délivré Kobané, les Kurdes entament la reconquête du nord de la Syrie et ne s'arrêtent plus – jusqu'à ce que l'Occident les trahisse en octobre 2019, mais c'est une autre histoire. Entre-temps, en quatre années d'une campagne militaire ininterrompue, ils se seront emparés, avec leurs alliés arabes et chrétiens, de la capitale des djihadistes, Raqqa, et auront réduit Daech à une peau de chagrin, libérant à l'est de l'Euphrate un territoire grand comme quatre fois le Liban. Coût humain : 36 000 tués et blessés. Chez les islamistes, probablement le triple.

Les Kurdes, peuple sans État

Pour comprendre cette bataille de Kobané et saisir à quel point elle a représenté un tournant sur le théâtre d'opérations du Levant, il est nécessaire de rappeler quelques notions historiques, géographiques et humaines.

Le Kurdistan syrien s'étend d'est en ouest tout au long de la frontière turque, à l'extrême nord de la Syrie. Les Kurdes appellent cette région le Rojava. C'est leur terre ancestrale et mythique, au cœur de l'antique Mésopotamie, avec le Tigre qui coule à l'est et l'Euphrate à l'ouest. La politique d'arabisation menée par Hafez al-Assad et son fils Bachar pour casser la continuité territoriale kurde a tronçonné le Rojava en trois territoires séparés : à l'ouest, la poche d'Afrine, au centre celle de Kobané, à l'est celle de Jézireh, qui constitue l'essentiel du bastion kurde par la taille et se trouve adossée au Kurdistan irakien. Dans la terminologie locale, ces trois régions sont appelées des cantons. Surface totale : 30 000 kilomètres carrés, soit près de quatre fois la Corse. Population : 3 millions d'habitants, dont deux tiers de Kurdes. On en compte 40 de plus dans les trois autres pays où le destin les a dispersés : Turquie, Irak et Iran. Les habitants de ces pays – Ottomans, Arabes et Perses, pour parler à l'ancienne – nourrissent vis-à-vis des Kurdes un mépris incommensurable venu des profondeurs de leur histoire. Ils les traitent au mieux comme des citoyens de seconde zone, au pire comme « un peuple en trop » que leurs gouvernements gazent, bombardent ou déportent à leur guise. Ce mépris et la forme de haine qui lui est associée sont des facteurs clés pour appréhender ce qu'il y a d'existentiel dans la guerre au Levant. Surtout, ils expliquent l'acharnement des combats. Les islamistes n'y mènent pas la guerre pour seulement vaincre, mais pour faire disparaître ceux qu'ils ne jugent pas dignes d'exister.

Pour ne rien arranger, les Kurdes sont affligés de 800 kilomètres de frontière avec les Turcs. L'armée d'Ankara, la seconde de l'Otan, se trouve juste de l'autre côté de l'interminable mur de barbelés et de fortifications qu'elle a érigé sur la totalité de cette frontière afin de cadenasser les Kurdes. Elle entre quand elle veut au Rojava qui, contrairement aux autres territoires kurdes, ne comporte aucune montagne pouvant faciliter la guerre de guérilla. Le Rojava est une interminable plaine au cœur du Croissant fertile[1]. Et qui dit plaine dit « facile à conquérir, difficile à défendre ». De surcroît, les principales villes, à commencer par Kobané, se situent à un jet de pierre de la Turquie, sur la frontière même. On ne peut faire pire d'un point de vue tactique.

Pour achever ce tableau peu favorable aux Kurdes, il faut rappeler qu'Erdoğan, en tant que Frère musulman – l'appellation d'islamo-conservateur relève en ce qui le concerne d'un doux euphémisme –, est proche de l'idéologie des djihadistes dont bon nombre de groupes lui sont affiliés en Syrie. Pour cette raison, au moins, il va soutenir Daech tout au long de la guerre et jusqu'à aujourd'hui encore.

C'est dans ce contexte général que débute la bataille de Kobané.

1. Cette expression, forgée par un archéologue américain (J. H. Breasted) au cours de la Première Guerre mondiale, correspond à une zone territoriale délimitée au sud par le désert de Syrie, à l'ouest par la mer Méditerranée, au nord par les montagnes du Taurus et à l'est par les montagnes du Zagros.

« Ils ne passeront pas ! »

À l'aube du 16 septembre 2014, Daech lance son offensive sur trois axes simultanés : sud, est et ouest. Au nord, les Turcs bloquent la ville. En deux jours, les Kurdes se retrouvent virtuellement encerclés. Le défi à relever est vertigineux pour leur état-major. Il ne dispose que de 3 000 combattants pour défendre l'ensemble du canton de Kobané, composé de 300 villages où vivent 100 000 personnes. La ville elle-même abrite autant d'habitants. Les djihadistes sont cinq fois plus nombreux et bénéficient des armes lourdes, blindés et artillerie, dont ils se sont emparés à Mossoul peu de temps auparavant, lors de la déroute de l'armée irakienne. Yapagués et Yapajas en sont dépourvus. Sur le papier, tout est perdu. Les chefs kurdes, acculés, dos au mur, désespérés, mais refusant de voir leur peuple disparaître de la surface de la Terre, ne donnent qu'un seul mot d'ordre, comme ailleurs, autrefois : « Ils ne passeront pas. » Ce sont des paroles qu'on entend au Rojava. La mobilisation est générale, la résistance va être acharnée. Ce sera une bataille sans esprit de recul – une bataille existentielle. Code civil contre charia, liberté contre totalitarisme.

La population est évacuée autant qu'il est possible, une bonne partie de la jeunesse rejoint les combattants, et l'essentiel de l'enjeu s'engage. L'artillerie de Daech bombarde le centre-ville de Kobané de missiles Grad pour terroriser la population. Les Turcs appuient massivement les assaillants djihadistes jusque dans l'intérieur de la Syrie – employant même leurs blindés –, et les Kurdes font de leur mieux pour ne pas être débordés. Mais le rapport de force est implacable. Le 22 septembre, les djihadistes ne sont plus qu'à 10 kilomètres de la ville. C'est ce jour-là qu'interviennent les premières frappes aériennes de la coalition, destinées à freiner les renforts que Daech ne cesse de faire monter en ligne alors que les

Kurdes, encerclés de toute part, ne peuvent combler leurs pertes. Ces frappes ralentissent à peine l'avancée des djihadistes, galvanisés par une victoire qu'ils sentent proche.

Le 26 septembre, dix jours après le début de l'offensive, la situation devient dramatique pour les Kurdes. Ils ont pu tenir dix jours dans la plaine, mais doivent se résoudre à s'enfermer dans la ville pour combattre en milieu urbain, seul moyen de compenser leur infériorité numérique et de reprendre un peu l'avantage face aux blindés ennemis.

Le 29 septembre, la ville subit le feu roulant de l'artillerie islamiste. Il ne cessera plus des mois durant. Des dizaines de milliers de civils tentent de se réfugier en Turquie. C'est le chaos, la souffrance, la désolation. La ville est définitivement encerclée.

Le Stalingrad kurde commence.

Les quatre mois qui suivent sont une apocalypse dans les deux camps. On s'étripe de jour et de nuit, dans les immeubles et les caves, sur les toits et dans les rues, au corps à corps souvent, à la baïonnette parfois, pour éviter de reculer de quelques mètres ou pour reprendre une ruine perdue la veille. Les soixante premiers jours sont à l'avantage des djihadistes. Ils progressent maison par maison, quartier par quartier, pied à pied. Leur fureur de vaincre n'a d'égale que la résistance opiniâtre des Kurdes. Les hommes de Daech finissent par s'emparer des trois quarts de la ville. Dans ces combats, tout leur est bon pour avancer. Avec un fanatisme incoercible, ils lancent contre les Kurdes des camions-suicides impossibles à stopper tant ils sont caparaçonnés de blindages. Ces engins démoniaques détruisent des immeubles entiers qui s'écroulent comme des châteaux de cartes sur tous ceux qui s'y sont réfugiés, civils ou combattants. Lorsque les djihadistes ne parviennent pas à s'emparer d'une simple maison, leurs assauts étant repoussés les uns après les autres, ils envoient leurs hommes-suicides se jeter contre les portes, bardés de ceintures d'explosifs. Tout leur est bon dans un mélange de procédés sauvages et de tactiques de combat modernes. Les matériels les plus sophistiqués côtoient les engins les plus rustiques, comme ces mortiers artisanaux qui propulsent des obus fabriqués à partir de bouteilles de gaz. C'est aussi une guerre de snipers. Des deux côtés, on les camoufle dans des arbres anodins, au sommet d'immeubles anonymes, derrière des fenêtres inoffensives. Personne ne doit se croire à l'abri nulle part.

Dans ces jours difficiles, les djihadistes égorgent, décapitent, torturent et massacrent sans aucune pitié. Pas de quartier. Les Kurdes gardent tous leur dernière cartouche pour eux – être capturé est la certitude de regretter d'être né. Pour les Yapajas, c'est pire encore. Aussi, quand le sort les abandonne et qu'elles se retrouvent encerclées, leurs munitions épuisées, elles préfèrent se faire sauter à la grenade au milieu de l'ennemi plutôt que de se laisser prendre vivantes.

Décors d'apocalypse

Cependant, Yapagués et Yapajas tiennent le choc et supportent l'impensable, vivant dans des trous insalubres, des casemates de fortune, des tranchées sommaires, des abris faits de bric et de broc, des tunnels creusés entre les immeubles. Ils se battent la faim au ventre et le stress au cœur, dormant comme ils peuvent, quand la bataille le veut bien, derrière des sacs de sable ou protégés par des tôles rouillées récupérées dans des casses de voitures. Tout manque : eau, vivres, munitions, matériel médical pour les blessés – les islamistes ont bombardé l'hôpital dès le début et on opère dans les sous-sols dans des conditions dramatiques, souvent sans anesthésie. Les morts s'entassent partout, on les enterre comme on peut. Ces mois de guerre sont comme une nuit sans fin dans des décors d'apocalypse, au milieu des bombardements, des immeubles en flammes et des cadavres en putréfaction.

Au bout de deux mois, le 29 novembre 2014 précisément, la bataille bascule. Ce jour-là, les djihadistes échouent une fois de plus à s'emparer du poste frontière de la ville pour prendre les Kurdes en tenaille, et quelque chose semble se briser en eux. Leur moral fléchit pour la première fois, ils commencent à reculer, très lentement au début, pratiquement mètre par mètre, et laissant derrière eux d'innombrables pièges. Néanmoins, les Kurdes s'enhardissent et reprennent peu à peu l'ascendant. Début janvier, ils lancent une ultime contre-offensive avec tout ce qui leur reste de forces. Les islamistes s'accrochent, mais les Kurdes les débordent et s'emparent des collines stratégiques autour de la ville avec l'appui de l'aviation coalisée dont les frappes sont de plus en plus précises. Les combats, cependant, se poursuivent plusieurs semaines encore. Car si les djihadistes font retraite, c'est en bon ordre et en défendant chèrement chaque parcelle de terrain conquise précédemment. Mais le sort en est jeté. Le 26 janvier 2015, dans un dernier effort, les combattants kurdes boutent les hommes de Daech hors des murs de Kobané. Ces ultimes affrontements sont d'une violence inouïe, les pertes en vies humaines considérables : plusieurs milliers de tués et de blessés. La garnison kurde est exsangue. De Kobané il ne reste rien qu'un amoncellement de ruines, de décombres et de gravats parsemés de cadavres.

Mais la victoire est là.

Épilogue

Lorsqu'on pénètre aujourd'hui dans Kobané après avoir traversé l'interminable steppe séparant le Tigre de l'Euphrate, et que l'on poursuit sa route vers l'intérieur de la ville au milieu des quartiers en pleine reconstruction, on finit par arriver sur une grande place où se trouvent deux chars disposés de part et d'autre d'une statue de plusieurs mètres de haut. Les chars sont des prises de guerre, la statue le symbole de la bataille de Kobané. Elle représente un homme d'allure étrange pour la région : son visage contemple le ciel, son bras gauche est levé vers les nuages et son dos porte des ailes d'archange. La plupart du temps, les étrangers sont obligés de demander qui est ce personnage énigmatique, car il ne leur rappelle rien de précis. Ils s'entendent alors répondre avec étonnement :

« Comment ? Notre artiste se serait-il trompé ? Vous n'avez pas reconnu Léonidas, le roi de Sparte qui, il y a deux mille cinq cents ans, s'est sacrifié aux Thermopyles avec ses 300 meilleurs soldats pour sauver sa patrie, la Grèce, des envahisseurs perses ? Nous ici, nous pensons avoir fait la même chose contre les islamistes. »

Bibliographie sélective

Chaliand Gérard, *La Question kurde : à l'heure de Daech*, Seuil, 2015.

Franchesci Patrice, *Mourir pour Kobané*, Perrin, « Tempus », 2017.

—, *Avec les Kurdes*, Gallimard, 2020.

—, *S'il n'en reste qu'une*, roman, Grasset, 2021.

Hébert André (dir.), *Hommage au Rojava : les combattants internationalistes témoignent*, Libertalia, 2020.

James Boris, *Les Kurdes, un peuple sans État*, Tallandier, 2018.

Mustapha Leïla, Tilly Marine de, *La Femme, la Vie, la Liberté*, Stock, 2020.

Viyan, avec Bourgaux Pascale et Mahmoud Saïd, *Moi, Viyan, combattante contre Daech*, Fayard, 2016.

Notices biographiques

Historien de formation, docteur en science politique et ancien élève de l'ENA, GEORGES AYACHE a été successivement magistrat et diplomate, ainsi que professeur associé à l'université de Lyon-III puis de Paris-Dauphine, avant de devenir avocat. Il a publié à ce jour une vingtaine d'ouvrages, certains d'entre eux étant consacrés à Israël. Parmi ceux-ci, *Les Douze Piliers d'Israël* (Perrin, 2019) et, dernièrement, une biographie de Moshe Dayan (Perrin, 2021).

Historien de formation et journaliste, VINCENT BERNARD est spécialisé dans les guerres contemporaines et notamment la guerre de Sécession. Ancien rédacteur en chef de plusieurs magazines d'histoire, il est l'auteur d'une douzaine d'ouvrages, parmi lesquels, chez Perrin, des biographies des généraux Lee et Grant. Il est aussi coauteur de l'*Infographie de la Seconde Guerre mondiale*.

Docteur en sociologie, MATHIEU BOCK-CÔTÉ est chargé de cours à HEC-Montréal et chroniqueur pour la presse québécoise et française, notamment pour *Le Journal de Montréal* et *Le Figaro*. Il est l'auteur de nombreux ouvrages, parmi lesquels *La Dénationalisation tranquille*, *Le Multiculturalisme comme religion politique*, *L'Empire du politiquement correct* et *La Révolution racialiste*.

Journaliste et écrivain d'histoire, JEAN-CHRISTOPHE BUISSON est directeur adjoint du *Figaro Magazine*, animateur de l'émission « Historiquement Show » sur Histoire TV et auteur d'une quinzaine d'ouvrages, dont *Mihailović* (Tempus, 2011), *Assassinés* (Perrin, 2013), *1917, l'année qui a changé le monde* (Perrin, 2016), *Les Grands Vaincus de l'histoire* (avec Emmanuel Hecht ; Tempus, 2020) et *Le Siècle rouge* (Perrin, 2019). Il a codirigé avec Jean Sévillia *Les Derniers Jours des reines*.

Journaliste, critique, spécialiste des questions théologiques, PAULIN CÉSARI collabore aux pages culture du *Figaro Magazine*, où il tient aussi la chronique « La minute philo ».

Docteur en histoire contemporaine des relations internationales (Paris Sorbonne Université), spécialiste de la papauté, CHRISTOPHE DICKÈS a dirigé le *Dictionnaire du Vatican et du Saint-Siège* (Robert Laffont, « Bouquins », 2013). Chez Perrin, il est l'auteur du *Vatican, vérités et légendes* (2018) et de *Saint Pierre, l'évidence et le mystère* (2021). Il est aussi le fondateur de Storiavoce, la première radio web consacrée à l'histoire.

Aventurier corse, écrivain de marine, prix Goncourt de la nouvelle en 2015, aviateur, marin, PATRICE FRANCESCHI a aussi mené de nombreuses missions humanitaires dans les pays en guerre, de la Bosnie à la Somalie. Il s'est engagé dans les rangs de la résistance afghane, combattant l'armée soviétique dans les années 1980, et a soutenu sur le terrain les Kurdes de Syrie dès le début de leur combat contre l'État islamique. Il a publié notamment *Mourir pour Kobané* (Tempus, 2017), *Avec les Kurdes* (Gallimard, 2020) et *S'il n'en reste qu'une* (Grasset, 2021).

Journaliste, historien et éditeur, EMMANUEL HECHT a notamment dirigé *La Russie des tsars* (Perrin, 2017) et, avec Pierre Servent, *Le Siècle de sang. 1914-2014* (Perrin-L'Express, 2014). Il est coauteur, avec Jean-Christophe Buisson, des *Grands Vaincus de l'histoire* (Tempus, 2020). Il est directeur de la collection « Vérités et légendes » chez Perrin.

Ancien haut fonctionnaire, ALEXANDRE JEVAKHOFF est historien, spécialiste de la Russie contemporaine. Il est notamment l'auteur de la biographie de *Kemal Atatürk* (Tallandier, rééd. 2021), des *Russes blancs* (Tallandier, rééd. 2021) et de *La Guerre civile russe. 1917-1922* (Perrin, 2017).

Docteur *honoris causa* de l'Université nationale d'Irlande et de l'université d'Ulster, PIERRE JOANNON est l'un des meilleurs spécialistes français de l'Irlande, à laquelle il a consacré une dizaine d'ouvrages, dont *Histoire de l'Irlande et des Irlandais* (Perrin, 2005), *Michael Collins. Une biographie* (La Table ronde, 1997 ; rééd. 2008), *John Hume* (Beauchesne, 2000), *Un poète dans la tourmente : W.B. Yeats et la révolution irlandaise* (Terre de Brume, 2010). En mars 2021, il a été élu membre de l'Académie royale irlandaise (Royal Irish Academy).

Journaliste au *Figaro Magazine*, VINCENT JOLLY a pu réaliser, dans le cadre de son métier, plusieurs documentaires sur le Japon – et notamment un sujet sur les dernières *koryu*, les écoles de samouraïs, reliques survivantes de la révolution Meiji. Son travail a été consacré par un prix de la Fondation Varenne en 2019.

Romancier, essayiste, SÉBASTIEN LAPAQUE est également critique au *Figaro littéraire* et chroniqueur à la *Revue des Deux Mondes*. Son recueil *Mythologie française* (Actes Sud, 2002) a reçu le prix Goncourt de la nouvelle en 2002. Dernier livre paru : *Ce monde est tellement beau* (Actes Sud, 2021), prix Jean-Freustié.

Directeur de la Fondation Napoléon, THIERRY LENTZ s'est imposé comme un des maîtres de l'histoire napoléonienne. Auteur d'une quarantaine d'ouvrages, il intervient fréquemment dans la presse écrite et audiovisuelle. Il a été distingué en 2019 par l'Institut de France pour l'ensemble de son œuvre. Ses deux derniers ouvrages *Napoléon. Dictionnaire historique* et *Pour Napoléon* ont été publiés chez Perrin, en 2020 et 2021.

Fondateur et directeur de la rédaction de *Guerres & Histoire*, JEAN LOPEZ a écrit de nombreux ouvrages sur la Seconde Guerre mondiale, en particulier sur son versant soviétique. Dernier livre paru : *Les Maréchaux de Staline* (Perrin, 2021).

Journaliste et écrivain, ancien directeur du *Figaro Magazine* et du *Magazine littéraire*, JOSEPH MACÉ-SCARON est l'auteur de plusieurs essais, dont *La Tentation communautaire* (Plon, 2001), *Montaigne notre nouveau philosophe* (Plon, 2002), *L'Horreur religieuse* (Plon, 2016), et de quatre romans, dont *Trébizonde avant l'oubli* (Robert Laffont, 1990) et *La Surprise du chef* (Éditions de l'Observatoire, 2021).

Journaliste, essayiste, auteur-compositeur-interprète, JEAN-PAX MÉFRET a été grand reporter à *L'Aurore* et rédacteur en chef au *Figaro Magazine*. Il est notamment l'auteur, aux éditions Pygmalion, de *Bastien-Thiry : jusqu'au bout de l'Algérie française* et de *1962, l'été du malheur*, parus en 2007.

Historien et éditeur, CHRISTOPHE PARRY est le directeur éditorial du mook *De la guerre* (*Guerres & Histoire*/Perrin, 2021). Il est notamment l'auteur de *Les Hérauts d'armes à l'époque moderne* (Guénégaud, 2005).

Docteur habilité à diriger des recherches, RÉMY PORTE a effectué une carrière d'officier dans l'armée de terre, d'abord dans l'arme des transmissions, puis comme officier historien. Il a publié de nombreux ouvrages, en particulier sur la Grande Guerre, dont une biographie remarquée du maréchal Joffre (*Joffre*, Perrin, 2014). Il anime le site « Guerres et conflits » (http://guerres-et-conflits.over-blog.com).

Diplômée de littérature comparée à la Sorbonne et de langue et civilisation hispaniques à l'université de Séville, ISABELLE SCHMITZ est rédactrice en chef adjoint au *Figaro Hors-série*. Après avoir animé une émission d'histoire en français et en espagnol sur Canal Académie, elle intervient comme chroniqueuse sur Histoire TV dans l'émission

« Historiquement Show ». Elle a collaboré au *Dictionnaire du Vatican et du Saint-Siège* (Robert Laffont, « Bouquins », 2013).

Journaliste, essayiste et historien, chroniqueur au *Figaro Magazine* et membre du conseil scientifique du *Figaro Histoire*, JEAN SÉVILLIA a notamment publié, chez Perrin, *Zita, impératrice courage* (1997), *Le Terrorisme intellectuel* (2000), *Historiquement correct* (2003), *Histoire passionnée de la France* (2013), une *Histoire inédite de la France en 100 cartes* (2020), ainsi que, chez Fayard, *Historiquement incorrect* (2011) et *Les Vérités cachées de la guerre d'Algérie* (2018). Avec Jean-Christophe Buisson, il a déjà codirigé le livre-chapitres *Les Derniers Jours des reines* (Perrin, 2015).

Grand reporter au *Figaro Magazine* depuis plus de vingt ans, JEAN-LOUIS TREMBLAIS est l'auteur, avec le colonel Jean Sassi, de *Opérations spéciales : 20 ans de guerres secrètes* (Nimrod/Movie Planet, 2009) et, avec le prince Michel de Bourbon-Parme, de *Un prince dans la tourmente : des services spéciaux aux camps viêt-minh* (Nimrod, 2010).

Directeur délégué du *Figaro Magazine*, romancier, JEAN-RENÉ VAN DER PLAETSEN a été casque bleu au Liban. Il est l'auteur, aux éditions Grasset, de *La Nostalgie de l'honneur* (2017, prix Interallié, prix Jean-Giono…) et de *Le Métier de mourir* (2020, prix Renaudot des lycéens).

Agrégée et professeure des universités, AGNÈS WALCH est spécialiste d'histoire moderne. Elle a publié une quinzaine d'ouvrages consacrés à l'histoire religieuse et familiale, ainsi que des biographies : *La Marquise de Brinvilliers* (Perrin, 2010), *Duel pour un roi. Mme de Montespan contre Mme de Maintenon* (Tallandier, 2014). Son *Histoire de l'adultère* (Perrin, 2009) a obtenu le prix Chaix d'Est-Ange de l'Institut. Dernier livre paru : *La Vie sous l'Ancien Régime* (Perrin, 2019).

Pour en savoir plus
sur les Éditions Perrin
vous pouvez consulter notre site Internet

www.editions-perrin.fr

lisez!

et nous suivre sur les réseaux sociaux

Editions Perrin

@EditionsPerrin

@editionsperrin

MIXTE
Papier issu de sources responsables
FSC® C003309

L'éditeur de cet ouvrage s'engage dans une démarche de certification FSC® qui contribue à la préservation des forêts pour les générations futures.

Pour en savoir plus :
www.editis.com/engagement-rse/

Achevé d'imprimer en septembre 2021
dans les ateliers de Normandie Roto Impression s.a.s.
61250 Lonrai
N° d'impression : 2104404

Imprimé en France